JN312273

アジアにおける工場労働力の形成

労務管理と職務意識の変容

大野昭彦

日本経済評論社

目　　次

プロローグ………………………………………………………………… 1

　はじめに　1
　1　労務管理へのアプローチ　2
　2　職務意識の転換をもたらす要因　7
　3　良心モデルをどのように捉えるか　10
　4　意識調査の意義と問題点　11
　5　構　　成　14

第Ⅰ部　工場労働力の誕生

　問題意識　20

第1章　農村と都市の社会的間隙 ……………………………… 23

　はじめに　23
　1　村との紐帯　25
　2　工場制度への馴化　32
　結　　び　62

第2章　村との紐帯と工場労働の定着
　　　　：インドの製糖工場の季節労働者 …………………… 67

　はじめに　67
　1　調査対象　68
　2　募集と内部労働市場　78
　3　紐帯と定着　82

4　紐帯の放棄の可能性　87
　　結　び　89

第3章　工場労働者の第一世代をめぐる組織不適応
　　　　　：ラオス ……………………………………… 93

　はじめに　93
　1　調査対象　95
　2　労務管理　96
　3　職務態度と職務行動の下位概念　100
　4　職務行動関数　104
　5　仕事の楽しさと馴化・組織コミットメント　109
　結　び　112

第4章　組織不適応と産業の高度化
　　　　　：タイ北部の経験から ……………………………… 117

　はじめに　117
　1　調査対象　118
　2　分析枠組み　119
　3　仮　説　122
　4　職務意識の計測　124
　5　議　論　126
　結　び　132

第Ⅱ部　不適切な労務管理の帰結

　問題意識　136

第5章　公企業における職務意識：バングラデシュ ……… 139

　はじめに　139

1　調査対象　141
　　2　職務環境の認識　149
　　3　職務態度と職務行動　152
　　4　分析と議論　156
　　結　び　164

第6章　衰退する公企業と興隆する民間企業：インド　167

　はじめに　167
　　1　調査対象　169
　　2　労働環境の認識　173
　　3　職務態度　176
　　4　職務行動関数　178
　　結　び　182

第Ⅲ部　産業の高度化と労務管理の変容

　問題意識　186

第7章　日系企業における職務能力と労務管理
　　　　　：日本人スタッフの視点　189

　はじめに　189
　　1　職務能力の類型　191
　　2　日本的労務管理慣行の採用　194
　　3　技能向上の手段と制約　196
　　4　経営責任者の発想　200
　　結　び　202

第8章　異なる技能をもつ企業の労務管理
　　　　　：フィリピン　205

はじめに　205
　　1　議論の視座　206
　　2　労働法と労働組合　209
　　3　企業の技能特性　211
　　4　労働者の職務意識　224
　　結　び　230

第9章　高度な個人的技能をもつ労働者の職務意識
　　　　：インドのIT技術者 …………………………………… 233

　　はじめに　233
　　1　IT技術者をめぐる労働市場と転職性向　236
　　2　IT技術者の職務態度　240
　　3　職務行動関数　244
　　結　び　247

第10章　産業の高度化と職務意識
　　　　：ヴェトナムの低技能と高技能産業 ……………… 251

　　はじめに　251
　　1　作業の性質と動機づけ　253
　　2　動機づけ仮説とその実証　255
　　3　調査対象と議論の方法　262
　　4　手法と構図　264
　　5　分析と議論　267
　　結　び　271

本書を終えるに当たって　275

あとがき　281

参考文献　285

初出一覧　299
事項索引　301
人名索引　302

プロローグ

はじめに

　1985年の冬、インドの製糖工場で夜間シフトの労働者に聞き取りをしているとき、気晴らしに真夜中の工場を歩いたことがある。暗がりから痩せこけた労働者がゆっくりと現われ、わたしを一瞥したものの無表情に蒸気に曇る工場の闇に紛れていく。はたして、何を職務としているのであろうか。そして彼にとって、仕事とはどのような意味をもつのであろうか。それからしばらくして、愛知県のトヨタ本社の工場。まるでビデオかなにかを早送りしているかと錯覚させるほどの作業スピードに、自分ならば10分ももたないだろうと確信した覚えがある。このふたつの製造の現場を「工場」という概念に押し込め、そこで働く人々を「工場労働者」という言葉で一括りにするには抵抗がある。これらの工場における労務管理が異なるであろうことは直感的には理解できるが、はたして何が異なるのであろうか。

　この課題にヒントを与えてくれるのは、ヴェーバー（2001：pp. 66-67）であろう。彼は「資本主義が発達するためには、労働市場で低廉な代価で雇用できる過剰人口の存在が必要」としながらも、それだけでは「資本主義の量的な拡大は促進されることがありえようが、その質的な発達、とりわけ労働を集約的に利用しつくせるような経営形態への移行はむしろ阻害される」と主張する。そして「……何らかの技能的（熟練）労働だとか、高価な破損しやすい機械の取り扱いや、およそ高度に鋭敏な注意力や創意を必要とするような製品の製造が問題となる場合には……少なくとも勤務時間の間は、どうすればできるだけ

楽に、できるだけ働かないで、しかも普段と同じ賃金がとれるか、などということを絶えず考えたりするのではなく、あたかも労働が絶対的な自己目的——"Beruf"（天職）——であるかのように励むという心情」が必要となるとして、それを彼は「民衆は……貧しいからこそ労働する」という「幾世紀を通じた信条」と対照させている。

　では、なぜ工業化の進展過程で労働者の心情のシフトが求められるのであろうか。われわれは、その理由を、主として課業（task）の変化に求める。製造工程従事者に対象を絞ったとき、工業化の進展にともない、中心的な課業が、作業工程が標準化されたルーティーンな単純作業から労働者に臨機応変な自主的判断を求める裁量的作業へと移行していく[1]。特に機械の調子を経験に基づいた「勘」によって察して調整したり、部品の不具合や前工程における作業の不均一に対応したりするのは、熟練工の技能に頼らなくてはならない。品質管理が求められるようになると、こうした裁量的作業はさらに重みを増していく。熟練という技能を特徴づけるのは裁量性であるとしたとき、単純作業と裁量的作業では労働努力を実現するための労務管理の手法は異なってくると考えられる。

　この課業の性質の変移に対応して労務管理戦略が変容することが心情のシフトを説明する、とわれわれは考えている。また、ヴェーバーは教育が労働者の心情を変化させるとするのに対して、われわれは労務管理戦略がそれを可能にすると考えている。言い換えれば、工業化の進展にともなう課業の推移に対応して、労務管理戦略の誘発的な変容が求められるという主張である。この命題を実証的に追っていくことが、本書の主題となる。

1　労務管理へのアプローチ

　経営学、組織心理学（かつての産業心理学）そして経済学などの異なるディシプリンが労務管理を研究の対象としてきた。しかし、経済学とその他の社会科学（以下、「行動科学」と総称）とには埋めがたいアプローチの相異がある。

その理解は本書の議論に深くかかわるので、やや詳しく説明しておこう。

　労務管理の第一義的な目的は労働者から適切な労働努力を引き出すことであるが、では何がその誘因となりうるのであろうか。Tilly and Tilly（1998）は労働誘因（incentive）の3つの要素として、コミットメント・労働報酬・監督＝強制をあげる。本書も、この発想に従うことにする。すなわち、本書で誘因というとき、それは経済学が用いる誘因よりは広い概念となる。そこで、経済学における誘因を報酬と表記（ただし、文献引用の場合は別）する。コミットメントとは組織目標の内部化をともなう連帯であり、本書で多用する組織コミットメント（organizational commitment）とほぼ重なる概念である。労働報酬（以下、報酬）とは金銭ないしは金銭に還元可能な労働への対価であり、経済学が想定する誘因といえる。そして、監督＝強制とは、コミットメントと報酬が機能しないときに必要となる。現実には、これらの誘因の組み合わせによって労働努力が引き出されることになり、その構成の差異が労務管理戦略の違いをもたらすと考えられる。誘因の3要素のうち、労務管理の手段として扱いの最も難しいのはコミットメントの醸成であろう。それにもかかわらず組織コミットメントが誘因となっていく経路を、本書は明らかにすることになる。

　「誘因とは経済学のエッセンス」（Baker et al. 1988）であり、経済学はこの発想が組織内における労働者の行動にも適用できると考えている。いうまでもなく、ここでいう誘因とは報酬のことである。こうした発想の根底にあるのが、所与かつ不変な効用関数をもったうえで合理的選択をおこなうエイジェントとして労働者を捉える方法論的個人主義＝合理的選択論である。

　経済学が検定しない根源的仮説（maintained hypothesis）とする方法論的個人主義は、経済学における組織論の標準的テキストであるMilgrom and Roberts（1992）でも踏襲されている。彼らは「……人間が狭い利己的な関心によって動機づけられており、それぞれの目標を小賢しく追求しようとするとともに、私利の追求に当ってはしばしば無節操だという考え方によって多くの制度や事業業務が説明できる」（p. 45）とする。このステートメントの後半部分は、合理的選択論にかかわるColeman（1994）の「その名称とは異なり、

合理的選択論は行為を説明するためにデザインされた理論ではなく、社会的ないしは経済的システムの機能を説明するための理論である」(p. 166) という指摘を思い出させてくれる。まさに、方法論的個人主義によって定義づけられた経済主体が創りあげるであろう「多くの制度や事業業務が説明できる」ことになる。すなわち経済学は、たとえば日本的経営の支柱にある（今や、あったというべきか）終身雇用制や年功序列賃金制を合理的に説明する能力には長けているが、労働者個人の行動を説明する機能をそもそも備えていないのである。

経済学が方法論的個人主義によって労働者を定義するとき、それはふたつのことを意味する。ひとつは、合理的個人を仮定する以上、労働者の行為の説明が方法論的個人主義と同義反復となってしまうことである。このために経済学の関心は、労働者の行為そのものではなく、労働者の行為を統制する制度（報酬システム）に向かうことになる。もうひとつは、経営者も同様に自己の利益を最大化する主体と定義されることから、労働者と経営者が対立する利害関係をもつとみなされることである。

こうした経済学の立場は、行動科学のそれとは決定的に異なる。行動科学では方法論的個人主義は採用されておらず、人間のもつ複雑な欲求や価値観に焦点をあて、組織目標に合致するように労働者の効用が変更可能であると想定されている。

この労務管理に対するアプローチの相異を、McGregor (1960) の「X理論-Y理論」を利用して相対化してみよう。X理論とは、後述するMaslow (1954) の欲求階層説のうち低次の欲求（生理的欲求や安全の欲求）をもつと特徴づけられる人間の行動モデルである。それは(1)人間は本来的に仕事が嫌いであり、(2)強制・統制・命令そして処罰をともなう脅迫なしには労働努力を供給せず、また(3)命令されるほうが好きで危険回避的である、という人間認識に基づいている。X理論では労働が苦痛（負の効用）とされることから、正の効用をもつ金銭的報酬が労働努力を引き出すうえで重要な決め手となる。まさに経済学が想定する労働者像そのものである。これに対してY理論では、Maslowの高次の欲求（尊厳や自己実現の欲求）をもつと労働者を捉える。そ

れは(1)仕事を余暇と同等のもの（すなわち、正の効用をもつ）として受けとめ、(2)自らを制御して進んで目標のために働き、(3)自ら進んで責任を引き受け、そして(4)労働努力は報酬によって決まるが、その報酬のなかで尊厳欲求や自己実現欲求の充足を重視する、という労働者のモデルである。

McGregor は、伝統的な人間観に立脚した統制と管理を軸とする労務管理から、高次の欲求に訴えかける労務管理への転換を主張している。ややラフに表現すれば、Tilly and Tilly（1998）のいう誘因のうち、X 理論が報酬と監督＝強制を重視するのに対して、Y 理論はコミットメントを重視することになる。

20世紀初頭までの経営学は、伝統的な人間観であるX理論に依拠していた。ティラー（F. M. Taylor）が科学的管理法の原理を発表したのは1911年であるが、そこでは賃金が動機づけ要因となるとされており、経済学と土俵を同じくしていた。こうした伝統的な労働者観に対して、1924年の暮れからなされたホーソン工場の実験は決定的な疑問を投げかけた。それを契機として、労働者の感情に焦点をあてた人間関係論アプローチが主要な動機づけ理論となっていく。行動科学の誕生である。しかし経済学は、依然としてX理論の人間像に固執し続けることになる。経済学の根源的仮説である方法論的個人主義に疑問をはさむことは、経済学が構築してきた理論体系そのものを揺がしかねないからであろう。ここで、経済学と行動科学が袂を分かつことになる[2]。

行動科学のアプローチは、その後も大きな変容をみせている。初期の人間関係論アプローチは、職務満足・職務関与（job involvement）そして職務充実（job enrichment）といった概念を駆使して「労働者と職務」との関係に焦点をあてた。しかし職務満足が職務行動を説明しないという調査結果が続いたこともあり、1970年代後半になると「労働者と組織」との関係へとパラダイムがシフトした。ここで、組織に対する帰属意識をあらわす組織コミットメントが注目を集めるようになる。もともとは産業心理学と呼ばれていたディシプリンが組織心理学（現在は、産業・組織心理学とも呼ばれる）と名称変更したのも、こうした理由による。

組織コミットメントが職務行動を説明するという実証研究は多数あるが、で

はなぜ、またどのような環境で組織コミットメントが効力をもつかについては議論は及んでいない。本書では、経済発展の視点からその説明を試みる。

　経済学においても、行動科学との差異を埋める議論がみられるようになった。組織コミットメントがもつ組織への愛着や忠誠そして利他的姿勢という性質は、雇用関係が経済的交換（市場交換）だけではなく贈与交換（社会的交換）によって特徴づけられるという発想と親和性がある[3]。この観点から Akerlof (1982) は、雇用関係を部分的贈与交換とみなして自発的な労働努力の提供を説明しようとする（詳しくは第10章）。また、Nagin et al. (2002) は、雇用関係における経済学の労働誘因モデルが特異な動機づけ理論に基づくとして、それを合理的不正行為者（rational cheater）モデルと名づけて行動科学における良心（conscience）モデルと対照させている。良心モデルでは、経営者は、労働者が機会主義的行動に与しないアイデンティティを持つようにする労務管理戦略を採用するとする。実証研究から Nagin et al. は、基本的には合理的不正行為者モデルが成立するが良心モデルも部分的には妥当しており、それぞれを相互に排他的とすべきでないとしている。双方が排他的でないことについては、結論を先取りするが、われわれも同意したい。

　ところで合理的不正行為者モデルでは、不完全情報のもと、監督の手を緩めると機会主義的行為（怠業）が発生することになる。しかし Frey (1993) や Fehr and Gächet (2000) は、もし良心モデルが想定するような心理的契約が労使間に存在すれば、監督の強化はかえって労働努力を低減させるとする。すなわち、報酬システムが機能しない領域では、監督＝強制によって労働努力の実現がなされるという経済学の想定、ないしは Tilly and Tilly (1998) の主張する報酬と監督＝強制の補完性が崩れてしまう。類似する指摘として、金銭的報酬の強調が自発的労働意欲を低減させるというクラウディング・アウト現象がある（Frey and Oberholzer-Gee 1997 ; Frey and Jegen 2001)[4]。このときには、非金銭的報酬も金銭的報酬に還元されるという従来の経済学の仮定が成立しなくなる。

　そうだとしても、われわれは、報酬を誘因とみなす経済学の想定が間違って

いると主張しているわけではない。事実、本書の多くの章で実証されるように、報酬は有力な労働誘因となっており合理的不正行為者モデルが支持されている。組織内における労働については Thaler（1992）のいう anomaly が生じやすい領域であり、そのことを明示的に取り入れた議論が必要になることを確認しただけである。

　ここまで述べてきた X 理論 -Y 理論や合理的不正行為者モデルと良心モデルの対比がはじめに紹介したヴェーバーのいうふたつの労働観（できるだけ働かないで賃金をとる vs 天職）と重なりあうことは、容易に理解できよう。ところで、行動科学は、なぜ X 理論から Y 理論への転換が必要となるかについては明らかにしていない。それは、単に人間像にかかわる認識の変更であったのであろうか。ヴェーバーは「なんらかの技能的（熟練）労働だとか、高価な破損し易い機械の取り扱いや、およそ高度に鋭敏な注意力や創意を必要とするような製品の製造が問題となる場合」として、天職という労働観が求められる状況を特定している。われわれもヴェーバーの指摘に同意して、工業化の進展にともなう課業内容の変化が労務管理のあり方、そして職務意識の転換をもたらすと考えて本書の議論を構成していきたい。

2　職務意識の転換をもたらす要因

　職務意識（労働観）の転換について、経済発展という観点から、大枠となる論点を 3 つ提示しておこう。

　1）工場制度への適応：農業はいうに及ばず工場制度の前段階にあった諸々の形態の生産の場と近代的工場制度とでは、労務管理のありようが質的に異なる。欧米、そして日本でも、前貸し問屋制や工場制手工業などの幾つかの生産組織の歴史的変遷を経て近代的工場制度は社会に定着していった。近代的工場制度とそれ以前の生産組織を区分ける議論は多くあるが、労務管理形態の差もひとつのメルクマールとなろう。すなわち、在来の社会関係に強く規定される前近代的生産組織の労務管理形態は、近代的工場では規律と職階を軸とする機

能的な監督制度と報酬システムに代替される（第1章で議論）。

この労務管理様式の転換をもって、近代的工場制度の登場と捉えることもできよう。前近代的な労働の場とは異質な新しい労務管理様式をもつ近代的工場に就業しようとするとき、人々は伝統的労働観の変更を迫られることになる。ところで今日の開発途上国では、生産組織の歴史的変遷を経験することなく、先進国からの直接投資によって持ち込まれた近代的工場制度によって工業化が進められる傾向がある。このとき、工場労働者の第一世代に求められる急激な労働観の変更が、彼らの工場制度への不適応を深刻化させる可能性がある（第Ⅰ部で議論）。

2）労働者の欲求の変化：経済学は、労働者の効用関数を「所与かつ不変」であると仮定する。しかし、経済発展の過程で効用が変化する可能性がある。ここで参考になるのが、Maslow（1954）の欲求階層説であろう。彼は、人間の欲求が生理的欲求・安全と安定の欲求・所属と愛の欲求・尊敬の欲求そして自己実現の欲求という5つの階層をもつとした。まずは最低次の生理的欲求が充足される必要があるが、それが充足されるとその欲求の重要度は低下して逐次的に高次の欲求が表出してくる。この理論は幾つかの修正がなされて、労務管理の手法に大きな影響を与えていくことになる（第4章を参照）[5]。

欲求階層説を開発途上国の社会という文脈でみたとき、就業機会がきわめて限られた状況のなかで、最低生存水準近傍にある人々が自己実現などという高次の欲求ではなく、生存の保障にかかわる低次の欲求の充足を重視することは無理のない想定であろう。後に触れる就業資産仮説なども、こうした状況を表現している[6]。しかし、ある程度の成長が達成されると高次の欲求の充足が重要となってくる。すなわち経済発展という観点からすれば、X理論とY理論は人間像についての対立する見解というよりも、歴史的経過のなかで生起する労働者の欲求（ないしは労働観）のシフトとみなすことができよう。

3）課業の変化：工業化の初期には、縫製業に代表されるような半熟練労働者を雇用する産業が出現する。その製造工程は単純作業で構成され、労働者に裁量的判断が求められることは稀である。単純作業では仕事量の判定も簡単で

あることから作業の指示・監督は容易であり、また労働努力と報酬との結びつけも容易となる。このときには、報酬と監督＝強制が誘因の軸となるであろう。

　ここで工業化の進展とともに課業内容が高度化してくると、職務の網羅的な指示（状況依存的契約の作成）や監督が取引費用の観点から困難となってくる。裁量的作業の登場である。そして裁量的作業では、契約当事者間で情報が不完備であるとき、雇用契約は労使双方が契約内容の理解を共有するという暗黙の契約になる傾向がある（Milgrom and Roberts 1992：p. 437）。明示的インセンティヴ契約は、単純な理論が期待させるほどには、現実の雇用関係において普及してはいないのである。

　暗黙の契約の実行に求められる労務管理戦略は、単純作業を対象とするそれとは異なってこよう。Milgrom and Roberts（1992）の第12章「報酬と動機づけ」は、多くの場合、明示的インセンティヴ契約は実行不可能であることから、報酬にかかわる契約は暗黙なものとなると指摘する。しかし、労働の業績評価が困難であることが暗黙の契約を採用する根拠とされるものの、では暗黙の契約において業績評価問題がどのように解消されるかについては何も述べられていない。暗黙の契約においても業績評価問題は解消されておらず、合理的不正行為者モデルで実態を捉えようとするときの限界がみえてくる。

　歴史的にみれば労働者の効用関数（労働観）は変化するであろうし、また工場制度への適応や課業の変化という視点からすれば経営者が求める労働者の労働観も変化していくであろう。さらに、経済発展の過程で課業が一定の方向性をもって変化するとすれば、経済発展にともなう適切な労務管理の変化についての定式化も可能になろう。すなわち、工業化の進展過程における労働者の心情のシフトを究明しようとする本書の目的は、工業化の過程における労務管理戦略の変化の定式化の試みにほかならない。

3　良心モデルをどのように捉えるか

　経済学は報酬と監督＝強制については幾多の理論的フレームを準備してきたが、労働者が組織目標を内部化するという良心モデルを実証的に捉える理論はいまだ持ち合わせていない[7]。ここで参考となるのが、Porter et al.（1974）による組織コミットメント概念である。彼らは、組織コミットメントは、(1)所属する組織の価値観や目標の受容、(2)組織に対する利他的姿勢、そして(3)組織メンバーとしてとどまりたいという願望、という下位概念をもつとする。その後、Allen and Meyer（1990）は、組織への愛着を示す情動的（affective）コミットメント、組織メンバーとしてとどまるという継続的（continuance）コミットメント、そして忠誠心をあらわす規範的（normative）コミットメントという下位概念を提示している。

　Tilly and Tilly（1998）のいうコミットメントの概念は、行動科学における組織コミットメントとほぼ重なる。そこで本書では、コミットメントを「ある組織に対する個人の同一化および関与の強さ」という Porter et al.（1974）の定義に準じて捉えることにする。

　ところで、彼らのコミットメント概念が離職意思を説明するという研究が多くなされているが、コミットメント概念が組織メンバーとしてとどまりたいという願望を下位概念としてもつことから、その因果関係は同義反復となる懸念がある（Morrow 1983）。そこで本書では、Porter et al.（1974）の組織コミットメントの定義から継続的コミットメントをはずして、一体感・帰属意識を計る質問で捉えることにする。これは、Allen and Meyer（1990）によって情動的コミットメントと呼ばれる最も一般的な組織コミットメントの概念（Reichers 1985）に近似している。以降、組織コミットメントというときは、この情動的コミットメントを示すものとする。そして、組織コミットメントがもろもろの職務行動の先行因子となることが、多くの実証研究で明らかにされている（たとえば、Mathieu and Zajac 1990）。

ちなみに、コミットメントの概念は多様であり、必ずしも整理されているわけではない。情報の経済学やゲーム論などで多用されるコミットメントという用語についても、経済学は厳密に定義してはいない。一般には、意思決定した事項を変更せずに将来にわたって遵守することを意味しており、それを担保するのが拘束力のある契約・法律そして埋没費用などであるというのが経済学におけるコミットメントと考えてよいであろう[8]。社会学者のBecker（1960）は、個人が組織から離れることによって失う回収不可能なサイド・ベットでもって功利主義的にコミットメントを定義する。サイド・ベットは埋没費用と類似する概念であり、経済学の観点から離職行動を説明するには有効な概念となろう。Gaertner and Nollen（1989）は、道具的（instrumental）コミットメントと心理的（psychological）コミットメントを分けている。前者は経済学が思い描くコミットメントであり、後者が行動科学のそれといえよう。いうまでもなく、良心モデルを検討するうえで求められるのは後者である。

4　意識調査の意義と問題点

　本書では質問票を利用した意識調査から得られたデータを利用するが、主観的データは経済学には馴染みにくい性質をもつ。というのも、前述したように、不変な効用関数をもち自己の利得を最大化する合理的なエイジェントとして労働者を措定した時点で、彼らの意識も定義に押し込められてしまうからである。
　労働者の現実の職務行動が方法論的個人主義の定義から乖離することを前提とするとき、意識調査の意義は次の点に求められよう。労務管理という観点からみた工場制度は労使間における契約やそれを補完する規則の複合体であるが、労働者が工場制度にかかわるすべての情報を入手し、かつ理解しているわけではない。むしろ限定合理性を背景として、労働者は、自分が経験し、またそれが自分にかかわりがあると認識した事象によって自分にとっての工場という意味世界を創りあげている。さらには、労働者は、その所属する組織における経験に基づいた方法（rule of thumb）で認識していくという近道選び（Kahneman,

Solvic and Tversky 1982) をすることも考えられる[9]。こうして形成された意味世界をレファレンス・ポイントとして、彼らはある職務行動をとる。こうしたレファレンス・ポイントは企業文化や雰囲気（Williamson 1985）などの概念に近似しているが、そのことは労働者が組織との関係によっても動機づけられることを含意することになる。

　また、現実の労働誘因は多様であり、さらに労働生産性（限界生産力）の計測によって誘因への反応をみることも困難である。したがって、誘因の効力を検討するには労働者の反応から接近する必要がある。

　こうした発想に立つとき、労働者の工場についての意味世界を探るために彼らの意識を対象とするアプローチが必要となってくる。本書では、職務態度（attitude）が職務行動（behavior）を規定する（Fishbein and Icek 1975）という組織心理学の想定する枠組みに従う[10]。そして、職務態度が労務管理において操作可能な変数とみなされ、それによって期待される職務行動を実現する方策が労務管理戦略として検討されることになる。また、代替的就業機会の有無についての認識などの外生的環境も職務行動に影響を与えると考えられる。したがって、職務行動＝f（職務態度、職務にかかわる外生的環境の認識）が本書の分析の基本的な構図となる。

　調査から得られたデータは、経済学が一般に利用するそれとは性質が異なる。経済学では、通常、ある事象をあらわす経済データ（賃金や土地生産性など）を研究者が解釈する。これに対して意識調査のデータは、ある事象についての解釈をいったん当事者の労働者に委ねて、彼らの解釈（＝回答）を研究者が再解釈することになる。

　ところで、回答と行動がしばしば一致しないことから、経済学者が意識調査に懐疑的になることになる。Manski（2004）は、その理由を回答の離散性、とりわけ Yes／No の二値データに求めている。本書では、できるだけ態度なり行動を複数の質問を利用した因子得点で捉えることにより、この問題を部分的にではあれ回避しようとしている。しかし、より根本的な問題は、労働者個々人の行動そのものの計測が困難であり、職務行動といいつつもデータは行

動への意思（behavioral intention）にとどまっていることである[11]。そもそも労働者の職務行動が計測可能であるならば、労務管理はその存在意義の大半を失うことになろう。行動科学の研究でも、実験室の分析を別とすれば、この問題は解決されていない。

　回答と行動の乖離は、非標本誤差によるバイアスによってももたらされる。労働者が真の選好を回答で表明するのかという問題であり、多くの経済学の研究者が主観的データに忌避感を抱くひとつの理由である。第2章であつかうインドの製糖工場での経験を例にとって説明しよう。製糖工場の調査では、対象とした労働者は出勤簿を標本抽出台帳としたランダム・サンプリングによって抽出されている。この作業によって標本誤差を減らせることはいうまでもない。

　さて、製糖工場での調査の途中で工場内を歩いているとき、幾人かの労働者がわたしのまえで立ち止まり手を胸のまえで合わせて挨拶（ナマステ）するようになった。彼らの緊張した眼には、怯えすらみてとれる。調査を始めるにあたって工場長が工場内を案内してくれたが、そのときに労働者が工場長に向けた眼そのものであった。あの時点で、彼らは、わたしを工場長と同格であると位置づけてしまったのである。聞き取りで労働者に話しかけるときにはヒンディ語の丁寧語を使い、またパコラ（揚げ物のスナック）やチャイ（紅茶）、そして煙草をすすめるなどして、彼らの緊張を解こうとした。しかし彼らは、わたしに対して社会的上位者につかう丁寧な動詞の使い方や尊敬語を使うことをやめなかった。村のなかで話をするときに「なあ、兄弟（baii）よ」と親しげに話しかけてくる人々は、工場敷地内における聞き取りでは現われてくることはなかった。すなわちランダム・サンプリングでは回答者の氏名が特定されるために、特に工場敷地内での聞き取り調査では、ある特定の意図をもった回答がなされるという危惧が生まれる。いわゆる、非標本誤差が大きくなる可能性である。

　標本誤差と非標本誤差のどちらが深刻な問題をもたらすかは、一概には判断できない。しかし、労働意欲や離職意思といったセンシティヴな項目について労働者に回答を求めるとき、労働者の名前が確定されるランダム・サンプリン

グによって生じるであろう回答のバイアスのほうが深刻な影響をもたらすと判断した。そこで、それ以降の調査、すなわち本書の第3章以降ではランダム・サンプリングはなされていない。そして、聞き取りに際して「この調査は工場経営者とは無関係である。あなたの氏名も聞くことはしないし、あなたの個別の回答を経営者にみせることもない」という匿名性を明言している。

5 構　成

　これまで述べてきたように、本書の関心は、工業化の初期段階にある単純労働集約的な工場にはじまり、直接投資によって移転された比較的高度な作業内容をもつ工場に至る「製造の場」の変化に対応する労働者の意識の変容を検討することにある。それはまた、適切な労務管理のありようが歴史的に変化することを指摘することにもなる。こうした歴史的変遷は特定社会の定点観察によって時系列的に捉えるのが理想ではあろうが、それには大きな困難がともなう。そこで工業化の段階の異なるアジア諸国の工場を横断面的に観察して、それらを工業化の進展過程でおこる課業内容の変化に沿って並べ替えることによって、本書の課題に接近することにする。

　本書は、以下の3部からなる10章で構成されている。なお各章の対象国、調査年そしてサンプル数は下表に示される。第Ⅰ部は、農村社会を出自とする人々が工場労働者となるときに生じる問題を「農村社会との関係（村との紐帯）」と「工場組織への不適応」という観点から論じる。第1章では、日本とインドの史料に依拠して、工場労働者の形成過程に村との紐帯と工場組織への不適応がどのようにかかわっていたか、また経営者がそれに対してどのような対応をとったかを検討する。第2章では村との紐帯と工場労働者の形成を、そして第3章と第4章では工業化が始まったばかりの地域を対象として組織不適応を議論する。

　第Ⅱ部では、公企業における労務管理の問題を私企業との比較において議論する。公企業問題は、工業化の過程では特異な事象であるかもしれない。しか

	対象国	調査年	N
第Ⅰ部　工場労働力の誕生			
第1章　農村と都市の社会的間隙			
第2章　村との紐帯と工場労働者の定着	インド	1985&87	130
第3章　工場労働者の第一世代をめぐる組織不適応	ラオス	1998	358
第4章　組織不適応と産業の高度化	タイ	1994	430
第Ⅱ部　不適切な労務管理の帰結			
第5章　公企業における職務意識	バングラデシュ	1999	279
第6章　衰退する公企業と興隆する民間企業	インド	1995	345
第Ⅲ部　技能と労務管理の高度化			
第7章　日系企業における技能形成と労務管理	ヴェトナム・タイ	2003	113
第8章　異なる技能と労務管理	フィリピン	1993	140
第9章　高度な個人的技能をもつ労働者の職務意識	インド	2001	256
第10章　産業の高度化と職務意識の変容	ヴェトナム	2002&03	954
	合計	2829名＋日本人113名	

しそれ故に、労務管理戦略、特に労働報酬システムが、組織効率に決定的に重要であることを示すことになる。こうした視点から公企業問題を扱った実証研究は管見の限りないことから、新たな知見を付け加えることになろう。

第Ⅲ部では、工業化の進展に対応した適切な労務管理戦略を検討する。ここで分析の中心的な視座となるのは、課業内容の変化である。すなわち、製品が高度化してくると労働者に裁量的作業が求められるようになる。監督による強制や金銭的報酬は裁量的作業の遂行に馴染まないばかりか、後に指摘するように、かえって労働努力の実現を阻害することにもなる。このときには、組織コミットメントを誘因とするような労務管理戦略が必要となることを指摘する。

なお、本書の図表で出所が示されていない場合は、筆者により収集されたデータか、それに基づいた筆者による作図である。また、本文中の外国語文献の引用については、邦訳がある場合には、そのページが示されている。また邦訳はあるが原典に当たっていない資料については、著者名をカタカナ表記として邦訳を参考文献としている。また、日本の史料の引用に際しては、読み易さのために、旧漢字は常用漢字に、カタカナは平仮名表記とし、濁点を補ってある。また必要に応じて句読点も補ってある。正確な文章については原典を当た

られたい。

注

1) 本書では、技能を「個人的技能 vs 組織的技能」にも分類する（詳しくは、第8章と「本書を終えるにあたって」を参照）。結論を先走れば、開発途上国なり新興工業国という観点からすれば、「単純作業 vs 裁量的作業」という技能の分類軸のほうが労務管理の変遷を議論するうえでは重要であり、一部の業種を別とすれば「個人的技能 vs 組織的技能」という技能区分が意味をもつ段階には達してはいないと考えている。

2) この差異は、組織内労働にかかわる双方の標準的教科書を比較すれば明らかである。経済学では、労働誘因として金銭的報酬を主軸に据えている。また、非金銭的報酬も金銭的報酬に還元可能であると想定している。これに対して経営学や組織心理学などの教科書では、金銭的報酬は誘因（動機づけ要因）として全くといってよいほど扱われていない。

3) 贈与交換についての日本語文献については、井上俊他（1996）が参考となろう。

4) もともとは組織心理学における指摘であり、外発的報酬が内発的動機づけをアンダーマインするとされている（Deci 1975 ; Deci and Ryan 1985）。経済学においても、Fehr and Gächet（2000）の実験がある。雇用者が賃金水準を高めに設定すると、労働者（被験者）のもつ互酬的性質に基づいて、彼らは労働努力の水準を高める（効率賃金仮説）。しかしここで、決められた最低水準の労働努力以下の労働努力しかおこなわない者に対して罰金を科すという誘因を導入すると、それがない場合よりも努力水準が低くなる。罰金という明示的な労働誘因が互酬性による積極的な労働努力（本書では「モラール」と呼称）をクラウド・アウトしたわけである。

5) Maslow の欲求階層説は、内容理論（content theory）として、Alderfer（1972）の ERG（existence, relatedness, growth）理論や McClelland（1961）の達成動機理論、そして Deci（1975）の外発的・内発的動機づけ理論などへと展開を見せている。これらの欲求の実証的検出は容易ではないが、本書の第5章では、一部が検出されている。

6) 就業資産性向については Lambert（1963）を参照されたい。

7) ここでひとつの切り口となりうるのが、1990年代から関心が高まっている組織における信用の役割というアプローチである。Kramer and Tyler（1996）、La Porta et al.（1997）や *Organizational Science*（2003, Vol. 14, No. 1）の特集などがある。本文で紹介した監督の強化が労働努力を低下させるという Frey（1993）

の議論も、監督の強化が労働者からの信頼を崩してしまい暗黙の契約が機能不全になったと言い換えることができる。なお、信頼については、第10章の組織支援を捉える質問項目に含まれることになる。

8) Milgrom and Roberts は、その著書（1992）でコミットメントという言葉を初めて用いたところで、次の事例を紹介している。「……1066年、征服王ウィリアムスは、侵略を目指す自軍を乗せてきた艦船を焼き払い、唯一の退路を断つことで部下を戦闘へとコミットさせた」(p. 142)。こうした強制力が経済学のコミットメント概念の背後にあり、いわば「背水の陣」戦略である。これに対して行動科学におけるコミットメントでは、祖国やそこに住む家族を守るなどの大義名分＝国家（ないしは、組織）目標への戦闘員の価値同一化による滅私奉公（利他的行動）に高い価値を付与して自発的な戦闘行為を引き出そうとする、いわば「一億火の玉」戦略となる。

9) いわゆる入手容易性簡便法（availability heuristics）と代表性簡便法（representative heuristics）である。

10) 卑近な例をあげれば、ある異性が好き（態度）であるから交際を申し込む（行動）という関係である。

11) 職務意思が現実の離職に帰結することは、多くの研究で明らかにされている。たとえば Bluedorn（1982）を参照されたい。

第Ⅰ部　工場労働力の誕生

問題意識

　工業化の初期段階では、大半の工場労働力は農村社会から供給される。農工間の労働移動を扱ったルイス・モデルやトダロー・モデルは、経済発展の初期における工場労働力の形成を論じるうえでは有効な理論であろう。しかし、農村から都市への空間的移動によって農村で社会化された人々が瞬時に産業社会に適合的な労働者となるわけではない[1]。先進産業社会の歴史が語るように、工場労働者という社会階層は幾段もの歴史的過程を経て形成されていくことを理解しておく必要があろう。

　ヴェーバー（2001）も「今日では資本主義は堅固な基礎がすでにでき上がっているから、……労働者の調達は比較的容易だ。しかし、昔は、いつでもきわめて困難な問題だった」（p. 67）と述べており、その理由として「幾世紀にもわたる伝統のうちで硬化していた技能などよりは、資本主義の労働者に必要とされるいわばプロテスタントの倫理的資質の方が一層希少価値の高いことがしばしばだった」とする。この「プロテスタントの倫理的資質」として語られる人々の仕事に対する心情は、プロテスタント独自の職務意識というよりも、産業社会において普遍に求められるそれにほかならない。そうした職務意識をもつ労働者の不足が深刻であることは、過剰労働の存在が工場労働力の無限弾力的な供給を無条件には保証しておらず、農工間の労働移動による工場労働者の創出には労働力の質的変化が必要となること、またそれが必ずしも容易ではないことを示唆している。Gerschenkron（1962）も、就業機会に応じてただちに工場労働力となりうる総合的適性を備えた労働者を適格労働力（eligible labor）と呼び、その創出が容易ではないことから、過剰労働の存在にもかかわらず工場労働者が不足する可能性を指摘している。

　開発経済学の移動モデルでは不問に附されている労働者としての質的変容をともなう工場労働者の形成プロセスが、ここで問われることになる。この問題の背景として、農村と都市を隔てる社会的間隙に注目しよう。それは、情報・

交通網が未発達であることから距離や情報面で農村が都市から隔絶されているということだけでなく、「農村＝在来」と近代の象徴である「工場制度」との対比において、それぞれの社会に内在する文化・規範・人間関係そして生活形態などにかかわる間隙である。それは工場労働力の形成に関連して、ふたつの課題を提示することになる。

　経済発展の初期段階では、農村社会を出自とする工場労働者は村との紐帯（village nexus）を強く保持しているといわれる。この紐帯は、高い欠勤率や離職率、さらには労働意欲の欠如などで表現される工場労働者としての不安定性の原因になるとの主張もなされてきた。はたして、この紐帯は工場労働力の誕生にかかわる桎梏なのであろうか。次に、農村と都市の社会的隔絶を前提とするとき、労働者は農村社会とは異質な工場という制度への馴化を求められる。それは農村社会で社会化された人々にとって容易なことではなく、彼らは工場制度への適応に苦悩することにもなる。この苦悩は、労働者にどのような影響を与えるのであろうか。Kerr et al. による『インダストリアリズム』（1960）は、この問題を「抗議の自然史」（pp. 217-219）という項目で扱っている。そこでは「工業化過程における労働者の抗議は比較的初期段階に頂点に達し、その後急速に衰退する傾向がある。工業化の重大な時期は初期段階である。……初期段階において、伝統社会との対立がもっとも鋭い。労働力は工場の規則と速度に、より基礎的で困難な調整をおこなう」（p. 217）と述べている。第 1 部の問題意識は、まさにここにある。

　第 1 章では、村との紐帯の影響と工場組織への適応というふたつの課題について、主として日本とインドの史料に依拠しながら議論を展開する。ところで、これらは労働者だけの問題ではなく、コインの両サイドの関係として、工場労働力の形成への経営者の対応をも含むことになる。後者については充分な史料を入手できないが、本書を貫く重要な課題のひとつであり、それぞれの章で議論される課題である。第 2 章では、インドの製糖工場の季節労働者を対象として、通説とは異なり村の紐帯が工場経営、より広くは経済発展の足枷には必ずしもなっていないことを指摘する。

第3章と第4章は、ラオスとタイの工場労働者を対象として、工場制度への不適応が労働者の職務行動に与える影響を議論する。ここでは、序章で触れた組織との一体感や帰属意識をあらわす組織コミットメントという職務態度が工場労働者の第一世代においても職務行動に期待される効果をもつことが検出される。しかし、そこにも工業化の初期段階という特異なコミットメントの意識がともなうことも併せて指摘される。第4章でも組織不適応を議論するが、ここでは離職意思に焦点があてられる。また、半熟練労働者だけでなく電子部品企業で働く熟練労働者も調査対象に加えている。電子労働者の場合においてのみ組織コミットメントが有意に離職を阻止するという関係が検出されており、産業の高度化にともなう技能の高度化とともに組織コミットメントを涵養する労務管理戦略が必要になることを指摘する。

注
1) インドについて同様の事態が生じていたことについては、清川雪彦 (2003) の第1章を参照。

第1章　農村と都市の社会的間隙

はじめに

　Kerr et al.（1960）の『インダストリアリズム』は、工業化の初期段階において農村から供給された人々が工場労働力に転化していくプロセスについての包括的枠組みを提示している。それは、時間的経過のなかで相互に重複する「募集」「定着」「素質の向上」そして「保全」という4つの局面をもつとされる[1]。本章でも、この枠組みを利用しよう。

　経済史家のPollard（1963：p. 254）は「製造業者が求めるのは必ずしも技能に優れた労働者ではなく、むしろ安定的な労働者である」と述べている。工業化の初期段階における企業の労務管理の要諦が労働者の技能向上ではなく安定的労働力の確保にあるという命題は、先に紹介したヴェーバーやGerschenkronの問題意識とも重なる。また、このことは、過剰労働の存在にもかかわらず労働の募集が容易ではないことを示唆している。

　一般に労働者の安定性というとき、それは低い離職率や欠勤率という労働供給の安定性で語られることが多い。Kerr et al.（1960）は「定着した労働者とは、仕事にとどまっている者のことであり、また土地との主要なつながりを断ちきってしまった」（p. 179）人々であるとして、安定した労働力を定着した労働力と同義的に捉える。そして、「村との紐帯」が定着を阻害するとする。さらに、土地との主要なつながりを断ちきる過程で、非定着そして部分的定着と段階を踏んで定着に至るステージを設定する。

　非定着労働者とは、ターゲット・ワーカーや季節労働者に典型的にみられる

ように、主要な生活の場を農村においたまま必要に応じて都市で短期的に就業する労働者である。部分的定着となると、「ふたつの生活様式の境界線上にいる者のことであり、……工場で規則的に働くが、土地・部族あるいは村落とのつながりも残している」(p. 180) 状態となる。工業化の進展とともに都市での労働者の再生産が始まると、村との紐帯を断ちきった定着労働者が生まれてくる[2]。

工場労働者の安定性というとき、長時間にわたる作業を的確に遂行できる能力を備えたという意味での安定性もまた注目される必要がある。具体的には、仕事中にお喋りをしたり作業場を離れたりせずに集中力をもって単純作業をこなすという安定性である。この背後には、機械のペースに従う作業といった工場組織で求められる労働様式が、労働強度を自分の都合で調整できる在来社会のそれ（典型的には農作業）とは本質的に異なることがある。

こうした安定性を確保するために諸々の労務管理上の対策がなされることになるが、まず求められるのは工場の規則的な作業にかかわる職場規律の遵守であろう。まさに、Kerr et al. (1960) が指摘するように「工業化社会で、最も重要で、かつ困難な変容のひとつは、工場労働の規則性と規律への労働者の適応である」(p. 193) といえよう。この種の安定性は、労働者の工場制度への適応問題にかかわってくる。この課題は、監視＝強制とのかかわりで本章の後半で議論される。

ここで経営者が労働者の「素質の向上」（人的資源の向上）を図ろうとするならば、対象とする労働者は少なくとも当該する工場に定着していなくてはならない。また、工場への定着の前提条件として、労働者は都市住民としての定着が求められる。しかし農村社会から完全に離脱して都市の住民として定着するには、失業保険・年金・生活保護などの労働者の一般的福祉の維持と保障のための諸々の「保全」の措置が必要となる。農村社会がセーフティ・ネットをもった社会であるとすれば、定着した労働力の創出には村のセーフティ・ネットを代替する措置が講じられなくてはならない。ここに、定着労働を創出するための保全費用を誰が負担するのかという問題が生じる。このように、農村から

都市への労働移動は賃金格差や就業機会の有無だけでは論じきれないのである。

本章では、村との紐帯と工場組織への適応というふたつの視点から、農村と都市の社会的間隙が安定的な工場労働者の形成に及ぼす影響を検討していく。ただし資料の制約から、この視点からの実証研究は僅かであり、議論は主として歴史研究の分野にとどまっている。そこで本書も、主として史料に依拠した議論から始めることにしよう。

1　村との紐帯

1.1　募集と募集人

ここでいう募集とは農村から労働者を工場労働者として調達することであるが、工業化の初期段階において、都市の工場に就労することをイメージすることすら困難な農村の人々を工場に向かわせることは容易ではない。このとき、農都間に横たわる社会的間隙を克服させる存在として募集人が機能することになる。

日本の経験について尾高（2000）は「……募集人が各地へ出向いて勧誘する必要があった。募集人がいなくても出稼労働者が獲得できるようになったのは、第一次大戦後、農村出身の成年男子の間でも工場に勤務する者が次第に増え、社会一般に工業化社会の規範（norm）が受け入れられてから後のことであった」（p. 259）として、募集人の存在理由を農村と都市の間隙にもとめている。すなわち、過剰労働は無限弾力的な労働供給を無条件には保証してはいないのである。第Ⅰ部で扱うのは、まさに「社会一般に工業化社会の規範」が受容されるまでの社会である。

インドの事例から始めよう。インドでは、ジョバー（jobber：ムカダム・サルダール・カンガーニー・ジャマダールなどの名称がある）と呼ばれる労働仲介人が工業化の初期において募集の役割を担っていた。*Royal Commission on Labour in India*（1930）の報告書（以下、『王立インド労働委員会報告書』）

には、ボンベイ（現ムンバイ）では「労働者が不足していた時代、工場経営者は必要な労働者の確保を完全に仲介人に任せていた。……現在ですら、募集は仲介人によりなされている」（part I：p. 192）とある。

ところでインドの労働仲介人は、日本の募集人とは異なり、現場監督者をも兼ねていた。『王立インド労働委員会報告書：Part I』（1930）から事例を引くと、「アーメダバードの綿紡績工場では、労働者は仲介人（ムカダム）により労働者の募集がなされていたが、その主な役割のひとつは調達した労働者を自分の担当する機械に就かせて管理することであった」（p. 10）とある。採用のみならず労務管理の権限も与えられていたことから、仲介人は内部請負制における親方であったといえる。そのために本書でも、インドについては仲介人、そして日本では募集人と用語を分けている。

仲介人は労働者を工場で監督する必要から、出身村から労働者を募集する傾向があった。このために、出身地域の偏りがみられた。Patel（1963）は、ボンベイの綿紡績工場の労働者の48.3％（1911年）がラトナーギリ県出身者であり、そして1929年のストライキの際にラトナーギリ県出身の仲介人の多くが解雇されたために同県出身労働者の比率が1931年には23.3％に急減したことを紹介している。すなわち、仲介人は、農村から都市への労働移動を可能とする呼び水としての役割を果たしていたといえよう。

日本でも、労働者の採用に募集人が重要な役割を担った時期があった。『紡績職工事情調査概要報告書』（1898）は「……紡績業の如き夥多の職工を使用する工場は常に職工の欠乏を来たし其所在地若くは付近において募集したる者のみを以て之れが需要を充たすこと能はず。是に於てか山川隔絶したる地に出で巨額の費用を投じ多数の時日費し煩雑なる手数を以て職工を募集するの已むを得ざるに至れり」として過剰労働が存在していたといわれる明治期においても労働者の募集が容易ではなかったことを明らかにしている。また、『職工事情』（1971）によれば、繊維産業の女子労働者の9割以上が農村からの出稼工女であった[3]。社員を募集人として派遣していたが、その場合には募集地が社員の郷里となる傾向があり「各工場にして自ら其募集区域の一定せるものある

が如。例へば某会社には新潟県の職工多く又某会社には鳥取県の職工多きが如し」(『綿糸紡績職工事情』p. 69) というようにインドと同様に出身地の偏在がみられた。

　出身地域が偏る理由として、さらにふたつを付記しておきたい。まず、ある工場に就業した労働者が出身村への就業情報の伝達者として呼び水となることである。次に、農村と都市の文化的間隙を強調すれば、Hoselitz (1955) の次の記述もまた説得力をもってこよう。すなわち「開発途上国の都市は、多くの労働者や潜在的労働者にとっては荒涼とした環境となる。……見ず知らずの人々のなかで孤独が決定的となることもある。こうした状況は、モラール、規律そして仕事への集中に悪影響を及ぼす。労働者の神経を蝕むのは都市の騒音や煤煙ではなく、むしろ隣人の欠如、それは大都市のもつ匿名性と非人格性ともいえるものである。これらが開発途上国における工場労働者の高い欠勤率、転職率そして作業能率の低さへとつながる」(pp. 180-181)。そうだとすれば、工場に同郷の人々が集中するのは、異質な世界に放り込まれて孤独や不安に苛まれている人々が、僅かながらとはいえ安寧の場を求めた結果であるともいえよう。なお Hoselitz は、不安定な労働力の原因を、村との紐帯ではなく工場（都市）への不適応に求めている。

　次章で対象とするインドの製糖工場でも、ある地域からの季節労働者が多く働いている。聞き取りをした労働者に頼んで、工場の近くの彼の下宿先を訪問したことがある。製糖工場はサトウキビの搾りかすを燃料とすることから、その煤が周辺に降り注ぎ、部屋の中にも容赦なく舞い込む。薄暗いその小部屋には、ビハール州シワン県出身の季節移動労働者12人が居住していた。この製糖工場は8時間の3シフトであるが、その部屋の住人の半分が就労しているときには、残りの半分は薄暗い小部屋に横たわって体をやすめている。6人が横になれば足の踏み場もないほどの小部屋である。食事は当番を決めて、共同炊事としている。こうした共同生活を送るには相互の信頼が必要であろうが、それを担保しているのが同郷であるという絆である。

　いずれにせよルイス流の無限弾力的労働供給は、募集人の活動や工業化社会

の規範を普及させるような教育の拡充といった過剰労働の大地から労働者を掘り起こす装置がなくしては実現されえないのである。

ちなみに、インドにおける村との紐帯にかかわるこうした事象について、「それは労働市場の分断化の表出であり、効率性を阻害し、また就業機会の平等に反することから所得分配の不平等を招く」という紋切り型の主張をする論者も少なからずいる。これは、そもそも現実には存在しない完備な労働市場という理念的な規範に照らした、因果律を逆転させた議論である。同郷出身者が集中することには、就業情報の非対称性を解消してサーチ費用を低減させる（Holzer 1988；加治佐 2006）だけでなく、見知らぬ土地での不安を和らげる役割、さらにはそうした土地でのセーフティ・ネットの提供という積極的な理由があることを理解する必要があろう。

1.2　紐帯は悪弊か：紐帯桎梏仮説

『インダストリアリズム』の筆者のひとりで、インドの労働事情を分析したMyers（1961）は、現象的には高い欠勤率や転職率・短い勤続年数・労働募集人の存在といった点で指摘される工場労働力の不安定さの原因を強靱な村との紐帯に求めている。これを紐帯桎梏仮説と名づけておこう。アジアに進出した日系企業の社員からも類似する発言が多くなされているが、はたして正当な仮説であろうか。

欠勤について、『王立インド労働委員会報告書』（1930）は「……特にボンベイの紡績業では、移動労働者という性質から欠勤率が相当に高くなって効率に悪影響を与えている。また、労働者は工場から工場へと渡り歩いている」（p. 13）とする。そこで、欠勤率が10％程度であることから、それに相当する予備人員を雇うことを勧告している[4]。そして「ボンベイ市の労働者は、出身村と緊密な関係を保持している。近隣地域から流入してきた労働者は、彼らが土地所有者ないしは家族が土地を借り入れているときには、毎年モンスーンの始まる前に帰村して、モンスーンの終了と同時に戻ってくる。従って4月と5月には恒例の大移動がみられる。土地なし、ないしは土地の借入れをしない労働者

はシグマかディワリの祭りのときに年1回ほど帰村する。……遠方の地域の出身者は、2、3年に1度帰村して3から4カ月とどまる。……アーメダバードでは、……4月と5月そして12月の結婚シーズン、7月と8月の田植えと12月と1月の収穫時期に帰村する」(p. 7) として、欠勤の理由を村との紐帯に求めている[5]。

欠勤の理由を村との紐帯に求めることは直感的には受け入れやすい説明かもしれないが、それが経営者の発言であることには留意しなくてはならない。農作業を原因とする帰村は労働者の出自からすれば当然であり、工場労働者の創出の初期段階では不可避の事象といえる[6]。また、そもそも祭りなどの伝統行事のおりの帰村などは、イースター祭や盆・正月などの例をあげるまでもなく、今日の先進産業国でも一般にみられることである。企業はそれを与件として労務管理をおこなうべきであるが、はたして欠勤に不満を抱くインドの企業経営者が有効な対策を採っていたかには疑問がある。

インドの労働募集は、かつては内部請負親方である仲介人に委ねられていた。こうした内部請負制は、先進国の経済発展の初期段階でも広汎に存在が確認されている。19世紀の労務管理の中心的形態は英国 (Pollard 1965) や米国 (Clawson 1980；Buttrick 1952) においても内部請負制であったし、明治期の日本でも親方請負制が広汎にみられた (尾高 1984および2000)。そこでは、仕事を委託した工場所有者 (経営者とは、まだ呼べない) からの支払いと、請負親方が管理する労働者への給与支払い額との差が親方の収入となった。英国の場合には、請負親方は原材料の購入といった資金管理までもおこなっていた。これによって資本家は、労務管理のみならず資本リスクについても危険回避をなしえた (Littler 1982：p. 65)。このことは、とりもなおさず、労務管理については工場所有者の権限があまり及ばなかったこと、すなわち彼らに労務管理能力が欠如していたことを意味している。産業革命という製造技術の革新は、その初期段階においては労務管理の革新をともなうものではなかったのである。このことが、労働力の不安定さのひとつの理由となったといえよう。

『綿糸紡績職工事情』でも、職工の大半が農村からの出稼工女であり「……

不時の欠席者多ければ工場主は職工数に対し大抵一割乃至一割五分の予備員を設けざるべからざるは事実」(p. 62) であったとしている[7]。しかし『職工事情』は、その理由を村との紐帯には求めてはおらず、むしろ苛酷な労働環境が原因であるとする。また転職も、明治期の日本では、経営者を悩ませる深刻な問題であった。しかし、これも経営側に少なからず問題があったことを『職工事情』は見抜いている。『綿糸紡績職工事情』では「我国紡績職工の出入は極めて頻繁にして平均一カ年間に殆ど全数の交替を見る」(p. 62) ほどであったが、それも『紡績職工事情』によれば「抑も工場主が高き賃金を払ふて職工を誘致し、職工も亦賃金の安き工場を去つて高き工場に赴くは各自の自由にして、之れがため工場主が如何に激烈なる競争をなすも、職工が如何なる方法に依つて工場を転ずるも、其手段方法にして正当なる範囲に於てする間は、強ち之を咎むべきに非らず」(p. 71) として工場側の不満を突き放している[8]。

　明治から大正にかけての職工問題を論じた宇野利右衛門 (1912) は「毎年五六月頃になると、何処の工場に於ても、寄宿工女中に多数の帰国者を出し、ために労力の不足を来たし、ただでさへ欠勤者多くして操業に困難勝ちなる時期に於て、更にこれがために生産力を減少さるる様な事になる」(p. 120) とする。帰村したいという工女を「寄宿舎に入れておくと、恰度激しい帰国熱の伝播者を養って置く様なもの」(p. 128) であり、放置しておけば「幾人の背反者を生じ、其幾人を止めた為めに、更に幾十人の背反者を生ずると云う事になり、遂には大多数の者が、会社に後を向ける事になり、ために塀を高くするとか、停車場に見張りを置かねばならぬと云う様な、甚だ忌しい事になる」(p. 129) と警告する。しかし、これも5月と6月頃ということから容易にわかるように、田植えという農村の労働需要のピーク時での帰村であり、インドの事情と変わりはない。

　すべての欠勤が帰村によるものではない。宇野も『職工事情』に近い立場をとる。すなわち、苛酷な労働が欠勤の理由となっていることから「充分の休養を与え、正しき睡眠時刻をまもらしめ、自己の娯楽や道楽のために夜更かしをしない様に保護」(p. 193) する必要があるとする。そして、後に述べる生活

一般にわたる規律の導入、すなわち労務管理の必要性が説かれている。

　工業化の初期段階では、村との紐帯は欠勤のひとつの原因ではあったであろう。しかし、欠勤の理由をすべて村との紐帯に帰すには無理がある。高い技能を必要としない単純作業では、低廉な労働力が容易に入手できる限りは、欠勤に対処するには予備人員を雇用すれば事足りたわけであり、欠勤を防ぐような特別の経営努力は必要とはならなかった。すなわち、労働の遊休よりも資本のそれが問題となるような要素価格比であったのである。労働条件の改善がなされなかったことも含めて、欠勤や離職を阻止して安定的な工場労働者を確保しようとする経営努力が見られないことは、そもそも村との紐帯が経営者にとってはさほど厄介な存在ではなかったことを示唆している。

　こうした観点からすれば、紐帯桎梏仮説を支持することはできない。むしろ、これから述べるように、経営者が村との紐帯を利用していた可能性すらある。

1.3　紐帯の利用

　村との紐帯を原因とする欠勤を防ぐには、少なくとも都市を基盤とする定着した労働者が創出される必要がある。そのためには、賃金（直接費用）とともに、失業・疾病・生活保護そして年金などのセーフティ・ネットという保全の措置にかかわる間接費用が必要となる。間接費用は、先進産業社会では、主として失業保険・年金などの公的な社会保障制度によって賄われる。しかし、経済発展の初期段階にある社会ではそうした公的制度には多くを望めず、結局は、企業が保全費用を負担する割合が高くならざるをえない。

　一方、次章で詳しく述べるように、農村社会は家族や親戚を軸として諸々の保全の措置を提供しており、村との紐帯を維持する工場労働者はそれを利用する権利を保持していると考えられる。ここに、村との紐帯がもつ積極的な役割がある。1997年の通貨危機に見舞われたタイで、バンコクに移動して就業していた多くの労働者が失職した。しかし、彼らの多くは出身地の村に吸収されたために失業問題が思いのほか深刻とならなかったことは、タイでも農村が都市労働者に対してセーフティ・ネットを提供していることを物語っている。村と

の紐帯を原因とする労働の不安定性を原因とする損害が農村出身の労働者を定着労働者とするための保全費用を上回らない限り、企業経営者にとっては労働者の定着を促す戦略をとる積極的な理由はないのである。

また、工場労働者の部分的定着の原因といわれる紐帯の問題が解消されることによって定着労働者が形成されたとしても、それが直ちに生産的労働者の出現を意味するものではない。労働者の「素質の向上」のためには一般教育が重要であるが、教育インフラが充分ではない社会では、企業が負担する素質の向上のための費用も大きくなってしまう。保全の確保と教育インフラの整備は企業の手には余る課題であり、定着労働の創出には政策的関与が不可欠となる。この論理に従えば、労働者に高度な技能を求めない産業ならば、定着を促すための保全費用を個々の企業が負担する必要はさらに少なくなる。

村との紐帯が様々な悪弊をもたらすという経営者の発言を額面どおり受け取ることはできない。むしろ保全費用を農村に負担させることにより、工業部門は低廉な労働力を調達できたのである。この限りでは、工場が村との紐帯を断ち切る手段を講じる理由は見当たらない。このように考えるとき、紐帯桎梏仮説は、経営者側からの一面的な発言にとどまることになろう。

2 工場制度への馴化

2.1 監獄としての工場

農村社会で社会化された人々が近代社会の核ともいえる工場に就労しようとするとき、彼らは工場という異質な組織（制度）への馴化を求められる。では、馴化すべき工場制度の特性とはいかなるものであろうか。

工場制度の定義については議論があり、そこへの深入りは本書の目的から逸れる[9]。そこで、労務管理の領域に話を限定しよう。この視点から工場制度を把握しようとしたひとりが Marglin（1974）である。彼は工場制度の登場の理由を、分業や協業による機械の技術的効率性の追求ではなく、労働者を統制し

て収益性を高めようとする経営者の戦略に求める。すなわち、他の生産形態に対する工場制度の優越性は製造技術や資本設備にあるのではなく、生産プロセスの管理権を労働者から資本家に移管させたところにあるとする。それは、技術や資本面での優位性がなくとも規律と監督によって生産費用の引き下げが可能だったためとの主張である[10]。

　工場制度のもつ規律という特性から、工業化の初期においてはLandes (1969)が「工場は新たな牢獄となり、時計が新たな看守となった」(p. 54) と表現したように、工場は監獄にたとえられることがあった。Kerr et al. (1960) も「初期工場の規律は監獄の規律と同じであった」(p. 202) という歴史学者の言葉を引用している。諏訪地方の糸ひき唄には「工場づとめは監獄づとめ　金のくさりがないばかり　かごの鳥より監獄よりも　寄宿舎住いはなお辛い　工場は地獄で主任は鬼で　まわる検番火の車」(山本茂美 1995：p. 394) とある[11]。また、『職工事情　付録一』に掲載されている『時事新報』の記事（明治丗五年八月廿日）には「……工場の外部を一見するに宛がら監獄署其儘にて人をして一見慄然たらしむるものあり。先ず周囲には頑固なる柵を設け入口の門には昼夜の別なく鉄材を以て造れる閂を差し錠を下し……一寸の時間たりとも開放し置くことなし」(p. 432) とある。ここでいう監獄は、劣悪な労働条件というよりも、規律による身体拘束の場としての隠喩であることに注意を払いたい。労働者にとっては、Landes (1966) が見抜いたように「工場の本質は規律 (discipline)」(p. 14) であったのである。

　では、なぜ工場の本質といわれるまでに規律が表舞台に登場したのであろうか。近代は監視社会であるとするフーコー (1977) のテーゼを手掛かりとして、規律の機能を読み解いてみよう[12]。フーコーは、規律が社会のなかで支配力を持ち始めたのは17から18世紀にかけてであることを近代的刑罰としての監獄の誕生からみてとる。かつての君主＝権力を象徴するための儀式（見世物としての処罰：公開処刑・さらし首など）であった身体刑は、18世紀後半には、自由の剥奪という近代的刑罰へと代わる。この近代的監禁システムのなかでは、社会更正＝逸脱行為の排除という名のもとに受刑者は権力への服従を強いられる。

この身体的矯正を目的とする管理の手法が、規律である。

規律には、こうした逸脱行動の排除という消極的な機能のほかに、フーコーが規律の二重性、すなわち「規律・訓練の機能面での逆転」(p. 211) と表現する積極的な機能が備わっている。たとえば軍隊における規律は、略奪・脱走そして部隊の反抗を阻止する手段だけでなく、規律によって個々の兵士の技能が高まり、その技能は秩序づけられて組織としての部隊の能力を向上させることになる。ヴェブレン (1998) の言葉では「思考習慣」化された制度であり、社会学の用語では規範の内部化 (Coleman 1990) といえる。いったん規範が内部化されると、新規参入者も、その規範をレファレンスとするヒューリスティック行動をとることになる。この規律の二重性を理由として、規律は軍隊・学校そして工場など社会全般に広がりを見せることになる。

ところで、Tilly and Tilly (1998) の提示した労働誘因のひとつに監督＝強制があるが、それと規律との関係について触れておきたい。監視費用を削減させる装置としての規律の役割について、フーコー (1977) は『監獄の誕生』で、階層秩序をベースとする「まなざし」によって拘束する仕組みを摘出する。この「まなざし」は、監獄におけるパノプティコン（一望監視施設）によって象徴的に語られる。これは、円環上の建物が中心を通る多数の直線によって扇形に区分けされた独房で構成される。そして、その中央に監視人の部屋が設けられるが、その窓は鎧戸がつけられているために独房からは監視人の存在は確認できない。このために独房の囚人は不断に見張られているという監視のまなざしを感じることになり、規律への服従が促される。さらに規律の遵守に処罰がともなうことから、規律は規範化（自己拘束化）する。このように規律は行動を規格化することによって規範からの逸脱の判定を容易にすることになり、監視費用が削減される。この規律の規範化は、さらに、規律の履行を自動化させることによって「機能面での逆転」が生まれる。この逆転は、後に述べるように、規律が監督＝強制からコミットメントにかかわる段階へと推移することを暗示させている。

誘因としての監督＝強制を実証的に議論することが困難であるが、これまで

に議論したように規律が強制＝監督と密接な関係をもっていることから、規律を通して監督＝強制を議論することにしよう。

　フーコーの議論は、監獄を工場に置き換えても容易に成立する。彼も規律と監視という点で監獄と工場を同視して「工場での規律・訓練は依然として、規則の尊重と上役への尊敬をうながして、盗みや注意散漫を防止する一手段にとどまる一方で、労働者の適性や能率や生産性を、したがって利益を増大させようとする傾向をおびる」（p. 211）とする。すなわち、規律に違反しない職務行動という消極的行動だけでなく、職務行動それ自体に意味をもたせて労働者に自律的に労働努力の提供をなさしめるという規律の積極的な機能である。本章では、この自律的な労働努力をモラールとして表現する。そして工業化の進展過程でも、次節以降で検討するように、規律の機能面での逆転が生じると考えられる。

2.2　近代的工場の登場と規律

　欧米の工場経営の歴史的経験からいえば、工業化の初期段階から就労規則が労働者を支配していたわけではない。むしろ、経営者には工場を中央集権的な組織をもって管理する能力が備わっていなかったために、インドの仲介人について紹介したような労務管理の委託がみられた。そこでは仲介人（内部請負親方）による直接的な監督がなされていたことから、就労規則はさほど必要とならなかった。

　しかし親方請負制は、様々な問題をひき起こしていた。インドの史料から、実情をみてみよう。「1923年以前には、綿紡績工場でも労働不足が問題となっていたことがあった。そのときには仲介人は、彼等のもとで働く労働者に対して幾ばくかの誘因を与えていた。それはお茶や冷たい飲み物であったりしたが、通常、その費用は会社が負担していた。……自分のもとに労働者を留めるために、仲介人は少額ではあるが賃金の前払いに応じることもあった。……しかしながら、いまや状況は一変している。労働供給は潤沢であることから、労働者は職探しをしなくてはならなくなった。彼らは仲介人の家を訪ねるか、または

朝早く工場の門のところに現れて、空きがないかを尋ねている。仲介人は悪名高いほどに腐敗しており、賄賂の要求を躊躇することはない（『王立インド労働委員会報告書』Part I, 1930：p. 10)」として、内部請負親方の悪弊が指摘されている。また「ボンベイの労働者募集制度はあるべき姿からかけ離れており、効率的であろうとする気配もない。というのも仲介人には大きな権限が与えられており、必ずしも有能な労働者ではなく、彼に最も多くのコミッションを支払う者、または利益をもたらす者を採用してしまう」(p. 9) という問題も指摘されている。しかし、こうした悪弊があることは認めながらも、労務管理能力に乏しい経営者は、結局は、必要悪としての仲介人に依存せざるをえなかったのである。

　米国でも、同様の事態が生じていた。充分な労務管理能力をもたない経営者にとっては、内部請負制度は必要悪であった。しかし、その悪弊が耐え難いまでになると、経営者は内部請負親方を組織の被雇用者である現場監督者 (foreman) に置き換えていった (Buttrick 1952)。ここに、Marglin が指摘するように、経営者が自ら労働者を統制して収益性を高める生産形態としての近代的工場が生まれてくる。そして内部請負制のもとでの直接的監督を代替するために、工場の本質としての規律が登場する。

　このように近代的工場とマニュファクチュアのような伝統的生産組織とには、『監獄の誕生』で語られたと同じ論理で、労働者の監督方法に断絶がある。パトロン・クライエントという恩恵的関係の生じ易い直接的な監督から「まなざし」による間接的な監督への移行、そして「まなざし」を機能させるための規律の誕生こそが、労務管理という視点からみた近代的工場制度の誕生であったといえる。中央集権的な労務管理システムを備えたという意味での近代的工場制度の登場は、産業革命の開始から一世紀以上が経過した20世紀に入ってからのことであった (Thompson and Mchugh 2002)。

　近代的労務管理を特徴づける規律（就労規則）の機能について、Clark (1994) は調整説 (coordination theory) と強制説 (coercion theory) を紹介している。産業革命によって資本・労働比率が上昇し、分業と大規模な動力機

械の導入がすすんだが、それは欠勤や遅刻を原因とする作業の停滞によってもたらされる損失を大きくした。そこで、稼働率や作業効率を高めるために労働者の再配置という調整が必要となる。この再配置のための費用を削減するのが規律である、と調整説は主張する。これに対して強制説は、規律そのものが労働努力を高める機能をもつとする。すなわち労働者の再配置の必要のないところでも、規律の導入は労働報酬が実現すると期待される以上に労働生産性を高める、という主張である。フーコーの主張する、規律の二重性に重なる対比である。

Clark は多くの史料から、強制説を支持する。彼の計算によれば、規律は労働努力を33％増加させている。しかし労働者が規律を忌避することから、賃金を56から66％上昇させたとする。その結果、資本装備率の高い工場であるほど、規律の施行による賃金上昇よりも規律ある労働者による資本の集約的利用からの便益のほうが大きくなる。このことから強制説の主張は、資本装備率を変数化することによって規律の施行には産業間で濃淡があること、すなわち経済発展とともに資本装備率が高まることから規律が重視されるようになる、と工業化の進展という時間軸にのせて読み替えることができる。

工業化の進展とともに規律の役割が増してくるという主張は興味深いところであるが、その理由について本書は次の2点で別の立場をとる。ひとつは、工業化の初期段階に現われる資本装備率の低い産業では、規律による資本の集約的利用の利益は少ないことから強制説に従う規律は求められない。しかし、そうした産業が労働集約的であることを考慮すれば調整説に従う規律が効力をもつであろう、という点である。すなわち経済発展の過程で、規律の存在理由が調整説から強制説へと転換すると考えられる。次に、工業化の進展で注目すべきは、資本装備率というよりは裁量的作業の増加という課業内容の変化である。すなわち強制説の主張する労働生産性の向上は、単なる労働強度の増加というだけでなく、品質管理などの細やかな集中力を必要とする裁量的作業に労働努力を振り向けさせることによって達成される、とわれわれは考える。

労働配置を重視する調整説では、欠勤や遅刻の防止が就労規則の中心的な課

題となろう。これに対して強制説では、労働者の態度全般にまで規律が及ぶことになる。これは、フーコー（1977）の「身体は管理される対象となる」という命題を労働者に容認させる手段として規律に存在意義を求める主張と対応している。その結果「工場や学校や軍隊では、あらゆる微視的な刑罰制度が、つまり時間についての（遅刻、欠席、仕事の中断）、行状についての（不注意、怠慢、不熱心）、態度についての（無作法、反抗）、言葉遣いについての（饒舌、横柄）、身体についての（「だらしない」姿勢、不適切な身振り、不潔）、性欲についての（みだら、下品）、微視的な刑罰制度がひろくゆきわたる」（フーコー 1977：p. 182）というように、労働生産性には直接的にはかかわらない規律（就労規則）が登場してくる[13]。すなわち工業化の進展の過程で、規律の存在理由が調整説から強制説の描く世界へと変遷すると考えられる。Clark の議論を工業化の歴史という枠組みに載せたこの仮説を、具体的事例から検証していこう。

2.3 時計仕掛けのシステムとしての工場

「時は金なり」とは *Advice to a Young Tradesman*（1748）の書き出しにあることから、ベンジャミン・フランクリンによる道徳的訓戒とされている[14]。ヴェーバー（2001）は、この格言に、怠業を戒めるプロテスタントの勤労の精神を内在させる「倫理的な色彩をもつ生活の原則」（p. 45）としての資本主義の精神を見いだしている。

工業化の初期段階における就労規則は「時間厳守・規則正しい仕事・確実な出勤・堅実さ・節度・課業への忍耐力」といった時間規律で表象され（Salz 1984）、身体は時間によって拘束されるようになる。産業革命期のイングランドにおける時間研究の嚆矢である Thompson（1967）は、金銭としての時間は、ピューリタニズムと資本主義との政略結婚により成立したとする。工場では仕事と余暇が混在する自然のリズムに従う伝統的な就労様式は排除されなくてはならず「労働者は、彼らの雇用者の時間と、労働者自身の時間を峻別しなくてはならない。雇用者は労働者の時間を利用し、その時間が浪費されないように

注意しなくてはならない。こうして、仕事よりも、むしろ金銭に還元される時間の価値が重要となる。時間がいまや通貨である。それは過ごされるのではなく、費やされる」（Thompson 1967：p. 61）という意味で、「時は金なり」となる。すなわち、Landes（1969）が「工場は新たな牢獄となり、時計が新たな看守」というときの時計は時間規律である。Thompson は、労働における時間規律が欧州で励行されるようになるのは18世紀としている。O'Malley（1994）も、米国でも1830年代には時計時間は工場システムを通じて労働の場に入っていきつつあったとしており、産業革命と併行して時間規律が登場したと述べている。

ここで明治初期の就業規則を、内閣記録局編『法規分類大全第一編　兵制門六』（1891：pp. 320-334）からみていこう。築地にあった海軍兵器局は、明治8年、工房定規を定めている。これは全11条からなる簡単なものであったが、そのなかから時間規律にかかわる規則を抜き出しておこう。

- 一　毎朝起業定剋五分前の半鐘にて各負担せし所の工房へ纂り、起業の相図にて速に作業可相始事。
- 一　各職工作業時間の儀春分より秋分迄は午前七時三十分より午後五時迄、春分迄は七時三十分より午後四時迄に相定候事。
- 一　朝夕出頭退散並午後食事の外会食所へ立入るを禁ず。若し公事に関渉するの儀は、姓名を記し監業技術係の許を受可致出入事。
- 一　午後四時十分前止業の半鐘にて各取扱の諸器を調査格護し、其場に於て退散の相図を待べき事。
- 一　各工房に於て煙草を用る事を禁ず。若し乖忤の者は半日分賃金を引去り候事。
- 一　各職工午前六時三十分より遅刻致し候者は、当日賃金のうち時間の割合を以て減渡申付べき事。但七時後出頭の者は当日使用致さゝるべし。

そのほかは賃金・工場備品の私用禁止と鑑札にかかわる規則であることから、

工房定規の中心は時間規律であったといえる。この定規は、明治16年に職工規程として改定され、明治19年にも再改定がなされている。明治16年職工規程は49条、明治19年改定では45条と規程が大幅に増加している。ふたつの改定版には大きな差はないので、明治19年職工規程から時間規律に関する項目を抜き出してみよう。職工規程は、第一章 総則、第二章 工業時間に関する件、第三章 給額に関する件、第四章 制服に関する件、第五章 禁止の件、で構成されている。

第十条　諸職工退場の節は伍長其伍中を率ひ門監の検査を受け順次退場すべし。決して雑踏すべからず。

第十一条　不正の所業ある者は勿論、規則を遵奉せず怠惰放逸なる者は放免すべし。

第十九条　起業報鐘前諸事を準備し止業報鐘後諸物品を取収め掃除に着手すべし。

　　　　　汽笛報鐘左の如し

一　起業前汽笛　　三十秒　二秒　二秒　　但し入門報鐘十五分前に報ず
一　入門報鐘　　　午前七時
　　　　　　　　　但一月二月三月十一月十二月は午前七時三十分[15)]
一　起業報鐘　　　午前七時十分
　　　　　　　　　但一月二月三月十一月十二月は午前七時四十分
一　喫飯報鐘　　　午前十一時三十分
一　喫飯後就業報鐘　午後十二時
一　止業報鐘　　　午後五時
一　同汽笛　　　　同三十分　二秒
一　出門報鐘　　　午後五時十分

第二十条　門扉は起業前汽笛十五分前に開明し、入門報鐘鳴り終わると共に閉鎖し出門は報鐘と共に開排すべし。

第四十五条　技術等外吏以下懲罰則を遵守すべきは勿論、猶左の各項を禁止

　　　　す。
　一　休憩時間中と雖も定所の他、濫りに他所に休憩徘徊し又は他の工場に行く事
　一　故なく各工場の戸扉を開放する事
　一　定所の外喫飯する事
　一　自用品を工場内に携入する事
　一　各工場を窺視する事
　一　窓縁に腰を掛け或は外壁に登る事
　一　仕事着にあらざる外套或は引廻し類を著し工場へ出入する事
　一　下駄をはき或いは傘蝙蝠傘を持ち工場へ出入する事

　明治８年の工房定規と比較して、詳細な時間規律が定められている。第二十条にある入門報鐘とともに門扉を閉めるという規則は、明治16年の改定の第三十九条では「起業時刻後十五分時間迄は入場を許す。此場合に於ては歩合の十分の一を減ず」とあるのが削除されて、新たに付け加えられたものである。遅刻を認めないという厳格な方針への転換がなされている[16]。ちなみに、日本で「時間」「分」という言葉が登場するのは、1872（明治５）年末にグレゴリオ暦による改暦がなされて1873年から西洋の時刻制度が導入されたときである。紹介した就労規則は、その僅か２年後に定められたものである。その内容は、お雇い外国人によって西洋の就労規則が翻訳されたものと考えられるが、当時の日本人が、どれほど時間規律を理解していたかには疑問が残る。

　民間企業でも、ほぼ同様の規律が散見される。以下は、三重紡績の職工懲罰規定である（『紡績職工事情調査概要報告書』1898：pp. 168-169）。

　左に掲ぐる所件を犯す者は譴責罰金減給或は即時解雇す
　第一　遅刻出勤一カ月数度に及ぶもの
　第二　当会社の規則又は時々の命令に違背するもの
　第三　不正の行為あるもの

第四　不行状若くは怠惰なるもの
第五　規定の場所外に於て喫煙し或いは発火の恐れある物品を使用するもの
第六　苦情を唱え或は他人を煽動するもの
第七　猥褻の行為あるもの
第八　喧嘩口論するもの
第九　虚病を構へ出勤せざるもの
第十　怠慢者又は業務に堪へざるものと認むるもの
第十一　欠勤多くして業務に差支を生せしむるもの
第十二　許可なくして他人を工場内に誘引するもの
第十三　会社機構にて諸物品を売買するもの
第十四　就業中新聞紙雑誌書冊を読むもの
第十五　取扱上不注意より機械に熱気を発せしめ又は毀損し運転に差支を生せしむるもの
第十六　担当の器具類を紛失し若くは故意に毀損するもの
第十七　出勤札並びに勤怠表を毀損し或は紛失するもの
第十八　第十五第十六に該当し之を隠匿包蔵し他より発見したるとき
第十九　第十六に該当するものは本人より其損害を弁償せしむ若し事状不明のときは其損害金は全部又は部分中の総員に分賦して取立つ

　ここでも大半が、欠勤を含む怠惰の阻止に係わるという工場労働者に求められる最低限の規律である。
　次に、工業化が始まったばかりのラオスの縫製工場の就労規則（全19条で構成）を紹介しよう。この工場は、第3章の調査対象となっている。主要な規則は「従業員は出勤と退社時間を出勤カード（パンチ・カード方式：筆者注）に記録して、給与支払いの時にそのカードを提示しなくてはならない。カードに記録したと同時に仕事を始めなくてはならず、また就業中は社外に出てはならない。他人のカードを使用したときには、双方の当事者のボーナスは支払われない。3分以上の遅刻をした場合、たとえ無欠勤でもその月の皆勤手当は支払

われない。欠勤届けは前日までに提出されなくてはならず、欠勤が3日以内ならば基本給の減給はない。無断欠勤の場合、1日当たり1400キップが基本給から差し引かれる。3日続けて無断欠勤したときには解雇となる。病欠の場合、医師の診断書があれば3日までは有給（年間15日まで）とする。工場付属物の窃盗は、給与の支払なしに解雇となる。終業のベルにより従業員は退社を許されるが、これに違反すれば500キップが給与から差し引かれる」というものである。この就労規則からも、欠勤を含めた厳格な時間管理を読みとることができよう。

工場制度の導入により、時間の管理権が労働者から経営者の手に移ることになった。こうした時間管理の潮流は、なんらの違和感もなく、ティラーの科学的管理法と融合していく。クェーカー教徒の母に厳しく教育されたティラーの性癖は社会的には異端だったかもしれないが、工場制度のなかでは権威として受け入れられた。「1910年までに効率という、あの工場経営管理の聖杯が、各社のパブリシティにいっそうひんぱんに登場する」(O'Malley 1994 : p. 174) ようになったころ、efficiency に効率という訳語をあてた上野陽一らによって日本にも科学的管理法が導入されていく（橋本 2001）。それ以降の時代の紹介は本章の問題意識から外れるので、ひとまず議論を終えることにしよう。

工業化の揺籃期にみられた就労規則を紹介してきたが、ここでの就労規則は強制説というよりは調整説の範囲にあったといえる。また、フーコーの議論からすれば逸脱行為の特定を容易にする、すなわち監視費用の削減を狙ったものでもあった。これは、単純作業が中心となる工業化の初期段階では、遅刻を含む怠業の阻止が労務管理の主眼であったためと考えられる。そして、諸規律のなかで最も普遍的で存在が認識しやすいのが時間規律であったのである[17)][18)]。

2.4 強制説に従う規律の登場

工業化の進展とともに、就労規則は調整説による意味づけにとどまることなく、労働者の生活を規律づけようとするようになる。強制説に従えば、またそ

れは Marglin（1974）やフーコー（1977）の指摘とも重なるが、就労規則は直接には生産性にかかわりをもたないような労働者の全般的な行動に及ぶようになる。そのときには、労働者の評価は労働投入や生産性ではなく、規律の遵守を基準とするようになる。すなわち、規律ある労働者は高い労働努力を提供し、また報酬や監督＝強制を労働誘因とするよりも労務管理が効率的となるという想定である。

関連する史料を紹介しておこう。細井和喜蔵（1994）の『女工哀史』は、規律の実態について次のように記録している。「工場における作業監督の一様式として「工場調査」なるものがある。……あらゆるもののアラをほぜくり出し、各人の個性をして工場制定の「型」に打ち込んでしまおうとするにほかならない。すなわち作業上のみならず、すべてのものの「標準化」を理想としているのだ。で、標準動作の監督機関と看做してもいい。……調査員は女工の服装調査をやる。そして前に述べた規定の服装より少しでも違反しおれば——それは帽子をかぶって来ないとか靴下を履かないでじかに足袋を履いたとかいった些々たる落度まで一点として記帳し、人員対パーセントに割り出して等級をつけ、その組の成績に差し加えるのである。それからまた工場内の整理調査になると、床の上へ一本の木管を落していても一点と記帳せられ、一介の糸屑が附着しておってもやはり一点として成績へ加味せられる」（pp. 270-271）。

工業化の初期段階のニューイングランドの繊維産業について「工場と寄宿舎の規則は極めて多く、労働者の生活の隅々にまで及んでいる。……労働者は、いつ、どこで、どのように、またどれだけ働かなくてはならないか、さらにはどこで食事をして睡眠を取らなくてはならないかまでも指示された。……労働者は不道徳な行為、悪言、不敬、ダンス教室への出入りなど、経営者や監督者が相当すると考えたいかなる理由でも解雇された」（Kerr et al. 1960：p. 207）との記述もある。このふたつの逸話から、規律が、工場内の態度だけではなく生活態度全般にまで及んでいることを窺い知ることができよう。

こうした事態は、日本の寄宿舎における規律にも観察される。「織物工女の風儀悪しきことは何人も想像するところなり。彼等の多くは妙齢の未婚者にし

て……家庭より離して……寄宿舎に収容するものなれば風紀の紊乱は免るべからざる。……工女は一般無教育なるを以て其嗜好も高尚なる者無く……工場主は職工の外出するを甚だ嫌忌す。是一は彼等の逃亡を畏るるに由ると雖とも又一は彼等に風紀紊乱の機会を与え其極或は逃亡を企て然らざるも怠慢心を起す等の悪結果を生ずるを以てなり」(『織物職工事情』：p. 217) とある。また「工女の外出は頗る不自由にして諏訪地方の如きは概して之を許さず……工場に依つては外出時間を夕食後一時間に限り一夕の外出者を五名に限れる處あり」(『生糸職工事情』：p. 154) というように、社会から工女を隔絶することによって規律を保とうとした。

『綿紡績職工事情』も「……地方に依りて風紀の非常に紊乱せるものあり。地方細民の子女にして普通教育の素養もなく倫理の観念も有せざる者が一旦父母の監督を離れて他郷に来り工場寄宿舎職工下宿等に於て妙齢の子女が幾百の群居をなすに及で自己の意思を制することも外部の誘惑に抵抗することも殆んど得て望む可らず」(p. 121) であることから、工女の生活の監督が不可欠としている。諏訪のある製糸家が述べたように「工女を寄宿せしむる時は仮令若干の費用を要すると雖も、其一身の行状たとえば寝褥、離褥、就業に至るまで悉皆之を監督する事を得」(佐野他 1894) るためであり、寄宿舎における管理は労務管理の一翼を担っていた。こうして「かごの鳥より監獄よりも　寄宿舎住まいはなお辛い」ことになる。

ここまでの議論で、当時の経営者が、どのような労働者を求めていたかを知ることができる。それは、Pollard (1963) が指摘したように、技能に優れた有能な労働者ではなく、規律ある労働者である。『綿紡績職工事情』も「……健全なる労働は実に諸般工業発達の要件なり。殊に紡績工業の如き機械的工場に於ては、職工は精巧の労働をなすよりも寧ろ規律的に機敏に立廻わるの必要あり。之を例にせば糸切れたるときは直に発見して之を接ぎ不正の篠あれば之を除き異種の糸あれば之を区別するが如く職工活動の範囲は力役若は技巧には非ずして規律と機敏とに在り。而て此規律あり機敏なる労働は極て健全快活なる精神の働作を要し到底心身副はざるが如き者に望む能はざるなり」(p. 63)

と述べて、単純作業に従事する半熟練工に求められるのは規律であり、技能ではないとしている。半熟練労働集約的な産業が中心であった時代には、人的資本の形成が技能の向上ではなく規律ある労働者の育成に向けられていたのである[19]。そして日本では、比較的早い段階で調整説から強制説へという規律の目指す意味の転換がみられた。

開発途上国の工場でも、従業員の態度一般までを規律化しようとする動きをみることができる。前節では工場労働者の第一世代を雇用する工場の規則を紹介したが、それは時間規律が中心であり調整説の範囲にとどまる規律であった。そこで、相対的に品質管理が重要となる、すなわち高い技能が必要となる工場における規律をみていこう。

表1－1は、タイのある日系企業（コンピューター周辺機器組立：製品はすべて日本に輸出）における従業員の人事考課表（監督者以上は含まない）である（2004年採取）。合計評価得点が91〜100ならば優良、81〜90は平均以上、61〜80は平均、51〜60は平均以下、そして50以下は劣るとされる。労働者の技能にかかわる項目は多くなく、出勤が30点と最も大きく、残りも規律ある労働者か否かの項目である。経済学では人的資本という用語が使われるが、この人事考課から人的資本のもつ具体的な内容を知ることができよう。すなわち前述のPollard（1963）の言葉が示すように、製造工程従事者の人的資本とは、技能に優れたというだけでなく規律ある労働力である。これに対して、監督者の業績評価項目はシンプルであり、目標達成（50％）・管理方法の効率性（20％）・業務達成（20％）・会社の行動規範（code of conduct）の管理（10％）となっており、業績主義的な色彩がみられる。この業績評価表の対比からも、規律が製造工程における生産性に直接影響するという企業管理者の発想を読み取ることができよう。

なお、この内容は以下の就労規則に示されており、労働者に周知されている。「従業員の評価は、従業員の出勤態度および業務成績を評価するものとする。業務成績の評価とは、割り当てられた仕事に対する専心、能力、責任感および会社の方針・就業規則・規則・諸規定・通達・上司の指示への服従、上司およ

表1-1　日系企業（タイ）における生産労働者の人事考課表

	項　目	評価項目の内容	得点
1	集中力	業務を決められた時間内に遂行する。 正当な理由なしに欠勤・休暇を取得しない。 上司に相談に乗ってもらう。 業務に集中している。 業務に熱心である。	5
2	能力	割り当てられた業務を遂行する。 計画を立てて、その通りに実施する。 質の高い業務を遂行する。 問題解決能力がある。 業務の性質および手順を理解する。	5×2
3	責任感	割り当てられた業務を管理し、フォローする。 問題発見に意識を持っている。 ミスを犯したとき、それを認める。 割り当てられた業務に貢献する。 偏見で他人を非難せず、自分の考えも押し通さない。	5
4	服従	会社の規則・規定に厳格に従う。 会社の方針・規則・規約に従う。 5Sに従い業務を遂行する。 安全衛生に気を配り仕事をする。 上司の忠告や作業基準に従って業務をおこなう。	5
5	尊重	上司の話をよく聞き、理性的に対応する。 他人の意見を尊重する（kao rob）*。 物事に丁寧に対応する。 就労規則に従う。 上司に敬意を払う。	5
6	誠実性	正直に行動する。 ストレスを溜めないで行動する。 友好的関係を構築する。 他人の意見を尊重する（tang jai）*。 必要に応じて同僚の仕事を支援する。	5
7	マナー	礼儀作法がよい。 他の人の感情を理解する。 人付き合いがうまい。 立場に相応しい行動をとる。	5
8	協調性	会議で発言する。 他部門に依頼された業務の遂行に協力する。 会社の活動に参加する。 共同で業務を遂行できる。 同僚とうまくやる。	5×2

9	自己表現力	自分の意見を述べることができる。 他の人に物事を説明する能力がある。 課業を完遂しようと努力している。 業務基準について上司に意見をいえる。 リーダーシップがある。	5
10	創造性	業務改善をする。 業務の効率化を図る。 業務の新しいやり方を考案する。 新しい業務を考える。 業務の新しい仕組みを開発する。	5
11	自発性	割り当てられた業務を自発的に遂行する。 業務改善に提案をする。 方針に沿って体系的に業務ができる。 抽象的業務でも具体的に理解して遂行できる。 業務の分類・統合が体系的にできる。	5
12	知識・知恵・勘	良い考えを持っている。 記憶がよい。 物事を早く理解できる。 理性的な考えを持っている。 他の人に自分の意思を伝える能力がある。	5

業績70＋出勤30
注）＊「尊重する」に相当する kao rob は目上に対する尊重であり、tang jai は同じ地位にある者の意見を尊重するの意味。

び上位ポジション者に対する敬意、従業員相互の良好な関係を築く能力、改善または新しい有効な発想のための努力、仕事に対する創意、深い理解の有無およびその他の職務遂行に有効な要因で評価することである」。

　この企業の就労規則はこれにとどまらず、次の詳細な行動規範をもっている。その内容は、労働努力の提供を直接的に促すというよりは、労働者の日常生活一般を律するものとなっている。やや冗長であることを承知のうえで、規範の普遍化を示す例として紹介しておこう。ちなみに、こうした就労規則はこの企業に特有のものではなく、同様の事例を他の国も含めて普遍にみることができる。

〈一般的行動規範〉
(1) 正直かつ公正に義務を果たすこと。
(2) 会社の方針に対して誠実に協力すること。

(3)　上司の指示・命令を尊重して従うこと。
(4)　同僚との関係を良好に保ち、チーム・ワークで職務を遂行すること。
(5)　仕事で集中力を発揮すること。
(6)　団結し、お互いに助け合うこと。
(7)　会社ないしは社会に対して損害を与えるような行為を控えること。
(8)　会社の資産を守ること。
(9)　他人に嫌悪感や危険を及ぼさないように、自分の健康に気をつけること。
(10)　会社の利益の最大化を図るために、誠心誠意、職務を遂行すること。

〈行動面での行動規範〉
(1)　他人に対して礼儀を失した言葉遣いをしたり、騒動を起こしたり、迷惑をかけたり、恥ずべきことあるいは名誉を傷つけるようなことをしない。
(2)　扇動的・挑発的な言葉で他人に迷惑をかけたり、危険を及ぼしたりして、集団の結束を乱すようなことをしない。
(3)　従業員同士で喧嘩をしたり、心身を傷つけるような行為をしたりしない。
(4)　他人に嫌悪感を抱かせるいかなる行為もしない。
(5)　借金漬けになったり、破産宣告を受けたりしない。
(6)　会社の許可なしに、会社に私用の訪問者を招き入れない。
(7)　会社の周囲・建設物・道具・荷物・商品・通達状・回覧状その他の財産に損害を与えるような落書きをしない。
(8)　社会道徳に反する言動をとらない。
(9)　会社の許可なしに工場内や周辺で物を売らない。
(10)　薬物または毒物の中毒にならないこと、またそれらのものを工場内および周囲に持ち込まない。
(11)　アルコール中毒にならない、また会社の許可なしに工場内や周辺で酒を飲まない。
(12)　他人を侮辱したり脅迫したりしない。
(13)　会社の許可なしに外部の人を工場内や周囲に入れない。
(14)　上司、会社、同僚に対するいかなる刑事犯罪を起こさない。

⒂ 勤務に関係のない武器・凶器または危険物を所持したり工場ないしは周辺持ち込んだりしない。
⒃ 他の従業員の違法行為に加担したり、扇動したり、支援したり、助言したり、勧誘したり、また仲間に加わったりしてはならない。
⒄ 会社の評判または財産に損害を与える原因となるいかなる行為もしてはならない。
⒅ 会社や周囲で業務に関係のない集会・会議・意見交換をおこなってはならない。
⒆ 守秘義務を守る。
⒇ 賭博の禁止。また会社や周辺で賭博をする人の仲間に加わってはならない。
㉑ 医務室を休憩所に代用しない。
㉒ 会社の許可なしに会社の駐車場に駐車しないこと。許可ステッカーを指定した場所に貼り、所定の番号の駐車ロットに駐車する。
㉓ 車両が会社を出入りするとき、車両検査規定に従い検査に協力する。
㉔ 来客用のスリッパを私物化したり、故意に隠したりしてはいけない。
㉕ 従業員が会社の作業靴を使用できない場合、会社が従業員用に用意したスリッパの使用を希望するときは管理者に告げて台帳に記入のうえ借り、期限通りに返却する。
㉖ 福利店舗の商品を不正に持ち出さない。
㉗ 私用靴禁止区域に立ち入るときは、必ず会社の靴に履き替える。
㉘ 会社が立ち入りを許可した外部の人が私用靴禁止区域に入るときは、当外部の人に来客用スリッパに履き替えるように伝える。
㉙ 車両を会社の塀の周辺に駐車してはいけない。
㉚ 会社の庭から果樹を不正に持ち出してはいけない。
㉛ 傘を会社内に持ち込んだり、ロッカーにしまったりしないで、預かり所に預ける。
㉜ 社員寮に居住するときは、規則・通達・安全衛生そして倹約に関する規

定を厳守する。
(33) 他の従業員のキャッシュカードを不正に持ち去らない。

〈仕事上の行動規範〉
(1) 会社の就業規則・諸規定・通達・命令または上司の指示命令には厳格に従う。
(2) 上司の命令に対して、従わなかったり、横柄な態度をとったり、無礼な態度をとったり、見下したり、中傷したり、脅したり、危険な目にあわせたりしない。
(3) 自己の仕事に責任・やる気そして関心をもち、仕事を遅滞させる原因となるようないかなる行為もしてはならない。
(4) 勤務時間中は仕事に自分の時間を捧げなくてはならない。残業や休日出勤も同様である。
(5) 従業員に氏名・住所・家族構成に変化があったときは、変化の後7日以内に書面をもって証明書を添えて上司に報告しなくてはならない。
(6) 休暇に関する就業規則と会社規則には厳粛に従わなくてはならない。
(7) 会社の許可を得ず、遅刻したり、早退したり、勤務時間中に外出したりしない。
(8) タイムカードはタイムレコーダーを使って打刻しなければならない。バーコード使用は会社の指示通りの方法を守ってコード読み取り機を使用しなくてはならない。
(9) 虚偽ないしは不正に自己または他人のタイムカードを打刻し、またはバーコードを使ってはならない。他人にそのような行為を許した場合も含まれる。
(10) 勤務時間を自己または他人のために使用してはならない。
(11) 勤務時間中に、仕事・会社の事業に悪影響を及ぼすいかなる事業も営んではいけない。
(12) 清潔な会社の制服を自己のポジションに相応しい服装を心がける。
(13) 作業中は会社が用意した作業靴を履く。

⒁　会社の社員章を勤務中は服の左胸につける。

⒂　作業開始前に道具設備を点検する。

⒃　始業準備のチャイムとともに仕事が直ちに始められるように準備しておく。

⒄　安全衛生と健康管理に関する会社規則を遵守する。

⒅　仕事上で不可欠の場合を除き、仕事中に大声を出したり雑談したりしてはならない。

⒆　勤務中に食事をしてはいけない。

⒇　会社の材料は注意して使用し、節約しなくてはならない。道具設備は破損が最も少ないように確認して使用しなくてはならない。

㉑　会社の材料、道具設備、または商品を自己の利益のために用いたり、会社の許可なしに業務に全く無関係な目的に用いてはならない。

㉒　自己または他人の利益を図るために職権を乱用してはならない。

㉓　工場内や周辺の禁止した場所で煙草を吸ったり、火をつけたり、炎をおこしたりしてはならない。

㉔　会社の財産や名誉に損害を及ぼすような、あるいは工場内や周辺で秩序を乱す原因となる事態に遭遇したときは、遅滞なく上司に報告しなければならない。

㉕　会社の許可なしに他の従業員に対し、会社の事業に関係のない回覧状、通達、またはいかなる書類も配布してはならない。

㉖　会社が掲示する通告書類を剥がしたり、破ったり、消したり、追加したり、変更を加えたり、移動したり、または傷をつけたりしてはいけない。

㉗　自己の仕事に対する報酬額を他の従業員に公開してはならない。

㉘　勤務時間中に自分の仕事の義務を怠ってはならない。

㉙　社内と周辺を清潔に整理整頓する。自分の常時使用する会社の道具設備およびその他の会社の財産をよく手入れをし、仕事に備えてよい状態に保つようにする。

㉚　休暇に関する書類、報告書、就職応募書、雇用契約書などの虚偽書類作

成または虚偽情報を伝えない。
(31) 労使関係法およびその他の関係する法律に違反するストライキに参加したり、先導したり、支援したりしない。
(32) 会社、他の従業員および他人の財産を窃盗、横領したりしてはいけない。
(33) 安全衛生、秩序管理、倹約のために従業員に関する会社規則、通達、その他のいかなる諸規定も遵守する。
(34) 家賃を会社に不正請求してはならない。
(35) 安全衛生、秩序管理を図るために会社の食堂に関する会社規則、通達および諸規則に従う。
(36) 就業後、作業デスクおよび周辺を掃除し、片づける。
(37) 食事時間に関する会社規則を遵守して食事をすること。決められた時間外に食事をするときは上司の許可を得て、食事許可バッジをつける。
(38) 会社の財産または従業員の安全対策に関する会社規則、通達および諸規則を遵守する。
(39) ガソリン手当の請求に関して不正に虚偽報告をしてはならない。
(40) 残業、休日出勤、休日残業に関する虚偽内容の報告をしない。
(41) 遅刻、早退、勤務時間中の私用外出をする場合、毎回上司に申請書を提出しなければならない。
(42) 遅刻、早退、勤務時間中の私用外出、無断欠勤をしてはいけない[20]。
(43) 持ち出し許可書がついている財産または持ち出し許可書を要しない財産を除く会社のすべての財産を絶対に持ち出さない。
(44) 会社の設備道具、材料、財産を従業員のロッカーの中にしまうことは厳禁とする。
(45) 従業員が残業することを同意した後に取り消す場合、上司に書面をもって提出しなくてはならない。
(46) 妊娠中の女子従業員は就業規則または会社規則に反して作業をしない。
(47) コンピューターのデータベースには通勤に関する情報を通知している。以下の場合に情報の変更をする。

(a) 通勤者の乗降場所を変更するとき
(b) 自家用車による通勤に変えるとき
(c) 他の従業員の自動車に相乗りして通勤するとき
(d) 社員寮に入寮・退寮があるとき
(e) 通勤者による通勤に関するいかなる変更があるとき

これらの行動規範に違反したときには、口頭警告・文書警告・停職・雇用契約破棄・強制退職・解雇の手順をもつ懲戒処分が設けられている。

ここまで細かい就労規則を制定した理由として「会社にとって望ましくない行為が発生したときに、それを労働者に承認させるためには、たとえ長くなったとしても考えうるすべての状況を規則化したほうがよい（当該企業の日本人社員の説明）」という逸脱行為の判定を容易にすることもあろう。しかし、それも含めて、労働者の生活全般に及ぶ領域で従業員の行動を規律化しようとする会社の姿勢が窺われる。ここでの規律は、規律によって生産性を高めようという強制説に従う性質を帯びている。また、こうした規律を受け入れることは工場制度への価値同一化にもなることから、組織コミットメントを醸成するための条件を整えることにもなろう。

Thompson (1967) は、経営者には、労働者に時間規律を教え込むために、罰金・報奨金・呼び鈴・説教そして学校教育などを通じた一世代にわたる努力が求められたと指摘する。それには「誘因が効果的に機能する、新しい人間性」(p. 57) を創出すると同じほどの苦労が必要であった。ここで紹介した生活態度にまで及ぶ規律は、労働者にとっては迷惑で厄介な話であったにせよ、規律ある労働者の創出によって生産性を高めようとする企業の苦労を物語っている。

これまでみてきたように、経済発展の初期段階では、規律も時間規律を中心とする初歩的な内容にとどまっていた。しかし課業が複雑化してくると、規律は生活態度一般にまで及ぶようになる。そうした規律は製造従事者に対するものであり、職位の高い労働者や高度な技能をもつ労働者には適用されていない。

もし経済学が想定するように報酬によって労働努力が引き出せるならば、このような詳細な規律は不要であろう。われわれは強制説の主張を支持して、品質管理などの細やかな集中力を必要とする裁量的作業に労働努力を振り向けさせる必要から生活態度一般にまで及ぶ就労規則が求められるようになると考えている。それは労働者の意識を課業に自律的に専念させるためであり、ヴェーバーのいう天職という意識を醸成させる目的がある。こうして、フーコー（1977）が規律・訓練の機能面での逆転といった意味における調整説から強制説への移行という本書の仮説が支持されることになる。

さらにいえば、規律の役割についての調整説から強制説への転換は、本書の中心的な命題である報酬から組織コミットメントへの誘因のシフトと対応している。すなわち、報酬で労働努力が引き出せる段階では、規律の役割は逸脱行動の判定を容易にさせて監視費用を削減する（調整説）ところにあってよい。しかし、監視が困難となる裁量的作業が中心となる組織では組織コミットメントが主要な誘因となるという本書の中心的命題が正しいとすれば、そうした環境に至った段階では、規律には強制説の主張する役割、すなわち労働者をして積極的に職務に向かわせる役割が期待されることになる。

2.5 近代＝工場への抵抗：組織不適応仮説

規律によって労働者を一挙手一投足まで縛ろうとする労務管理に対して、第一世代の工場労働者たちは違和感を覚えることになる。そして、工場労働者の工場組織への不適応が表出してくる。「近代的工場の影響は技術と社会構造においてみられる。前者が相対的に大きな問題とならないのに対して、後者は労働生産性の低さにあらわれる深刻な不適応や抵抗を引きおこす」（Hoselitz 1955）ことになる。

初期の工場労働者にとって工場制度という労働の場は、在来のそれとは異質な未知の職場環境である。特に今日の開発途上国では、生産組織の歴史的変遷を経ずに、先進国から持ち込まれた工場制度を核として工業化がなされる傾向がある。そのとき、移植された工場制度という異質な職場環境に対して人々が

抱くであろう心理的軋轢は、産業先進社会において新規の労働者が直面するそれとは質的に異なるであろう[21]。そのために工場労働者の第一世代にとっての工場とは、生活の糧をうる場であると同時に、嫌悪と忌避の対象ともなりうる。こうした工業化初期における工場制度への心理的軋轢を、組織不適応と呼ぼう。この組織不適応は職場における諸々の反生産的な職務行動の原因となり、労使双方に望ましからぬ帰結をもたらす可能性がある（組織不適応仮説）。

たとえば『紡績職工事情調査概要報告書』(1898) は「……就業後数月以内にして去る者甚だ多きを見る。而して之が原因を調査するに、彼等は放縦自恣曾て一定の規律に慣れず祠人廣座に處したることなく一朝工場に入り多数の職工に接し精巧なる器械に就き斎整一律の下に在りて業務を操るに至り頗る窮屈なる思いを為し、遂に懐郷の念を生じて且つ予期の如く技術に熟せず。従て賃金の多きを得ざる為め他業に転ずるあり」(p. 15) としている。

この軋轢の背景には、農村＝伝統と工場＝近代との衝突がある。Thompson (1967: p. 86) は、自然のリズムに支配されている生活（お喋りをして時を過ごすこと）と仕事とに明確な区別のない農村の就業形態と時間規律に支配された工場労働とを対比させている。明治から大正にかけての職工について詳細な研究をした宇野利右衛門 (1913) も「農民の仕事と、現今の工場労働とは、其精神緊張の度、身体偏労の程度において、非常に差がある。精神的緊張とは、規律に縛られ、運転せる機械に追立てられて、二六時中、過失を仕出かさない様、不正品を造らない様と、気を張り通しで、少しの油断もなく単調な仕事に、長時間従事して居る工場労働と、美しい、天然の中に、呑気に高談放歌し（ママ）がら、自由の労働に従事して居る農業労働者との、精神疲労の度に於ては、明かに大なる径庭のあるべき」(p. 180) として Thompson と同様の対比をしている[22]。

Landes (1969) も「機械はほとんどすべての労働者に新たな規律をおしつけた。もはや、紡績工も職布工も、いかなる監督も受けることなく自分の都合に応じて紡ぎ車をまわしたり、また杼を走らせたりすることはできなくなった。いまや労働者は、同時に作業をはじめ、休憩を入れ、また終了するという大きな集団の一部として……」(p. 54) と、作業にかかわる時間を自分の意思で決

めることのできた伝統的社会の労働形態から監督のもとで就労規則に束縛される労働への転換を表現している。

　軋轢のもうひとつの背景が、工場労働者の社会的地位の低さにある。Smith (1988) は、「明治・大正期の社会においては、工場労働者は一般にはほとんど被差別身分のように扱われていた。そして、多くの人が、彼らに対する一般的な呼称である職工という言葉を、軽蔑を示す用語と見なしていた」(p. 256) と述べており、関連する史料を多く紹介している。『織物職工事情』には「……機織工女と云えば一般に卑下さるるの風あり。又父兄に於ても工女とせば風儀を乱し自堕落となり真面目に家政を取る能はざるの弊を恐るるより今日に於ては土地の者にて工女となるものは極貧者の子女に限れるものの如し。是其工女に欠乏を来し之が供給を他地方に仰ぐ一原因」(p. 178) とある[23]。宇野利右衛門 (1915) も「職工の多数は、自己の職業を賤しみ恥じつつある」(p. 29) としている。そこで募集人は、地方に赴き「職工生活の愉快なること、待遇の善きこと、給料は充分なること、其他食物労働時間等を偽り田舎に燻り居るよりは機織を習ひ帰国すれば立派に一人にて生計を為し得るを以て却て幸福なるべしと説……」(p. 181) くことになる[24]。次節で紹介する『工女訓』にも「或人が製糸業は賤しい職業である」(p. 11) と述べたことに対して、皇室でも宮中で養蚕がなされていることを紹介して「養蚕業は国の花であつて、また職業中の花である」(p. 15) と工女をもちあげている。

　こうした工場制度への不適応は、労働者の反生産的な職務行動となって現出することにもなる。月曜日に大多数の労働者が遅刻ないしは欠勤するという「聖月曜日 (Saint Monday)」は、その典型的であろう[25]。フーコー (1977) も「大きな製造所では万事は鐘の合図でおこなわれ、職工は束縛され抑制されている。係員は、多数を相手ではほんとうに必要となる優越的で命令調子の態度で彼らに対するのに慣れて、彼らを手荒く、あるいはさげすむような調子で扱う。その結果、こうした職工はいっそう獲得しにくくなるし、もっぱら小さい製造所へ移る」(p. 179) として、就労規則の強制が労働者の離職につながったとしている。

規律への抵抗がストレスとなって内向することもある。Ong (1987) は、マレーシアの工場労働者の集団憑依について豊富な事例を紹介している。一例をあげると、あるエレクトロニクス工場では女工の集団憑依が発生して工場が3日閉鎖され、対策としてヤギを捧げるための霊媒師が雇われている。また、国島 (1997) は、タイの日系製造工場で発生した「神がかり」事件を紹介している。ほとんどが工場で働くことが初めてという女工は「単純作業を繰り返すことに不慣れであった。慣れない者は途中で貧血になったり、気分が悪いと医務室へ連れて行かれる」(p. 128) ことが日常茶飯事であった。そのうちラインの女工の一人が毎日のように虎の神様に憑依されるようになり、周りの女工たちも注意散漫となって生産に悪影響を与えるようになってしまった。この事件は、精霊を祀るための祠を建てることによって解決している。虎の神様の存在が現実的でないとすれば、集団憑依は工場制度に馴化できないことが女工たちにストレスを与えた結果とみなせよう。

2.6 規律遵守の社会運動化

強制説に従うとき、工場を離れてからの社会生活全般にも規律が及ぶことになる。社会生活において規律ある労働者は、工場においてもそうであるという発想があることはいうまでもない。しかし社会生活における規律の確立となると、労務管理だけでは限界がある。そこで産業化の過程で規律の遵守の重要性が社会的に認識されるようになると、ある種の社会運動として規律の遵守が広く社会で推奨されることになる[26]。

明治4年、スマイルズの *Self-Help* が中村正直によって『西国立志編』として翻訳された[27]。「天は自ら助くる者を助く」で始まるこの本は、一言でいえば、勤勉と節約を旨とした立身出世を奨励する書である。少しばかり、抜き書きしてみよう。「……専心勤勉は世に卓絶するの道なりき。一業に於て人に勝るは懶惰者の能くするところにあらざりき。勤勉の手と勤勉の脳髄のみ以て修養と才智と事務との進歩を来すを得べし。富貴の家に人と成りしものと雖も堅実なる名声を得んには只専心勤勉にのみ頼るべきなり」(p. 29)。また James

Wattについて「ワットは最勤勉者の一人なり。最高の結果を獲得するもの必ずしも最大の天賦の気力能力ある人にあらず。最大の勤勉を実行し、勤労、精励、経験に依りて得、訓練に依りて発達したる熟練を用ふるの人こそ最高の結果を占むるものなれ」(p. 47)として勤勉を奨励している。この啓蒙書が100万部を超える大ベストセラーとなったことは、そうした風潮が明治期の日本にあったことを物語っている。

　日本のスマイルズを気取ったのであろうか、蘆川忠雄は『時間の経済』(1911)のなかで「文明時代の生活と規律の念慮とは必ず相伴ふべきものにして、断じて粗放乱雑なるを許さず……奮闘的生活を導くに正確なる日常の規律を以ってするが故に、犬も必要の訓練法也、文明社会の奮闘的勇士として大に技倆を揮はんとせば、断じて之を没却することなかれ」(pp. 41-42)とか「フランクリン曰く、『時間は黄金なり』と、是れ豈に米人の理想と活動を遺憾なく表示するの語にあらずや、米国人は時間を得んがために働き、又金銭を得んがために間断なく時間を経済的に利用して、分秒時といへども之を無益の中に経過するを好まざる也」(pp. 219-220)とまで筆を滑らせている。さらには「飲酒の如きは、時間を損失せしめ、身体の疲労を来さしめて、頭脳の精密を保つ能はず、遊惰の念を生ぜしめ易き第一のもの」であるから「是れ豈に時間消過の一大国賊にあらずや」(p. 37)と、富国強兵という時代背景を窺わせる記述もある。こうした運動は、大正期の生活改善運動へとつながる。これらは、ヴェーバーが「資本主義の精神」と謳った信条そのものである。それはまた、社会の活気の源泉でもあった。

　工場も、そうした社会運動を取り込もうとしていた。『岡谷市史』(1984)には、諏訪製糸同業組合が加藤知正の『工女訓』(1910)を推奨し、いくつかの工場がこの小冊子を発注したことが書かれている。この『工女訓』は、儒教的倫理を強調して「……親孝行の人は必ず主人にも忠義であるのです。然らば主人に忠義はドーして粛すか、忠義の道も沢山ありますが、工場の規則をよく守りて自分勝手の事をせぬということが何よりです。これには「忠臣は二君に使(ママ)へず」という心掛けがなければならぬことであります」(p. 22)として規律の

遵守は忠義であるとし、また他の工場への移動を「浮浪工女」(p. 23) として戒めるなどした修身講話としての役割をもっていた[28]。『工女訓』からほどなくして、『修身訓話：工女の鑑』(1912) が製糸織物新報社から出版されている[29]。第一章　君には忠義親には孝行、第二章　主人は第二の親、第三章　勤と倹とは幸福の基、第四章　不自由を忍ぶ心掛け　第五章　万事に親切と丁寧、第六章　楽は苦の種苦は楽の種、第七章　口よりも行ひが大切　第八章　短気は棄てて根気なれ　第九章　時間は金見えぬ損失、など13章からなる訓話の内容は、詳しく紹介しなくとも、その題目から充分に窺い知ることができよう。また、細井和喜蔵 (1994：p. 281) が「宇野利右ヱ門一派のまことに結構なやつ」と皮肉った宇野利右衛門が設立した工業教育会の雑誌『相愛』や『勤労』なども教育目的で用いられている。

　18世紀末の英国でも、類似する事態がみられた。Pollard (1963) から要約すると「いたるところで企業家が教会・礼拝堂または日曜学校を後援していたが、それは労働者に一般的な道徳教育を教え、また従順であることを教え込むためであった。ここで問題とされたのは、産業社会の生活とは相容れない農村の慣習・文化であった」。日本の繊維産業でも明治末期から裁縫・活花・茶の湯など企業内の工女教育がなされるようになったが、Pollard の指摘する論理、さらには強制説の意味するところがみてとれよう[30]。

　労働者も、結局は、規律を生活の一部として受け入れようとした。シヴェルブシュ (1980) は『楽園・味覚・理性』のはじめの章を、ヴェーバーを意識して「コーヒーとプロテスタンティズムの倫理」としている。彼は、17世紀後半から18世紀にコーヒーが流行した地域が資本主義の最も進んだところであるとして、欧州に普及したコーヒーとプロテスタンティズム、そして産業社会の到来を重ね合わせている。工場経営者にとっての労働のあるべき姿は、カントの生活がそうであったような、時計のごとき均質性と規則性である。コーヒーは、それまでのまどろみの世界から人々を覚醒させて、規律の世界に向かわせる役割を担うことになる。「この特性が、それまで知られていたアルコール飲料と対比された。……コーヒー飲用者の理性と能率が、アルコール飲用者の酩酊、

無能、怠惰とならべて比較された」(p. 23)。ここでシヴェルブシュは、17世紀の清教徒主義イギリスの次の記録を紹介している。「かつては職人や奉公人たちは朝からエール、ビール、ワインを飲んで頭がぼおっとしてしまって、まともに仕事もできなかったものだが、いまではこの（コーヒーという：筆者注）心を活発に保ってくれる市民的飲料に慣れ親しんでいる」(p. 23)。まさにコーヒーは、時代を背景とする飲み物となった[31)]。

　時計仕掛けの労苦の世界に身を晒すために労働者は仕事に出かける前にコーヒーを飲んで覚醒し、仕事から解放されると自然のリズムに支配されるまどろみの世界に戻るために居酒屋に集うことになる。労働しなくともよい時間は、『モモ』（エンデ 1976）に登場する時間泥棒に奪われた時間をとりもどした「とき」となる。

　「工場労働者の第一世代は、雇い主から時間の重要性を教え込まれた。第二世代は10時間労働の推進委員会に参加して、操業短縮委員会を作った。第三世代は、時間外労働手当、あるいは5割増し手当を要求してストライキをおこなった。労働者たちは雇用者の都合による物事の区別を受け入れて、その区分の枠のなかで反対闘争をすることを学んでいた。しかし残念ながら、彼らは、時は金なりという教訓を受け入れすぎていた」とは Thompson（1967：p. 86）の言葉である。時間に対する戦いは、時間にかかわる戦いへと変容していった。時計仕掛けの工場というお釈迦様の手のうえでしか労働者は時代に抗えなかったのであり、結局は、彼らは自分たちの境遇を受け入れていった。

　　「つまり、スピードと命令よ。スピードとはこういうことなの。「注文を完了する」ために、一つ一つの操作を、思考よりももっとはやく、じっくりと考えることはおろか、物思いにふける余裕もゆるさないような速度でズンズン続けてやらねばならないということよ。一たん機械の前へ立ったら、一日八時間は、自分の魂を殺し、思考を殺し、感情を殺し、すべてを殺さなくてはならないの。怒っていようと、悲しかろうと、いやであろうと、怒りも悲しみもいやな気持も全部呑みこんで、自分の心の奥底におしこんでしまわね

ばならないの。こういうものは、速度をおとすからよ。命令とはこうなの。出勤のとき、名簿にチェックしたら、退社のときチェックするまで、あらゆる瞬間にどういう命令をうけるかわからないのよ。そして、いつも黙って、服従しなければならないの……」

シモーヌ・ヴェイユ(『工場日記』1972：p. 220)

結　び

　農村と都市を隔てる社会的間隙と工場労働力の形成の関係を、日本とインドの史料に主として依拠して検討してきた。この間隙を形成するのが「規律としての工場」という近代的工場制度の特質である。

　工場労働者の第一世代の誕生は、彼らが工場制度に馴化しようとして苦悩する歴史のはじまりでもあった。コインの裏側の関係として、それは労働者を工場に馴化させようとする工場経営者の苦悩の歴史でもあった。規律のとれた工場労働者は、工業化のはじめから存在しているわけではない。むしろヴェーバーやGerschenkronの見解として紹介したように、過剰労働の存在にもかかわらず半熟練の工場労働者が不足することがある。それは村社会を出自とする労働者が社会的間隙を克服しえなかったことと同時に、それを実現するような労務管理戦略を経営者が採用してこなかったことを意味している。保全費用まで負担して、労働力を定着させなくてはならないような環境ではなかったのである。そのひとつの帰結として労働規律の不徹底や労働生産性の低さがあるとしても、それは工場の労務管理のあり方に帰すべきところが大きい。

　就労規則は、工業化の初期段階では、逸脱行為の判定を容易にするという意味で3つの労働誘因のうち監督＝強制にも密接にかかわっている。たとえば、検番による監視＝強制と別名「共食い制度」と呼ばれた等級賃金制が初期の製糸業における誘因となっていたことを思い浮かべればよいであろう。しかし規律による強制は、工業化の進展のなかで、その性質を変化させていく。本章では、その理由を工業化の進展過程において主要な課業が単純作業から裁量的作

業となることに求め、調整説から強制説への推移として規律の意味の変化を議論した。この変化は、労働誘因の比重が監督＝強制からコミットメントへと移るという、これからの章の議論とも対応することになる。

注
1） 定着は『インダストリアリズム』におけるコミットメントの訳語であるが、序章でも触れたようにコミットメントという用語は、多くの異なる分野で多様な定義を与えられて用いられている。本書において重要な概念となる組織コミットメントとの無用の混同を避けるために、『インダストリアリズム』におけるコミットメントは訳本に従い「定着」と表記する。
2） 非定着よりも定着した労働者のほうが安定的という主張には賛同できない。第2章で扱うインドの半定着労働者の欠勤・離職率はきわめて低いのに対して、第6章で扱うインドの製パン工場では定着労働者にもかかわらず欠勤率はインドの平均を大幅に上回っている。
3） 『職工事情』は明治36（1903）年に農商務省によりなされた調査報告書である。それは産業別に公表されているが、本書で引用するのは『綿糸紡績職工事情』『生糸職工事情』と『織物職工事情』、そして『付録Ⅰ』と『付録Ⅱ』である。本書では、各職工事情をまとめた復刻版（1971）を使い、引用ページも復刻版の通しページを示している。なお、募集人が存在したのは主に繊維産業であり、鉄工・硝子・セメント・燐寸・煙草・印刷産業では募集人は稀であった。これらは、男子労働集約的、都市立地、小規模そして比較的熟練労働者を必要としていた。
4） 予備人員の慣行は、本書で紹介するいくつかの企業でも観察されている。
5） このことを明らかにした代表的研究として、ボンベイの綿工業労働者を対象としたMorris（1965）やPatel（1963）をあげることができよう。
6） 農作業を理由とする年1回の帰村が、そもそも深刻な問題であったかも疑問である。たとえば、Gupta（1982）は農作業を目的とする一時的帰村は大きくはないとしている。
7） 横山源之助（1949）も「……紡績工場に欠勤者多きは驚くべし。工場によりて各々言ふ所を異にすと雖も、全職工数の一割欠勤者あるを常とす。即ち二千人の職工ある工場に日々二百人の欠勤者ある計算なり。うち二、三十人は病気の故を以て休業する者なれども他は悉く懶惰に基づく」（p. 193）とするが、「……労働の最も激しき粗紡工女に欠勤者多きは注意を怠るべからず」（p. 194）と『職工事情』と同じく苛酷な労働環境にその理由を求めている。

8) 明治20年頃にはすでに職工争奪が問題となっていた日本では、比較的早い段階から、企業が様々な保全の措置を講じていた。前貸金制度、貯金・積立金制度、勤続加給、社宅の供給などの制度が比較的早い段階から導入されていたことについては、『職工事情』に豊富な記述がある。さらに、宇野（1913：pp. 769-771）は鐘紡共済組合の年金が操業の初期段階からあったことを述べている。それは、男子（女子）では勤続15（10）年以上で退職した者に、退職後15年間、給与の15（10）％を与えるものであった。

9) たとえば、尾高煌之助（2000）第7章と同（1995）を参照されたい。

10) こうした発想は歴史研究のなかで見られる。たとえば、Pollard（1965）、Thompson（1967）および Landes（1969）を参照されたい。また、Ohno and Jirapatpimol（1998）は、同じ資本（縫製ミシン）を使いながらも農村の縫製グループが大規模縫製工場と共生している状況を紹介している。

11) 紡績業でも「工場は地獄よ主任が鬼で　廻る運転火の車　籠の鳥より監獄よりも　寄宿住まいはなお辛い」と唄われていた。細井和喜蔵（1994：p. 335）。

12) フーコー（1977）は「規律・訓練」と並べて表記するが、本書では単に規律とする。ただし、翻訳の引用では、規律・訓練とそのままの表記とする。ちなみに、邦訳ではタイトルと副題が逆転している。すなわち、監視と処罰が Foucault（1975）の主題である。

13) フランスの工業化初期の就労規則については、Doray（1988）が詳しい。

14) 後述する中村正直『西国立志編』（1870／71年）で、「光陰は銭財なり」として日本に紹介された。明治25年には、「時は金なり」として教科書に登場している。詳しくは、西野郁子（2001）。またフランクリンの道徳訓は、彼の「十三徳」に集約されている（フランクリン 1957：pp. 137-138）。なお、古代ギリシャのディオゲネスが「時は人間が消費するもののなかで最も貴重」といったことが「時は金なり」の起源という説などもある。

15) 季節により就業時間が変動するのは、不定時法の名残であろう。『生糸職工事情』に示されている就業時間表（pp. 134-138）では、月ごとに、または二十四節期ごとに就業時間が5分から15分刻みで変化している。

16) やや極端な例かもしれないが、横須賀海軍工廠（1935）の『横須賀海軍船廠史』（第1巻：p. 195）は「職工人夫毎朝入場後直ちに工場を脱出し、午餐停業の頃混雑に紛れて帰場する者は、厳密の訊問を経て午後三時間改札場の木杭に縛置し、其側に犯罪者の姓名及附属工場の名を記して之を懲罰すべきのみならず、脱出中の時間に応じて一日若しくは数日間の給料を減ずべし」として、規律遵守がままならなかったことを記録している。

17) Pollard（1963：pp. 254-271）も、産業革命期における就労規則の中心が時間規律であったとする。
18) 角山栄（1984）は、日本では就労規則としての時間規律が比較的スムーズに受け容れられたとする。江戸期において時間規律や勤勉を促す商家の家訓が多くあったことも、それが時間規律の受容を準備していたともいえる。Smith（1988）も、日本では工業化以前に人々は「時間の所有についてある観点をもっていた」ことから、前工業化時代の時間意識が必ずしも工場への抵抗の要因とはいえないとして、角山に近い立場をとる。
19) 『インダストリアリズム』も、次のように述べている。「工業化の初期の段階では、国も経営者も能率の高い労働力をつくるためにあまり注意を払わない。学校制度は元来、政府官僚制度のために官吏をつくりだす目的で企画されたものである。……経営者は教育された人的能力よりは、むしろすなおな人を雇うことに重きをおく。経営者はなにものにもまして従属的な労働力を求める。彼らは「口答え」しないような労働者を雇い入れ、ひきとめておきたがる。……この段階では……労働力は、能率的に生産しようとする動機の非常に少ない、ほとんど訓練されていなくて半定着の、大部分は無関心な労働者から構成されている」（p. 186）。
20) 遅刻・早退に関しては、次の規則が付記されている。(1)従業員は上司に遅刻願いあるいは早退願いの書類を提出しなくてはならない。(2)この書類の提出をしてもしなくても、1年につき11回目からは欠損した時間の賃金が給与から差し引かれる。(3)2時間以上の遅刻あるいは早退は無給の休暇とみなし、欠損した時間の賃金は支払わない。(4)あらゆる種類の査定に影響が及ぶ。(5)以下の場合は遅刻とみなさない。a）自己の能力では解決できない事態があったとき、b）会社の通勤者が原因で遅刻したとき、c）会社はそのつど例外について通告を出す。
21) 先進産業社会では、人々は社会化の過程で工場を含めた近代性を構成する規範を刷り込まれていく。村上春樹は「僕が小学生の頃（というとつまり昭和三十年代の前半になるわけだが）、社会科の授業で何度か工場見学につれていかれた。……たぶんどなたにも、そういう経験のひとつやふたつはあるのではないかと僕は想像する。ためしにまわりにいる何人かの人に訊ねてみたのだが……、これはもう「通過儀礼」と表現していいのではないかという気がしてくるほどである」（村上春樹・安西水丸 1987：pp. 10-11）と述べている。工場労働の第一世代は、こうした通過儀礼を経験していない。
22) この見解は農村の過度の美化であろうが、Sahlines（1972）が、未開部族では1日3から4時間働けば家族の欲求を満たすに必要な物資が得られたことから、そうした社会を「豊かな社会」と呼んだこと、そして文化人類学者がそれを肯定す

23) インドでも、工業労働者の第一世代の多くは不可触民であった（木曽順子 2003：pp. 120-123）。
24) 同様のことが細井和喜蔵（1994）にも記されている。
25) 聖月曜日については、たとえば Pollard（1963）を参照されたい。
26) 小学校が規律まみれであった記憶のある読者も多いであろう。学校教育における規律については、（西野郁子 2001）を参照されたい。
27) 中村訳は漢語調であることから、本書では畔上賢造訳（1906）から引用する。
28) 山本茂実『あゝ野麦峠』（1995：p. 103）には、模範工女の表彰の席における長野県知事の次の訓示が紹介されている。「世には親の為と称して恩顧ある主人の迷惑を顧みずひたすら工賃のみの高きを追つて、今日は甲の工場、明日は乙の工場と渡り歩きを事とするものがある。昔の訓へにも忠臣は孝子の門より出ずとあり、此の如きは孝に似て孝にあらず。真の孝とは親を安心せしむると共に又主人にも忠実なるべきことである。主人に忠実とは常に誠実なる心を以て陰日向なく熱心に業に服することである。又古語に所謂『忠臣二君に仕えず』と云ふ心掛は、唯に昔の武士のみならず、今日と雖矢張主人もつ人には此の心持が必要である」。『工女訓』そのものである。
29) 『工女訓』と『修身訓話：工女の鑑』は、国会図書館のデジタル・ライブラリーから入手できる。同様の性質をもつ、泉静眞（1912）『製糸工女の鑑』各宗協同護法会本部、田島九八（1912）『製糸訓』明文堂、そして宇野利右衛門編（1910）『工女立身談』工業教育会、なども同様に入手できる。
30) 『生糸職工事情』（1971：p. 156）は、こうした「教育其他慈善の施設」も「……毎日就業後一二時間志望者を集めて算筆、裁縫等普通女子の心掛くべき事を教授することとせり。然れども其成績を見るに足るべきものなし。概して之を言えば工女は長時間の労働に疲れ果てたる後、教授を受くるを以て熱心に勉強する者少なく成るべく辞を設けて欠席するの風あり」と、其の効果に疑問を呈している。
31) 覚醒の必要のない貴族はコーヒーを自らの地位を穢すものとして忌み嫌い、覚醒作用をもたないホット・チョコレートを嗜好品とした。市民階級を出自としながらも宮廷社会の一員となろうとしたゲーテはホット・チョコレートに凝り、コーヒーを徹底して嫌った。ちなみに、ココアは1820年頃にオランダ人ヴァン・ホーテンにより製法が確立された後の世の飲み物である。

第2章　村との紐帯と工場労働の定着
：インドの製糖工場の季節労働者

はじめに

　工業化の初期段階においては、村社会から供給された工場労働者は非定着そして部分的定着という質的変化をともなう歴史的段階を経て、村との紐帯から徐々に解き放たれていく。このことは、都市住民として労働力の再生産がなされる完全定着に至るまでは、そうした工場労働者たちは村との紐帯を保持することを意味する。この紐帯は、職場規律を弛緩させて労働生産性に悪影響を与える（紐帯桎梏仮説）との指摘もある。この論理に Kerr et al. (1960) も従い、村との紐帯は効率的な工場経営や経済発展の阻害要因であることから、定着を促す対策が必要とする。しかし農村出身であることが、どのような経緯をもって紐帯桎梏仮説に帰結するかについては明らかにされていない。この問題は、前章で指摘したように、村との紐帯が労働者の安定性に与える影響と工場制度への適応のふたつに分けて議論する必要があろう。本章では、前者を扱う。

　前章では日本とインドの史料を利用して、紐帯桎梏仮説が工場経営者からの一方的な発言であり必ずしも実態を説明していないこと、さらに工場経営者が労働者の保持する村との紐帯を利用して労働費用を軽減させている可能性すらあることを指摘した。本章では第1章の議論の今日的な是非、すなわち、紐帯を維持する労働者が不安定な労働者なのか、また村との紐帯は工場経営にとって桎梏となるのか、というふたつの課題を検討する。

　対象とするのは、近代的製糖工場の労働者である。製糖工場の操業期間は、甘蔗が収穫される冬場の11月半ばから酷暑期の始まる4月半ばまでであること

から、そこで働く労働者の中核も季節労働者となる。彼らの多くは工場のオフ・シーズンには何らかの形で農業に従事していることから、部分的定着労働者である。したがって、本章の問題意識を検討するうえで恰好の対象となる。調査は、予備調査が1985年暮れから翌年1月、そして本調査は1987年の同時期になされた[1]。本章では、主として後者の調査結果を利用する。

1　調査対象

1.1　サラスワティ製糖工場

　調査対象とするのは、ハリヤーナー州アムバラ県のヤムナナガル市（図2-1：1981年センサスでは人口16万人強）にあるサラスワティ製糖工場の季節労働者である。この製糖工場は1933年に設立されているが、この年は、従価税に換算すると185％にもなる保護関税を課した「糖業保護法（Sugar Industry Protection Act）」が制定された翌年にあたる[2]。設立時の1日当たり甘蔗処理能力は400トンであり、当時のインドの製糖工場の平均の500トンを下回っていた。1959／60年度の統計によれば、サラスワティ製糖工場の1日当たり甘蔗処理能力は2975トンとインド第2位の規模にまで成長している。その後も甘蔗処理能力は増大して、工場の記録によれば1982／83年度には5200トン、1988年には7000トンとなっている。

　操業が終わると季節労働者は、形式上は解雇される。その大半が農村出身であることから、彼らの多くは帰村して何らかの形で農作業に従事する。しかし、次年度には新規労働者に優先して雇用される権利をもつ[3]。つまり毎年の健康診断にパスしさえすれば、常備労働者と同様に定年の60歳まで雇用は保障されている。社員簿にも60歳に達した季節労働者には定年退職と記されて名前が抹消されており、経営者も彼らを常備労働者に準じる者として扱っている。このように製糖工場の季節労働者は、農村に生活の足場を有するという意味では村との紐帯を保持すると同時に、近代的工場の正規の労働者という側面もまた併

図 2-1　対象地域

せもつ部分的定着型の労働者である。

　調査時点での操業時の季節労働者数は1219名である。工場労働者は、正規労働者（パッキー）と臨時工・請負工からなるカッチィーと呼ばれる補助労働者に大別される（図2-2参照）[4]。正規労働者には常傭と季節労働者がおり、1985／86年度で、それぞれ36.2％と63.8％の構成比となっている。補助労働者も季節労働者であることから、実質的な季節労働者比率はさらに高いといえる[5]。

　臨時工は欠勤した正規労働者を代替する日雇労働者であり、シフト（工場は3交替制）の始まりごとに工場の門前に集まった者のなかから雇われる[6]。また、この工場では請負人（サルダール）のもとで約400名が働いている。なお臨時工が正規労働者を代替するのに対して、請負労働者は石灰や石炭の粉砕およびその運搬・砂糖の詰め込みと運搬・建設と修理そしてボイラー内の灰の除去といった正規労働者の担当しない重労働の職種に就いている。

　請負工と臨時工の賃金は日給で、1987／88年度には、双方ともに1日18ルピーであった[7]。これは、未熟練の正規労働者の1日当たり給与額である約40

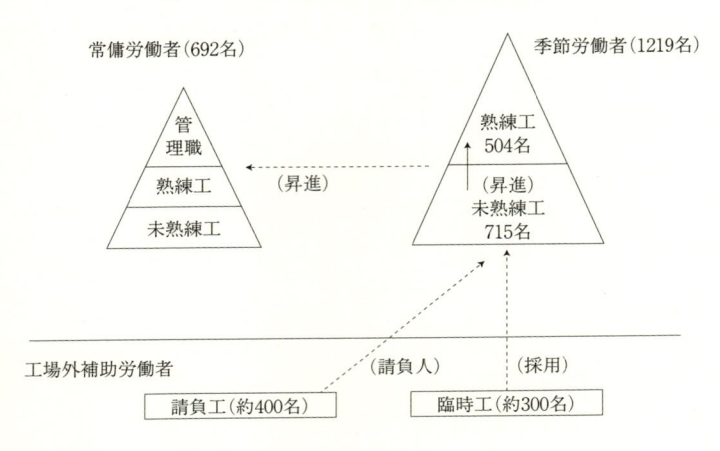

図 2-2　サラスワティ製糖工場の従業員構成

```
    常傭労働者(692名)              季節労働者(1219名)

         /\                           /\
        /管\                         /熟練工\
       /理 \                        /504名 \
      /職   \                      /↑      \
     /熟練工 \ ←――(昇進)――― /(昇進)    \
    /        \                  /未熟練工    \
   /未熟練工  \                /715名        \
  /_____\              /_____\
                                    ↑   ↑
―――――――――――――――――――――――――――――――――――――――
  工場外補助労働者        (請負人)  (採用)
                  ┌──────────┐  ┌──────────┐
                  │請負工(約400名)│  │臨時工(約300名)│
                  └──────────┘  └──────────┘
```

出所）工場長への聞取調査に基づき作成。

ルピー（月25日就労として計算）の半分以下でしかない。ある請負人によれば、1日8時間労働で、請負労働者は月に30日から40日（すなわち超過勤務）就業するとのことである。これに対して、臨時工は月に多くとも18日の就労にとどまる[8]。それにもかかわらず臨時工への希望者が多いのは、代替的就業機会が欠如していることと正規労働者になれる可能性があるからである。

1.2　対象とした労働者

本章の対象は、村との紐帯を最も強くもつと考えられる季節労働者である。補助労働者も季節労働者ではあるが、労働条件などの点で正規労働者とは区別されることから、対象には含まれていない。

面接対象者の抽出は、次の手続きでなされた。労働者についての主要な帳簿（社員簿・出勤簿・給与簿）のうち、常傭・季節労働者別および技能階層別に労働者を区分けしている帳簿は出勤簿だけである。そこで、出勤簿を標本抽出台帳とした。それによると正規労働者数は、1985／86年度では、常傭工692名、熟練および半熟練季節労働者504名、未熟練季節労働者715名である（図 2-2

参照)。本章では熟練工と半熟練工を併せて熟練工として、技能階層を熟練工と未熟練工とに二分化して議論を進める。この区分の実質的な意味は、未熟練工の多くがクーリー（苦力）と呼ばれる技能をさほど必要としない職務（甘蔗搾汁から夾雑物を除去するスクリーンの清掃など）に従事するのに対して、熟練工や半熟練工は機械（真空結晶罐や遠心分蜜機など）を扱うか、またはその補助労働に携わるという作業の質的差異にある。ただし、出勤簿からは熟練工と半熟練工の区別がつかないことから、面接の際に確認した。

　熟練（半熟練を含む）工および未熟練工の双方から50名以上の標本を確保するために、標本抽出率を10%としたランダム・サンプリングをおこなった。その結果、未熟練工76名と熟練工54名の計130名が選出された。面接は、工場側に提供してもらった小部屋でおこなわれた。面接については、労働者の出身地の方言に堪能な大学院生の助けをえた。また、面接に要した時間は1人当たり約40〜45分である。

1.3　調査対象者の特性

　家族の居住地で都市・農村別の出身地を定義すると、130名の季節労働者のうち112名（86.2%）が農村出身者である（表2-1）。18名の都市出身者のうち、14名はヤムナナガル市に居住している。なお出生地が農村ではあるが、家族が都市に居住しているケースは3例（いずれもヤムナナガル市）でしかなく、挙家離村による都市への移動は例外的といえる。

　出身地（家族居住地）を域別にみると（表2-2）、中心は工場のあるアムバラ県（60.8%）である。この労働者を近郊労働者と呼ぼう。これに、ビハール州西部（シワン県が大半）とそれに隣接するウッタル・プラデシュ（以下、UP）州のデオリア県およびゴーラクプル県からの出身者（30.0%）が続いている（図2-1参照）。ビハール州はインドの最貧地域であり、典型的な労働者の純供給州となっている。この労働者群を、ビハール州出身者（UP州東部を含む）と呼ぶことにする。

　ビハール州出身者は工業部門のみならず、インド北西部の農業先進地帯への

表 2-1　都市・農村別出身者数 (単位：人)

	家族居住地		出生地		合計
	都市	農村	都市	農村	
未熟練工	5	71	2	74	76
熟練工	13	41	13	41	54
合　計	18	112	15	115	130

表 2-2　出身地 (単位：%)

	近郊労働者	ビハール出身者	UP 州中部・西部	合　計
未熟練工	57.1	66.7	36.4	(76)
熟練工	42.9	33.3	63.6	(54)
合　計	100.0 (77)	100.0 (42)	100.0 (11)	(130)

注）出身地は家族居住地によって定義。かっこ内は人数。

季節農業労働者として多くが流出している。このふたつの地域の出身者が、サラスワティ製糖工場の季節労働者の9割強を占めている。残りの1割弱も、UP州東部ないしは中部の出身である。労働者の出身地域はガンジス流域のヒンディ語圏に広がっており、言語が移動範囲にかかわりをもつことを知ることができる。ちなみに、移動労働者のほとんどは、毎月ほぼ定期的に家族に送金している。送金額は給与の40～50％にも達しており、その目的については家族の生活費のためという回答が一般的であった。

　サラスワティ製糖工場に就業する前の雇用状況については、未熟練工と熟練工との間に際立った差異が認められる（表2-3）。すなわち、未熟練工の60.5％が農業関連の職種に就いていたのに対して、熟練工のそれは35.2％でしかない。逆に、ほかの工場で就業していたかあるいは就学していた者の比率は、未熟練工では15.8％でしかないが、熟練工では35.2％を占めている。同様に、教育水準からみて非就学者では78.0％までが農業関連の職種を前職としていたのに対して、就学者では26.1％でしかなく他の工場に勤めていた者の比率が高くなる。

　土地所有についてみると、農村出身者112名のうち47名（42％）は土地なしであり、1エーカー（0.41ha）未満（調査時点でのインドの平均経営面積は約5エーカー）の零細農を含めると96名（85.7％）にもなる[9]。よって、サラ

表2-3 サラスワティ製糖工場への就業前の状況 (単位：％)

	農業	農業労働者	無職	他の工場	就学	その他	合計
未熟練工	34.2	26.3	13.2	13.2	2.6	10.5	100.0 (76)
熟練工	20.4	14.8	20.4	18.5	16.7	9.2	100.0 (54)
平均	28.5	21.5	16.2	15.4	8.4	10.0	100.0 (130)
非就学者	42.4	35.5	8.5	8.5	0.0	5.1	100.0 (59)
就学者	15.9	10.1	23.2	20.3	15.9	14.6	100.0 (69)
平均	28.1	21.9	16.4	14.8	8.6	10.2	100.0 (130)

注) かっこ内は人数。

表2-4 カーストと技能階層 (単位：％)

	下位カースト	中位カースト	上位カースト	合計
未熟練工	30.6	58.2	11.1	100.0 (72)
熟練工	17.3	51.9	30.8	100.0 (52)
合計	(31)	(69)	(24)	(124)

注) かっこ内は人数。$\chi^2=8.37$, $p<5.0\%$。

スワティ製糖工場の季節労働者は、基本的には出身地域の貧困層を出自としている。

　カーストについて若干触れておこう（表2-4)[10]。ここではカーストを、ハリジャンと呼ばれる不可触民を下位カースト、ブラーマン・シク教徒・ジャート（インド北西部の支配カーストで、基本的には農民カースト)・ラジプートを上位カースト、そして残りを中位カーストと分類する。下位カーストは、全体の25.0％を占めているが、特に未熟練工でその比率が高くなっている。逆に、全体の19.4％を占める上位カーストは、熟練工でその比率が高くなっている。また中位カーストに属する者のほとんどは、実際には下位カーストに近いもの（たとえば、ビハール州のヤータブやクルミーなど）が多い。この意味で、われわれの対象については、下位カーストと中位カーストの実質的な差異は大きくはないと考えられる。すなわち、未熟練工ではカースト・ヒエラルキーの下部に属する者が多く、また熟練工ではその上位に属する者が多くなっている（5％水準で有意：χ^2検定)。表は割愛するが、この関係には教育が介在していることはいうまでもない（カーストと教育水準にはχ^2検定で5％水準で有

表2-5　教育水準と技能階層　（単位：％）

	非就学者	低学歴者	高学歴者	合計
未熟練工	56.0	42.7	1.3	100.0 (75)
熟練工	32.1	47.2	20.8	100.0 (53)
合　計	(59)	(57)	(12)	(128)

注）非就学者：初等教育中退を含む。低学歴者・初等教育および前期中等教育修了者（6-10年）。高等教育：後期中等教育および高等教育（大学）修了者。かっこ内は人数。

図2-3　技能階層と社会経済的要因の相互関係

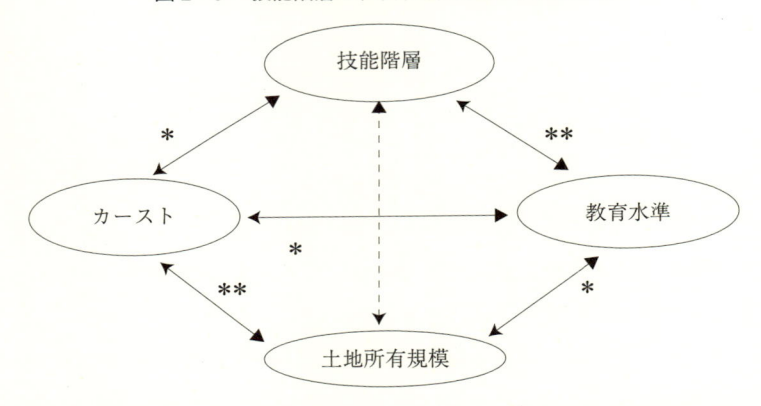

注）農村出身者のみ。**、*は、それぞれ1％と5％水準で有意であることを示す（χ^2検定）。破線は相関がないことを示す。

意な関係がある）。

　教育水準については（表2-5）、半数近くが非就学者であり高学歴者は1割に満たない。それも、高学歴者は熟練工に集中しており、教育水準と技能階層には有意な関係（χ^2検定で1％水準で有意）が認められる。

　ここまで説明してきた教育・土地所有（土地なし・1エーカー未満・1エーカー以上の3区分）そしてカーストという労働者の特性の関連を確認しておこう。これらと技能水準（熟練工・未熟練工）とには、図2-3に要約されるような関係が認められる。まずカーストと土地所有の間には、インドで通常観察される上位カーストが土地所有者であるという関係がある。また土地所有は教

育投資能力につながり、また上位カーストは教育に対する強い選好をもっている。すなわち、土地所有という農村の経済階層関係が、またそれはカーストという社会階層とも重なり合うのであるが、教育を通じて工場の技能階層に色濃く投影されている。そのために、この関係は世代間を移転する可能性を持っている。すなわち、技能階層別に労働者を対比させることは、労働者の農村における社会・経済関係をも織り込んだ議論となる。

1.4 労働者の出身地域の経済事情

季節労働者の大半は村の出身者であり、オフ・シーズンには帰村して主として農業に従事している。そこで、サラスワティ製糖工場があり、またこの工場が最も多くの労働者を採用しているアムバラ県とその周辺地域および1000km近くも離れた遠隔地であるものの第2の供給地となっているビハール州の農業事情に簡単に触れておこう。またそれと比較する意味で、工場の直ぐ北西に位置しながらも工場にほとんど就労者のいないパンジャブ州の事情にも触れよう。

対象とする地域の農業事情について指摘すべきことは、いわゆる「緑の革命」が成功裡に導入されてインドの穀倉として急速な農業発展を遂げているインド北西部と、灌漑条件が整っていないためにインドの貧困地帯にとどまっているビハール州やUP州東部との対照性である[11]。特に、パンジャブ州からヤムナナガル市のあるハリヤーナー州北東部を通りUP州西部の両岸地域（ドアーブ）に延びる米・小麦2毛作地帯の農業成長は著しい（表2-6）。またハリヤーナー州やパンジャブ州における農家1戸当たり耕地面積がインドでは相対的に広いという事実とも相俟って、北西部諸州の1人当たり所得はインドでも首都のデリーを別すれば最高の水準にあり、逆にビハール州のそれは最も低くなっている（表2-7）。土地なし農業労働者の年間農業就業日数も、ビハール州のそれは最低の水準にある（表2-8）。

こうした対照的な農業事情は、それぞれの地域の土地所有農民（以下、農民）と農業労働者の家計1人当たり支出額（所得データは入手できないが、ほぼ所得をあらわすと考えられる）の分布から明瞭に捉えることができよう（図

表 2-6　土地生産性と農家 1 戸当たり平均農地所有面積（1976/77年度：ha）

	土地生産性（kg/ha）		農家 1 戸当たり所有面積（ha）
	米	小麦	
ハリヤーナー州	2,470	2,360	3.58
パンジャブ州	2,960	2,930	2.74
ビハール州	780	1,470	1.11
UP 州	1,080	1,640	1.05
インド平均	1,320	1,700	2.00

出所）土地生産性（1981/82年度）：Government of Punjab（1981/82）.
　　　所有面積（1976/77年度）：Government of India（1976/77）.

表 2-7　州別 1 人当たり所得（1977/78年度）
（ルピー：当年価格）

ハリヤーナー州	1,600
パンジャブ州	1,966
ビハール州	735
UP 州	1,264
デリー	2,364
インド平均	1,189

出所）Government of Punjab（1981/82）.

表 2-8　農業労働者（土地なし）の年間雇用日数
（1 日＝8 時間）

	男子	女子	子供
ハリヤーナー州	232	121	176
パンジャブ州	240	103	178
ビハール州	185	114	139
UP 州	236	141	167
インド平均	223	152	193

出所）Government of India（1978）.

2-4）。最も豊かなグループはハリヤーナー州の農民（HF）であるのに対して、ビハール州では農民（BF）であってもハリヤーナー州の農業労働者（HA）の所得水準にも及んでいない。図が複雑となることからパンジャブ州のデータは図に含まれていないが、それはハリヤーナー州よりもさらに豊かである。工場に近いパンジャブ州出身の労働者が工場に僅かしかいないのに1000kmも離れたビハール州出身が多数いるのは、まさにこうした事情による。

　貧困線以下の人口比率（1987/88）をみても、パンジャブ州は7.0％とインドの主要州のなかでは最も低い数値を示している[12]。ハリヤーナー州も11.4％とインド平均の24.7％よりもかなり低くなっている。これに対してビハール州では40.4％と、インドではオリッサ州の46.2％に次ぐ貧困州となっている。ちなみにオリッサ州はヒンディ語圏ではないことから、ここからの季節労働者は

図2-4　1人当たり支出額でみた農家の分布

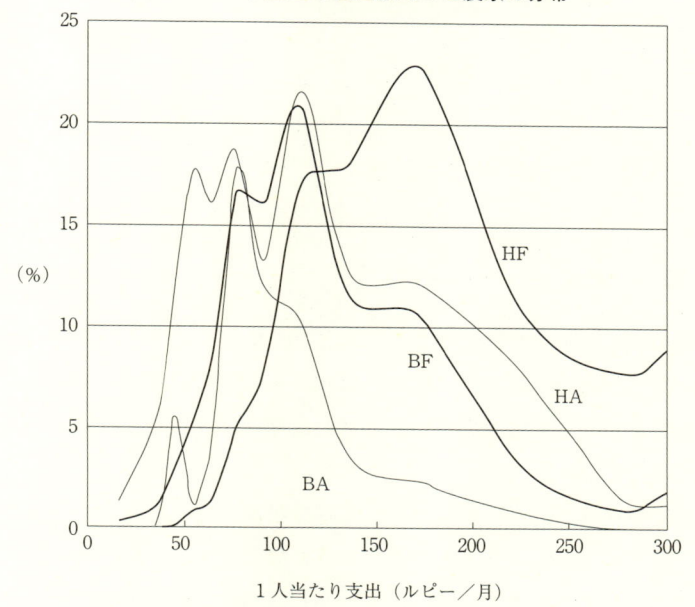

1人当たり支出（ルピー／月）

出所）Government of India（1982）から作成。
注）H：ハリヤーナー州、B：ビハール州、F：土地所有者、A：農業労働者。

表2-9　ビハール州の農家経営面積と市場化余剰率　（単位：％）

経営規模	1 ha 以下	1.01 – 2 ha	2.01 – 4 ha	4.01 – 6 ha	6.01 – 10ha	10.01ha 以上	平均
市場化余剰／生産高（％）	−18.6	3.3	42.4	42.2	45.1	67.2	48.8

出所）Prasad（1989）．

サラスワティ製糖工場にはいない。

　ビハール州における農家経営規模と市場化余剰率の関係をみても（表2-9）、1～2haの経営規模でも市場化余剰は生じておらず、主穀である米の購入を余儀なくされていることがわかる。当時のビハール州の農家1戸当たり平均経営規模が約1haであることから、平均的農家ですら米の自給が困難となって

いる。サラスワティ製糖工場の労働者の大半が1エーカー未満の農地しかもっていなかったことを思い出せば、基本的には、彼らは食糧の自給もままならない貧困線以下の階層を出自としているといえよう。

2 募集と内部労働市場

2.1 募　集

新規採用には、季節労働者が未熟練工として採用されるルートと、数は少ないが高学歴者が熟練工として採用されるルートがある（図2-2参照）。未熟練工が正規労働者として直接採用されることは稀であり、まず臨時工として就労しなくてはならない。

未熟練工の勤続年数と採用前の臨時工経験年数の関係をみると（表2-10）、かつては臨時工を経験することなく、また経験したとしても短期のうちに正規の工場労働者として採用されていた。しかし、勤続年数5年以内という未熟練労働者に限れば、正規労働者となる前に平均5～6年の臨時工の経験がある。工場長のA氏によれば「かつては近郊労働者がクーリーの仕事を嫌がったので、ビハール州出身者を雇っていた。しかし現在はハリヤーナー州でも失業が顕著となっており、遠方から労働者を雇う必要がなくなったことから近郊労働者の比率が上昇している。いまでは、一般には6年程度の臨時工経験が正規雇用としての採用条件である」とのことである。父親が勤務していた場合にはその息子は優先的に雇用されるが、それでも労働の超過供給の程度の増した現在は3～4年は臨時工にとどまらなくてはならない[13]。正規労働者は、請負労働者から採用されることはない。採用がこのような形となったのは1970年過ぎからであり、それ以前には臨時工を経ることなく雇用されることも多かったという。人口増加による雇用情勢の悪化が窺われる。

このことは、ある高齢のビハール州出身の未熟練工の次の発言からも読み取れる。「私がこの工場で働き始めた1940年代には労働者が不足していた。そこ

第2章　村との紐帯と工場労働の定着：インドの製糖工場の季節労働者　79

表2-10　正規雇用となるまでの臨時工経験年数（単位：人）

勤続年数	臨時工経験年数								平均（年）
	0	1	2	3	4	5	6	7	8	
0～5	2	0	1	2	5	1	10	3	0	4.96
6～10	8	2	3	2	1	4	4	0	1	3.57
11～15	6	0	1	1	1	0	2	0	1	2.42
16～20	4	0	3	1	0	1	0	0	0	1.56
20年以上	4	1	0	0	0	0	0	0	0	0.20

注）未熟練工76名についての数値。

表2-11　就労に際して工場に知人がいることの重要性
（単位：％）

	非常に重要	重要	重要でない	合　計
未熟練工	43.4	25.0	31.6	100.0（76）
熟練工	39.6	18.9	41.5	100.0（53）

$\chi^2 = 1.49$

	非常に重要	重要	重要でない	合　計
ビハール州労働者	56.4	20.5	23.1	100.0（39）
近郊労働者	35.9	24.4	39.7	100.0（78）

$\chi^2 = 4.84$

	非常に重要	重要	重要でない	合　計
非就学者	40.0	27.1	33.9	100.0（59）
低学歴者	46.4	21.4	32.1	100.0（56）
高学歴者	33.3	8.3	58.3	100.0（12）

$\chi^2 = 4.22$

注）無回答があるために、合計が該当サンプル数に満たない。かっこ内は人数。

でより多くの労働者を集めるために、15名以上の労働者を連れてきた者なら誰でもジャマダール（jamadar：仲介人）に工場が任命した。しかし、現在はジャマダールはいない」。これは季節労働者自身が情報伝達者となったこと、そして内部請負親方として機能した仲介人が労務管理の足枷となったことから工場が彼らを排除しようとした結果といえる。

　表2-11は、就業に際して、工場に知人がいることを重視するか否かを質問した結果である[14]。「非常に重要」としているのは、未熟練工で43.4％、そして熟練工で39.6％であり統計的には有意な差はない。学歴でも、有意な差は検出されない。しかし近郊労働者では35.9％が「非常に重要」としているだけで

あるが、ビハール州労働者では56.4%、「重要」を含めると80%近くが知人の存在を重視している（χ^2検定では5%で有意）。第1章で議論したように、近郊労働者はともかく、長距離を移動してくる労働者にとって見知らぬ土地での生活は不安を掻立てることとなる。Hoselitz (1955) のいう「労働者の神経を腐蝕させるのは都市の騒音でも煤煙でもなく、……むしろ隣人のいないこと——大都市生活での匿名性と非人格性——である」ことが、就労に際して知人の存在に意味を持たせていることは充分に説得的であろう。ビハール州出身者が必ずしも同州の最貧地域ではないシワン県に偏っているのも、この理由によるものと考えられる。

　第1章で触れたように、工場労働者の出身地域の偏在はよく指摘されることである。このことに関して情報網の不備に起因する情報ルートの固定性、したがって出身地域の固定性は資源配分の非効率性につながるという指摘もある。しかしこれまでみてきたように、都市の工場という未知の世界に入り込むときに農村社会で自らが属する第一次集団に情報の入手を頼ることは当然といえよう。呼び水としての第一次集団なくしては、労働市場の形成そのものが阻害されることになろう。出身地域の固定性は、労働市場形成の阻害要因ではなく、促進要因としての側面をもつのである。

　この情報ルートの固定性を突き崩してより広汎な労働市場を形成させる要因として教育をあげることができるかもしれない。たしかに、非就学労働者や低学歴労働者では、工場に知人がいることを就業の際に重視する比率が高学歴者よりも高くなっている。しかし、この結果を非就学者と就学者とに分けた場合、双方には有意な差は認められなかった。教育は新しい環境や経験への適応力を高めるという主張もあるが、われわれの対象に関する限り、その効果はいまだ現われていないようである。

2.2　昇給・昇進そして労働条件

　給与額は、第2回製糖業中央賃金局の勧告に従っている。工場労働者を対象とした全インド消費者物価指数にスライドした調整手当も支払われる。給与額

には、熟練階層による差はあるが、常傭と季節労働者の区別はない。勤続年数に基づいた昇給もある。これは表2-12の熟練階層別の昇級表に示される通りであるが、昇給率は未熟練工で年間0.2％程度、熟練工でも0.5％と僅かでしかなく、ほぼフラットとなっている。このために、昇給だけでは勤続を長期化させる誘因とはなっていない。

表2-12 サラスワティ製糖工場昇給表
（1987年10月改正）
（月額：ルピー）

熟練階層	昇　給	調整手当
未熟練工	340-1-149-2-	603.90
半熟練工	348-2-366-3-	605.90
熟練工－C	355-3-382-4-	607.90
熟練工－B	370-4-390-5-	612.90
熟練工－A	390-6-420-7-	640.90

注）これに臨時手当がつき45ルピーが加わる。表の読み方：たとえば340-1-349-2は、未熟練工が入社した時の基礎給与が月340ルピーであり、以降毎年給与が月1ルピー上昇し、9年後に349ルピーに達すると、今度は月2ルピー昇給する。したがって入社直後の月給は、998.9ルピー（340＋603.90＋45）となる。

　中央賃金局は、オフ・シーズンに季節労働者へ維持手当（retaining allowance）の支払いも勧告している。州によって支払い率が異なるが、ハリヤーナー州では、熟練工には給与の50％、半熟練工には25％、未熟練工には10％が支払われている。この額は労働者にとって少ないものではなく、それ故に昇進の誘因となっている。月給の20％のボーナスも4月の操業終了時に支払われる。こうした賃金水準は、インドではかなり恵まれたものである。工場の季節労働者の主たる代替的就業機会である農業労働者の賃金は、近郊労働者にとっては1日10から12ルピー程度であり、ビハール州出身者にとっては1日4から6ルピーと前者の半分でしかない。農業労働者への就業機会が常時あるものではないことも考え併せれば、この製糖工場は高賃金の島となっている。

　農村でも貧困階層に属して、また代替的就業機会もあまり期待できない季節労働者にとって、比較的高賃金で安定した就業機会を提供する製糖工場は唯一無二といってもいいほどの恵まれた職場である。したがって村との紐帯をもつにもかかわらず、季節労働者は高い定着性向を示すことになる。

　季節労働者の未熟練工として採用されるケースの労働者、すなわちこの工場の大多数の労働者の昇進について紹介しておこう。昇進は、季節労働者のなかで半熟練工・熟練工と昇進するルートと、常傭に直接なるルートがある。特殊な熟練工・事務職や管理職を除いたすべての常傭労働者は、季節労働者の経験

をもっている。昇進は、ポストに空きがあったときに掲示がなされて、面接によって決定される。教育を受けた者が昇進する確率は高いようであるが、教育経験がなくても昇進は可能である。しかしながらこれも半熟練工までであり、熟練工になるには高等教育を受けている必要がある。このために昇進の可能性は、特に教育を受けた労働者の定着性向を高めているといえよう。

　このようにサラスワティ製糖工場には、微弱ながらも内部労働市場が存在しており、それが労働者の定着性向を高めている。ただし、この内部労働市場は製糖業賃金局の勧告などによって外生的に与えられた制度であることは確認しておく必要があろう。

3　紐帯と定着

3.1　伝統的指標からみた定着

　季節労働者のオフ・シーズンにおける就業（表2-13）は、農業関連の職種が62.8％を占めている。なお農民といっても、実際にはそのほとんどが零細農であるために、農業労働者としての就業が一般的である。農村の雑業は、皮革業が多い（すなわち、彼らはインド社会の底辺に位置づけられる不可触民）。このように、季節労働者の多くは農業部門でも幾ばくかの稼得機会を有しており、就業面において村との経済的紐帯を保持している。また季節労働者のほとんどが家族を村に残した単身移動をしていることも、紐帯の強さを窺わせている。では、こうした村との紐帯を強くもつ人々は、紐帯桎梏仮説の指摘するような不安定な工場労働者なのであろうか。

　定着は、伝統的には、欠勤率や離職率といった客観的指標によって捉えられてきた。季節労働者だけに限定した欠勤率のデータが入手できないので、季節労働者が95％を占める製造部門全体の数値でみていこう（表2-14）。操業期間の11月から4月までの平均欠勤は5.9％と工場平均の6.7％を下回っており、村との紐帯をより強くもつ季節労働者のほうが定着の程度は高い。また、雇用

表2-13 オフ・シーズンの職種 (単位：％)

	農業	農業労働者	雑業(農村)	工場(農村)	無職	SS	工場(都市)	雑業(都市)	合計
未熟練工	42.7	24.0	5.3	0.0	12.0	8.0	4.0	4.0	100.0 (76)
熟練工	44.4	12.0	1.9	1.9	25.9	7.4	1.9	3.7	100.0 (54)

注) N＝130。SSはサラスワティ製糖工場で機械の補修等に従事。かっこ内は人数。

表2-14 月別欠勤率と気温

月	欠勤率（％）		気温（摂氏）	
	生産部門	工場平均	平均気温	最高気温
11	3.45	5.63	19.2	31.5
12	4.17	5.03	14.6	25.7
1	5.55	5.78	14.2	23.3
2	6.30	6.63	14.0	25.2
3	7.95	8.45	18.5	32.8
4	8.20	8.72	27.6	43.2

出所) 欠勤率：サラスワティ製糖工場の出勤簿（1986／87年度）。気温：Government of Haryana (1982)。
注) 気温は1977／78年度のアムバラ県の数値。

規模が50人以上（動力を用いない場合は100人以上）の工場（N＝27537）を対象としたインドの工業年次調査（Annual Survey of Industries 1995/96）によれば、欠勤率は10.8％（1995年）であった。サラスワティ製糖工場の欠勤率は、インドの平均からしても低いのである[15]。

欠勤率の月別変化にみると操業開始の11月が最も低く、それ以降は徐々に上昇している。北インドの気候は3月初旬までは快適であり、また農閑期でもあることから、この上昇傾向は工場労働による疲労の蓄積が原因かもしれない。そして、3月から4月にかけて欠勤率は最も高くなる。これには、ふたつの理由が考えられる。ひとつには、インド北西部は3月末から酷暑期に入る。5月と6月の最高気温は40から45℃にまでなり、甘蔗の絞り滓を燃焼させて得られた水蒸気を主要なエネルギー源とする製糖工場の労働環境は劣悪となる。こうした労働環境が欠勤率を高めているといえる。

また第2の理由は、4月から5月はこの地域の主穀である小麦の収穫期にあたり、農業労働者の需要が高まることである。この時期、工場の仕事が終わると近くの村で農業労働者として働く者も少なくない。このことによる疲労は、当然、欠勤率を高めることになる。臨時工にしても、補助労働者の日給が18ルピーであるのに対して、ハリヤーナー州の小麦の収穫労働の賃金が1日約25ル

ピーであることから農業労働者として働くことになる。こうして、この時期になると工場は労働力不足に悩まされることになり、労働者を1日2シフト（16時間）で働かせて労働力を確保することにもなる。この意味では、近在の村との関係が工場への労働供給を不安定にしているともいえよう。しかしながら、このケースは、所得選好が非常に強い労働者が就業機会に敏感に反応したものであり、その就業機会がたまたま村にあったにすぎない。いわゆる村との紐帯に起因する労働供給の不安定性とは別の問題である。

離職率の資料が入手できないので、勤続年数（Y）と年齢（A）の関係から検討しよう。一般に労働者は自分の勤続年数を正確には知らないことから、季節労働者がほとんどを占める生産部門と機械部門の労働者について勤続年数と年齢のデータが示されている給与簿から20％の等間隔抽出した労働者（N＝190）を対象として、以下の回帰式を得た。

$$Y = -21.05^{***} + 0.93\ A^{***} \qquad R^2 = 0.74$$
$$(12.08) \qquad (23.34)$$

注）かっこ内は t-値の絶対値。*** $p < 0.1\%$。

平均年齢は42.42歳（SD ＝10.24）、平均勤続年数は18.48年（SD ＝11.07）であり、年齢の係数はほぼ1である。したがって平均勤続年数や労働市場の状態から類推すれば、離職率は年10％以下である。

このように、欠勤率と離職率という伝統的指標からみた季節労働者の定着の程度は、かなり良好と判定できる。工場長のA氏も、労働者についてはこれといった問題はないと自信をもっており、いわゆる部分的定着についての不満も聞くことができなかった。このように、推論的に主張されてきた紐帯桎梏仮説は本章の対象については支持できない。

サラスワティ製糖工場への就業理由として「出身地で就業機会が欠如している」ことが理由となっているかを質問した（表2-15）。理由として認めた比率は、未熟練工では81.6％、熟練工では62.2％であり、5％水準で有意となる差（χ^2検定）が認められる。過剰労働から派生する失業問題は、未熟練工でより

表2-15 就業理由としての出身地における代替的就業機会の欠如 (単位:%)

	強い理由	理由となる	理由ではない	合　計
未熟練工	60.5	21.1	18.4	100.0 (76)
熟練工	39.6	22.6	37.7	100.0 (53)
平　均	51.9	21.7	26.4	100.0 (129)

注)かっこ内は人数。丸め込みのため、合計は100.0となっていない。$\chi^2 = 7.08$。

深刻となっている。すなわち、低い離職率を実現させているのは、過剰労働を背景とした代替的就業機会の欠如という外生的要因である。非就学者や未熟練工には就業機会そして職業選択の幅が限られており、世代間上昇への望みすらおしつぶす厳しい現実を、彼らは認識している。このような環境にあって、サラスワティ製糖工場での就労は、彼らにとっては金銭的報酬という観点では恵まれている。そのことは「他の仕事に比べてサラスワティ製糖工場での仕事をどの程度評価するか」という質問に対して、「良い」が18.8%、「まあまあ」が64.8%と肯定的回答が8割以上であることからも充分に窺われよう。こうした強い就業資産性向が、低い離職率や欠勤率という意味での定着の程度を高めている。

3.2 心理的な定着

定着の心理的側面に眼を向けてみよう。Sinha and Agarwala (1971) は、職務満足が工場への適応化を促進すると結論づけており、Mukherjee (1985) は職務満足と定着をほぼ同一視している。そこで職務満足を計測するために、(1)仕事が多すぎる、(2)勤勉に働けば昇進できる、(3)監督者はとても厳しい、(4)賃金は適切である、そして(5)同僚は協力的でない、の5つの質問（1、3、5は逆転項目）を準備した。それぞれが自分にとって、妥当する、どちらともいえない、そして妥当しない、の選択肢を設けて、満足度に応じて+1、0、-1の得点を与え、その合計を職務満足得点（レンジは+5〜-5）とした。この質問項目は簡単にすぎて職務満足の一部しか把握していないが、それでも労働

表2-16 満足度得点と平均値の差の検定

	平均	標準偏差	サンプル数	t-値
未熟練工	−1.14	1.76	76	
熟練工	−0.50	1.89	54	1.99*
非就学者	−1.20	1.67	59	
就学者	−0.65	1.94	69	1.71†

注)* $p<5.0\%$、† $p<10.0\%$。

者の職務意識の動向を多少なりとも捉えていよう。

満足度得点の平均値はマイナスとなっており(表2-16)、総体的にみて労働者の職務満足は高いとはいえない。欠勤や離職といった伝統的指標からみれば季節労働者の定着ないしは安定性の程度はかなり高いといえるものの、心理的な定着は低いという逆転が見られる。また熟練工よりも未熟練工が、そして就学者よりも非就学者のほうが不満の程度が有意に高くなっている。

カースト、土地所有、農村・都市別出身ならびに熟練工の昇進経験者と未経験者についても職務満足得点の平均値をみたが、有意な差は検出されなかった。勤続年数、年齢と職務満足度にも有意な相関はなく、労働者の特性のうち技能階層だけが職務満足度にかかわっていた。すなわち技能階層についていえば、未熟練工は定着の程度は高いものの職務満足度は低いという関係が観察されている。ここで職務満足を工場制度への心理的適応の程度を表現するものとみなせば、特に未熟練工は工場に充分には心理的適応を示していないといえる。

次に「可能なら、将来あなたの息子をこの工場で働かせたいと思うか」という質問を用意した(表2-17)。未熟練工の68.4%、そして非就学者の72.4%が肯定的な回答をしている。しかし熟練工、そして特に高学歴者となると否定的回答が多くなる[16]。この限りでは、熟練工よりも未熟練工のほうが高い定着性向を示している(ウィルコクソン検定 $Z=2.42$、$p<2.5\%$)。

息子を工場に勤めさせたいとする比率の高い未熟練工のほうで職務不満度が高くなっていることからも、定着と職務満足の技能階層についての逆転が認められる。こうした一見すると矛盾する関係は、次のように読み解くことができよう。

従業員の強い就業資産性向とサラスワティ製糖工場が高賃金の島であるということから、伝統的指標からみた定着の程度は相当に高いといえる。こうした

表2-17 将来、息子をサラスワティ製糖工場で働かせたいか

(単位:％)

	働かせたい	息子が望むなら	働かせたくない	合　計
未熟練工	57.9	10.5	31.6	100.0　(76)
熟練工	40.4	9.6	50.0	100.0　(52)
平　均	50.8	10.2	39.1	100.0 (128)
非就学者	63.8	8.6	27.6	100.0　(58)
低学歴者	46.4	10.7	42.9	100.0　(56)
高学歴者	16.7	8.3	75.0	100.0　(12)
平　均	54.1	10.1	35.8	100.0 (126)

注) かっこ内は人数。

環境では労働誘因は監視＝強制で事足りるわけであり、労働者の心理的定着を高めるような労務管理戦略を採用する必要はないのである。このことが、労働者の職務満足を低いままにとどまらせていると考えられる。

4　紐帯の放棄の可能性

　農村における稼得機会の欠如が、サラスワティ製糖工場の季節労働者の伝統的指標からみた、定着の程度を高めていることをみてきた。では彼らは、年雇の常傭労働者としての就業機会が与えられれば、定着労働者となるのであろうか。

　都市労働者としての定着意思を探るために「月収が現在よりも300ルピー少なくなる代わりに常傭労働者になれるとしたら、あなたはどうしますか？」という質問を用意した。この設定では、常傭労働者となれば工場から得られる年収は、未熟練工の場合にはほぼ倍増し、熟練工では1.5倍となる[17]。それにもかかわらず、常傭労働者となることを希望した季節労働者は39.2％にとどまった。また、農村出身者に「5エーカー（インドの平均的耕地所有面積）の農地をもつ農民になるのと、サラスワティ製糖工場で常傭労働者になるのとではどちらがよいか？」という質問をしたところ、55.5％が農民となることを選好している。ここからも、労働者の都市移住性向の低さが読み取れよう。

表2-18 村の評価
(肯定した者の比率)

	肯定
村では歳をとってからでも仕事がある。	68.5
困ったときには地主が助けてくれる。	59.5
困ったときには親戚が助けてくれる。	69.1
困ったときには友人が助けてくれる。	77.5
村の人は親切である。	95.5

注) 農村出身者112名のみの回答。地主のヒンディ語はzamindarとしてあるが、これは土地（zamin）所有者（dar）の意味を含んでおり、総体的には村の有力者を意味すると解釈できる。

　常傭労働者となることを希望しない理由として最も多かった回答（回答はオープンエンド）は、「家族をヤムナナガル市によんで生活すると生活費がかさむ」というものであり、「村では家族にも仕事がある」や「自分の土地の世話をしなくてはならない」という回答も少なくなかった。都市に定着して家族の再生産をおこなうためには、常傭労働者となる必要がある。確かに常傭労働者となればオフ・シーズンでも給与は保証される。また、農村での就業機会の欠如が製糖工場に就業した有力な理由であった。

　しかしそれにもかかわらず、工場長のA氏は「年雇の常傭労働者になることを嫌がる季節労働者が多い」ことを明らかにしている。すなわち、伝統的指標からみた労働者個人の定着性向は高いが、といって挙家離村して都市の住民となるという意味での定着性向はかなり低いのである。戸主についてみれば常傭となったほうが所得は多くなるが、家族単位の所得の最大化を考慮すれば、農村で家族が稼ぐことのできる所得を放棄してまで都市に定住することを促すほどの所得が都市では獲得できないことを示唆している。村における女子および子供の就業の可能性を村のもつセーフティ・ネットのひとつと捉えれば、経営者がそれを代替する保全の措置をとっていないことが家族形成を含む定着がなされない原因とみることもできよう。

　さらに村社会は、開発途上国の都市や工場が供与していない保全のメカニズムを備えていることが考えられる。村社会のセーフティ・ネットについて表2-18に示される5つのステートメントを肯定するか否かを質問した。最も低い比率を示した「困ったときには地主が助けてくれる」というステートメントにすら59.5%の労働者が肯定的評価を示している。困ったときに友人や親戚の助けがあることや、歳をとってからでも仕事があることから、村における互恵

主義的また温情主義的慣行の存在、さらにはそれに基づく伝統的な社会保障の存在を窺い知ることもできよう。なお、村社会は女性や子供にも農業労働を中心とする幾ばくかの稼得機会を提供（表2-8参照）しており、それらは都市ではあまり期待できない[18]。こうしたことから農村出身者にとっては常傭労働者となるよりも、むしろ女子や子供にも就業機会のある農村で家族を就業させたまま季節労働者として都市と農村に労働を振り分けるほうが所得の最大化につながる。

貧困社会における農村から都市への労働移動については、都市の稼得機会にプルされたというよりは、人口圧力によって農村での生存が困難であることを理由とするプッシュ型の移動であるという指摘もある。確かにサラスワティ製糖工場に勤務する季節労働者の大半は、農村の貧困層を出自としている。しかし、プッシュ・アウトされたであろう彼らでも、村との紐帯を完全に放棄している訳ではないことは強調しておきたい。

結　び

村との紐帯を強くもつサラスワティ製糖工場の季節労働者を対象として、彼らの工場労働者の安定性を検討してきた。工場が村社会の提供するセーフティ・ネットを代替するだけの保全の措置を講じていないことを指摘したが、それは安定的な労働力を確保しようとする労務管理戦略の不在を意味している。その結果、村で出生した115名のサンプル労働者のうち僅か3名の家族が、これまでヤムナナガル市に移住してきただけであった。

しかし他方では膨大な過剰人口を背景として、一般には労働者は相対的に恵まれた労働条件を提供しているフォーマル部門に雇用されていること自体を労働者が一種の資産とみなす（就業資産性向）ために、離職率や欠勤率といった伝統的指標からみた定着度は低いものでなかった。これは過剰労働という工場にとっての外生的な条件が、労働者にとって怠業による解雇費用を高めているためと考えられる。すなわち、怠業阻止モデル（Shapiro and Stiglitz 1984）に

近い論理が過剰労働によってもたらされている。

　サラスワティ製糖工場の労働者の高い定着性向は外生的に与えられていること、そして製糖工場の季節労働者に求められる技能水準がかなり低いものであることから、工場経営者にとっては労働者の定着を促す戦略を採用する必要性は低くなる。そのために、素質の向上を実現させるような労務管理戦略も不在であり、また保全の措置を講じることによって都市型の労働力を創出しようとする経営側の努力もほとんど観察できない。したがって第1章と同様に、本章でも紐帯桎梏仮説は支持されないのである。この仮説は経営者の発言から生まれてきたものであり、経営努力の欠如が見落とされている一面的な仮説であるといえよう。

　Lewis（1954）は過剰労働が存在している状況では実質賃金の上昇が見られないことから、それを工業化にとっての黄金の時代と呼んだ。村との紐帯をもつ労働者が利用できる状況もまた、工場なり国家なりが保全の措置に必要な支出を回避できるという意味において黄金の時代といえる。1997年に通貨危機に見舞われたタイにおいて、都市で職を失った労働者が農村に吸収された事実は、まさに保全費用を村に押しつけることができたという意味において黄金の時代の出来事であったのかもしれない。しかし工業化の深化とともに熟練労働者の需要が増大すると、村との紐帯を利用できた黄金の時代は終焉を迎えることになり、都市における保全の措置の提供が必要となってくる。それを企業に負担させることには、外部性の問題も絡んでくることから、多くは期待できない。保全の措置となるセーフティ・ネットの整備や一般教育の普及といった政策的介入がなされないことには、Gerschenkronのいう適格労働者の創出は困難といわざるを得ないのである。

注
1）　第1回目の調査は、大野・清川（1988）、そして第2回目の調査は、清川・大野（1990）にまとめられている。収録に同意された共著者に謝意を表したい。
2）　当時の糖業事情については、清川・大野（1986）を参照されたい。
3）　サラスワティ製糖工場の就労規則によれば、「季節労働者は、……、操業終了後

4) パッカー (pakka) ＝しっかりした、終身の。カッチャー (kachcha) ＝弱い、仮の、を語源とする。
5) 1970年の数値ではあるが、インドの近代的製糖工場の平均は常備労働者35.1％と季節労働者64.9％であった。Indian Sugar Mills Association (1975/76).
6) 臨時工の調達が容易であること、そして正規労働者の職務には高い技能が求められないことから、欠勤に対応するための予備人員を雇用する必要はない。
7) 工場周辺の農業労働者の賃金は、農繁期で18ルピー、農閑期で10〜12ルピーである。なお、調査時点で1ルピーは10円強である。
8) 雇用日数が制限されているのは、240日を超えて就業すると労働者が労働法規に従って正規雇用の権利をもつことを防ぐためである。
9) インドでは地方の土地面積単位はエーカー（たとえば3ビガー＝1エーカー）換算できる。したがって本章でも、エーカーを単位としてある。
10) 本来はジャーティ（「生まれ」を意味する）と記すべきであろう。カーストはジャーティの誤用であるが、ここでは慣行に従いカーストを用いる。
11) ハリヤーナー州の農業事情については、たとえば大野 (1984, 1988) を参照されたい。
12) Government of India (1991).
13) 「退職に際してはその従業員の近親者の採用を優先する」という近親者条項 (next of kin) が労務規約に記されている。就業が譲渡可能な資産となっているといえる。
14) 第1回の調査結果によれば、工場労働者のうち工場内に知り合いのいない者の比率は1.2％でしかなく、近い親族 (66.6％)・親族 (15.0％)・同村の人 (17.2％) といった何らかの知り合いがいた。ただし、この現象も開発途上国に固有とはいいきれない。たとえば米国では、大半の労働者が自分の職業について知り合いから事前の情報を得ており、また3分の1以上が就業に際して友人または親戚からの支援を得ている。Corcoran et al. (1980).
15) Mangnale (1992) を参照されたい。ほとんどの産業で、欠勤率は10％を大きく上回っている。
16) 否定的回答をした労働者の多くは、息子を公務員にしたいと述べている。
17) ビハール州出身労働者が常備労働者として働くと想定するとき、オフ・シーズンに農業労働者として働いた場合と比較して、未熟練工の場合には年収で約1500ルピー増えて、熟練工ではほぼ同じか僅かながら少なくなるように質問を設定し

てある。
18) ハリヤーナー州についていうと、5歳以上を対象としたときも都市部では全労働者に占める女子の比率は17.7%でしかない。また男子の有業者が49.7%であるのに対して、女子では11.7%でしかない。Government of India, Ministry of Planning, Department of Statistics (1982) から算出。女子の就業が社会的に忌避される場合には、挙家離村による農工間労働移動はなされにくくなるといえる。

第3章　工場労働者の第一世代をめぐる組織不適応：ラオス

はじめに

　ラオス人の労働観をあらわすインドシナの格言に「カンボジア人が稲を植え、ヴェトナム人がそれを収穫する。そしてラオス人は、その稲の育つ音を聴いて過ごす」というのがある。政府開発援助などの資金を使ってなされるラオスの道路建設現場で働く人々の大半が出稼ぎのヴェトナム人や中国人であるという現実は、あくせくと働くことを好まないラオス人の気質をあらわすこの格言を妙に説得的にしている。そのラオスも、1986年からは新思考（チンタナカーン・マイ）と呼ばれる市場経済化を目指した経済改革に着手した[1]。さらに、1997年には ASEAN 加盟を果たしている。その結果、大規模な製造工場（その大半は国営）が数えるほどしかなかったラオスにも、海外直接投資による製造業（大半は、タイ系の縫製工場）の参入が相次ぎ、在来のそれとは異質な「労働の場」が提供されつつある。工場労働者の第一世代の登場である。

　第1章では、在来社会で社会化された人々が工場という異質なシステムに遭遇したとき、そこで生じる心理的軋轢が労働者の職務行動に好ましくない影響を与えるという不適応仮説を提示した。まず、この仮説の傍証として、ヴェンチャン特別市にあるふたつのタイ系縫製工場の逸話を紹介しておこう（2002年採取）。A工場は操業を開始したものの、縫製工の規律の確立に失敗した。縫製工たちは仕事中でもお喋りをやめず、作業に滞りが生じたのである。ラオスの村では、機織が盛んになされている。高床式の家の下に数台の機がおかれ、織子たちが語らいながら布を織るという長閑な風景がみられる。しかし、語ら

いながらの仕事という彼女たちの日常を、工場は認めるわけにはいかない[2]。そこで経営者は縫製工全員を解雇して、新規に募集することにした。解雇された従業員は再雇用されることはない。工場で求められる労働様式に、第一世代の労働者を馴化させることに失敗した事例である。

　もうひとつのB工場は、ナイキやアディダスといった国際的スポーツ衣類メーカーの製品を製造している。こうした衣類メーカーは、OEM生産を委託するときにlabor codeと呼ばれる労働条件を製造工場に要求する。これは、開発途上国の劣悪な労働条件のもとで製造された製品の不買運動に対応してつくられた制度である。このためにB工場は冷房施設・集塵装置・医療施設・社員食堂などを備えており、ラオスの他の縫製工場と比較すれば労働条件は格段に整っている。しかし、そこでは離職が頻発している。それも、同郷の労働者による集団離職となることが多い。離職した縫製工たちは、他の縫製工場に流れていく。この章で対象とする縫製工場にも、そうした労働者が数名ほど働いている。冷房設備や集塵設備もない工場であり、また賃金も低くなるにもかかわらず、何故このような転職が生じるのであろうか[3]。転職してきた縫製工たちは、B工場での就労規則や監督の厳格さを離職の理由としてあげている。B工場では、良好な労働条件を整備したことから労働費用が高くなっており、就労規則を厳しく適用して労働生産性を高めようとしている。その結果、他の縫製工場とは異なり、ラインの流れが滞ることはなく従業員の作業スピードも明らかに良好である。規律が生産性を高めるという、強制説の妥当性を窺わせている。このことは反面、労働者の工場制度への適応障害をひき起こし、それが高い離職率につながったと考えられる。

　本章では、ヴェンチャン特別市にあるふたつの企業の製造工程従事者を対象として、それまでのラオス社会にはほとんど存在しなかった近代的工場制度という異質な労働環境に身をおいた人々の職務意識を、次のふたつの論点で検討する。

　ひとつは、第1章で指摘した組織不適応である。ここで議論の枠組みとなるのが、不満に対する行動についてのHirschman（1970）の発言仮説である。一

般には exit or voice という対比が注目されるが、代替的就業機会が限定的な開発途上国の現状では、そのどちらも労働者にとっては現実的な選択肢とはならない[4]。Rusbult et al.（1982）は、発言仮説を夫婦関係に当てはめて第4の反応としての neglect（相互に無視する家庭内別居）をあげている。voice（発言）も exit（離職）もできない状況で組織への不満が高まったとき、労働者が企業組織に対して neglect（怠業）という反応を示すとすれば、それは労使双方にとって望ましい状況ではない。工業化の初期段階という文脈での労働者の組織不適応への現実的反応として、本書では離職（exit）と怠業（neglect）をひき起こすことを想定する。ちなみに、就業資産性向の強い経済では離職は現実的な選択肢ではないが、過剰労働の存在しないラオスでは選択肢となりうると考えられる。

　第2の論点は、先進産業社会では職務行動の有力な説明要因とされる組織コミットメントが、工場労働者の第一世代に対しても効力をもつかということである。また、組織コミットメントが含意する内容が先進産業社会と同じであるかも併せて議論される。

1　調査対象

　本章の対象は、ヴェンチャン特別市にある家具工場（日系）と縫製工場（タイ・ラオス合弁）の従業員である。質問票（置留法）による調査がなされ、それぞれで194名と164名、計358名の有効回答（無効回答率23.5％）が得られた。なお、対象は製造工程従事者に限定しており、事務職は含まれていない。調査は1998年3月になされた。

　男子労働者比率は、家具工場では55.3％、そして縫製工場では20.5％である。学歴（表3-1）は、経済発展の初期段階にある社会としては比較的高い水準にある。双方の工場ともに、従業員の多くは農村出身である。父親の職業も農業が中心であり、都市の近代部門従事者による労働力の再生産はいまだ一般化していない（表3-2）。平均年齢は、それぞれ28.1歳と23.8歳と比較的若い世

表3-1　学歴（卒業基準）　　　　　　（単位：%）

	なし	小学校	中学校	高校	専門学校	合　計
家具工場	5.2	25.3	34.5	28.4	6.7	100.0 (194)
縫製工場	7.3	28.0	28.7	26.8	9.1	100.0 (164)

注）かっこ内は人数。

表3-2　父親の職業構成比　　　　　　（単位：%）

	農業	工場労働者	公務員	自営・商人	死亡	その他	合　計
家具工場	49.2	16.6	14.9	2.8	16.6	0.0	100.0
縫製工場	44.4	13.9	15.9	9.2	15.2	1.3	100.0

表3-3　年齢と勤続期間

	年　齢	勤続期間（月）
家具工場	28.1 (8.6)	60.6 (59.0)
縫製工場	23.8 (5.6)	27.5 (23.4)

注）かっこ内は標準偏差。

代が中心となっている（表3-3）。なお家具工場の労働者のすべては工場近くの農村出身であり自宅通勤しているが、縫製工場の縫製工の大半はラオス北部からの移動労働者であり工場の寮に寄宿する者もいる。

2　労務管理

2.1　家具工場

　設立して10年に満たないが、ラオスでは比較的大規模な日系の工場（従業員数369名）である。事務職の10人を除けば、残りは製造工程従事者である。職制は、一般労働者が280名（6.8万キップ）、副班長35名（7.5万キップ）、班長35名（10万キップ）、副主任2名（23万キップ）、主任5名（28万キップ）そしてタイ人の技術者2名で構成されている。かっこ内は平均的な月給である[5]。

第3章　工場労働者の第一世代をめぐる組織不適応：ラオス　97

一般労働者についていえば、月25日就労したとして労働日当たりの賃金は約2700キップとなるが、これは近隣の農業労働賃金とほぼ等しい[6]。

給与は固定給であり、出来高給は採用されていない。現場の労働者のうち役職者（主として班長などの監督者）比率は約20％である。そのすべてが内部昇進でまかなわれていることから、内部労働市場が形成されているともいえる。しかし一般的には、開発途上国では昇進を軸とした長期的な労働報酬に労働者が充分には反応しないことが多い[7]。日本人経営者によれば「班長に昇進すると給与が高くなり、その結果、さぼるようになる。そこで手当を半分にすると翌月にはよく働くようになる」という。また、調査年（1998年）からは、主任までの従業員について勤務評価をして、上位10％に1万キップ、次の30％に5000キップの報奨金を与えることにしている。残りの60％には、報奨金はない。日本人経営者は「報奨金は名誉というよりは給与の増額として受け取られており、少しは労働意欲が出てきた」と述べている。報奨金制度の導入の背景には、長期ではなく、短期の報酬で労働者を動機づけようとする意図がある。出来高給の導入も視野に入れているというが、これもこうした意図の反映といえよう。

労働者の大半は工場の周辺の村から供給されるが、離職率はきわめて低い。それも転職というよりは、いつの間にか出勤しなくなり、調べてみると村で働いていたというケースが多いとのことである。

2.2　縫製工場

1993年設立の工場であり、201台のミシンを装備し、事務職を含めて250人の従業員規模である。タイ資本との合弁ではあるが、ラオス人の夫婦が実質的に工場を運営している。工場には5ラインあり、それぞれに、監督者1人とアシスタント3人がつく。彼らは、縫子からの内部昇進でまかなわれている。

縫製工の採用では、学歴は問われない。縫製工の大半は北部山岳地帯からの移動労働者であるが、採用は彼女たちのネットワークを通じてなされることから特に問題はないとのことである。縫製工たちの寮もあり、約50名が寄宿している。寮に入らない者は、親戚の家に住むことが一般的である。結婚適齢期

（ラオスの女性の初婚平均年齢は、ほぼ20歳）になると帰村する者も多い。この意味で、家具労働者と比べて、縫製工は半定着的な性質をもっている。

就業時間は1日8時間の週6日制となっているが、東南アジアの縫製工場で一般的なシフト態勢はとられていない。これは欧州からのGSP（特恵関税）枠がラオスに割り当てられ、さらにそれが各工場に配分されていることから経営者のコスト意識が弱いこと、そして低賃金であることから労働生産性を高める誘因も弱くなっているためであろう。事実、生産現場をみる限りラインの流れはスムーズとはいえない。縫製工の作業速度も、先に紹介したB工場よりは明らかに劣っている。またミシンの台数よりも縫製工を1割方多く雇用しているが、これは欠勤に対応するためとのことである。第1章でも同様の例を紹介したように、労働の遊休よりも資本のそれが問題となるような要素価格比となっている。

給与は、初任給が基本給の月1.45万キップに、時間給（時給175キップ）が加わる。さらに、約7割が享受する皆勤手当が6000キップ、食事手当1万キップそして超過勤務手当（時給の125％）も含めて平均で月6.5〜7.5万キップとなる。基本給は毎年1000キップ増額されるが、給与額全体からみれば僅かな比率にとどまっており、年功賃金とはなっていない。単純作業が中心であり新規採用も容易であることから、長期的な報酬システムは提示されていない。年1回のボーナスがあり、出勤と作業態度を考慮して全労働者の10％に基本給の2カ月分、そして80％に半月分が与えられる。

欠勤は2％〜3％と低い水準にとどまっている。しかし離職は週5名程度というから、年間の離職率は約100％とかなり高くなっており家具工場と対照をみせている。このことは、組織不適応に対する反応が、家具工場ではストレスを通じて怠業を高めるのに対して、縫製工場では離職につながる可能性を示唆している。

2.3 労働誘因の特徴

本章の対象は、品質管理もそれほどは重要とならない半熟練労働者を雇用す

る工場である。こうした工場では出来高給といった短期的な労働報酬システムが採用(第10章の低技能と高技能企業の比較を参照)されることが多いが、対象とした双方の工場では固定給(時間給)が採用されている。縫製工場でも高品質の製品を製造する場合には時間給となることもあるが、今回の対象はそういった企業ではない。報奨金や昇進といった中期・長期の労働報酬は認められるが、その金額からすれば大きな誘因とはいえない。

　工業化の初期段階で業績主義的な報酬システムが採用されていないことは「物欲がなく、欲深くなく、また所得の最大化ではなく生存のために働くことを常としてきた人々が、金銭的刺激に従順、それもその刺激に的確に反応するという意味で従順とならなくてはならない」(Pollard 1963)という段階に、ラオス社会が、いまだ至っていないためと考えられる。

　ラオスの1人当たりGDPは調査時点では300ドル代であることから、数字上は貧困国に分類されてしまう。しかし村々を訪ねても、南アジアで観察されるような極度の貧困はない。日本の本州とほぼ同じ国土をもちながら人口は500万人弱であることから、人口圧による貧困は存在していない。このために、本書のほかのケースと比較して就業資産性向は強くはない。また、調査時点での金融深化(M2/GDP比)も10%代前半と金融市場の浸透度はきわめて低く、いまだバーター取引がかなり残存していると考えられる。首都周辺ですら、調査時点では電化されていない村が多くあったことから、電化製品への需要も大きいものではない。財市場が充分には浸透していない環境では、金銭的報酬が誘因として充分には機能しない可能性があることには留意しておきたい。

　家具工場を運営する日系企業はインドネシアにも工場をもっているが、日本人経営者は、インドネシアと比べてラオスでは「監督者がみていないと、すぐにさぼり、労働意欲に欠ける」という。工場労働者の第一世代が工場制度にいまだ馴化しておらず、また組織の提示する労働報酬にも充分には反応していない現状が浮かびあがってくる。それ故に出来高給のような短期的な報酬の採用には至らず、直接的な監督で労働努力を引き出そうとしている段階にあるといえる。しかし、そうした戦略は労働者の組織不適応の原因ともなる。なお対象

とする工場で求められる就労規則は、すでに第1章で紹介したような初歩的な時間規律が中心であり、生活全般にわたる態度にまでは及んでいない。調整説に従う規律といえる。

3　職務態度と職務行動の下位概念

　職務態度が職務行動を規定するという組織心理学の枠組みに従い、本章の構図を示しておこう（図3-1）。序章で紹介したように、Tilly and Tilly（1998）は、労働者から労働努力をひきだす誘因としてコミットメント・報酬・監督＝強制をあげている。そこで、それぞれに対応する職務態度として組織コミットメント・給与満足そして馴化を考える。報酬については、対象とする工場では固定給制が採られていることから、給与満足で捉える。報酬システムの認識については、別途検討する。監督＝強制に対する概念としては馴化を考えるが、これは監督や規律という工場制度の特性に対して第一世代の工場労働者がどれほど適応しているかを検討するためである。職務行動としては、モラール（士気）と怠業そして離職意思を検討する。

　変数のうち、給与満足と離職意思は単一の質問で求められるが、ほかは複数の質問を利用した因子分析（主因子法・バリマックス回転・因子摘出最小固有値＝1、本書では以下同様）による因子得点（アンダーソン・ルービン法、以下同様）によって測定される。本文では質問のキー・ワードを使用し、質問の全文（翻訳）は関連する表に付けられている。質問の回答は、そのステートメントが「強く妥当する（＝4）」～「全く妥当しない（＝1）」の4肢法のリッカート得点（以下、同様）で評価されている。

　職務態度について、双方の工場で類似する因子負荷パターンをもつ、ふたつの因子が検出された（表3-4）。第1因子は、組織コミットメントをあらわしている。第2因子は、就労規則や仕事の単調さという近代的工場に特有の作業環境に対する態度である。職務不満の因子ともみなせるが、工場労働者の第一世代という文脈からすれば、工場組織への不適応という非馴化の因子とも捉え

図3-1　職務意識の構図

職務態度
┌─────────────┐
│ 組織コミットメント │
│ 馴化   │──→
│ 給与満足   │
└─────────────┘

職務行動
┌─────────┐
│ モラール   │
│ 怠業   │
│ 離職意思   │
└─────────┘

表3-4　職務態度にかかわる因子分析（回転後の因子負荷量）

キー・ワード	全体			家具工場			縫製工場		
	組織コミットメント	馴化	共通性	組織コミットメント	馴化	共通性	組織コミットメント	馴化	共通性
誇り	0.84	−0.09	0.71	0.83	0.05	0.70	0.85	−0.01	0.77
愛着	0.83	0.01	0.69	0.81	0.04	0.67	0.83	−0.28	0.73
職場良	0.72	−0.10	0.53	0.71	0.18	0.54	0.72	−0.01	0.52
家族的	0.64	−0.29	0.49	0.51	−0.40	0.42	0.72	−0.25	0.58
規則厳	−0.05	0.85	0.72	−0.06	0.83	0.68	−0.10	0.85	0.72
単調	−0.15	0.83	0.70	−0.01	0.82	0.70	−0.19	0.83	0.71
固有値	2.35	1.50		2.13	1.56		2.51	1.53	
分散%	39.11	25.05		35.49	26.15		41.90	25.49	

キー・ワード	質問
誇り	この工場で働くことを誇りにしている。
愛着	この工場に愛着を感じる。
職場良	この工場で働くことは、ほかで働くよりも良い。
家族的	この工場は家族的である。
規則厳	就労規則の遵守に窮屈さを感じる
単調	私の仕事は単調である。

注）太字数字が因子の解釈に用いられた因子負荷量。

られる。われわれは後者の立場を採用するが、その理由は議論のなかで明らかにされる。なお、この因子得点は符号を逆にして馴化得点とする。

　給与満足については「現在の給与水準にどれほど満足しているか」という質問への回答（大変満足＝4～大変不満＝1）で計測し、職務態度を構成する独

表3-5 給与満足 (単位:％)

	大変満足	満足	不満	大変不満	合 計
家具工場	0.5	3.6	16.0	79.9	100.0 (194)
縫製工場	7.9	37.8	42.1	12.2	100.0 (164)

注）ウィルコクソン検定 $Z=12.99$、$p<0.1％$（漸近有意確率：以下同様）。かっこ内は人数。

表3-6 職務行動にかかわる因子分析（回転後の因子負荷量）

キー・ワード	全体			家具工場			縫製工場		
	モラール	怠業	共通性	モラール	怠業	共通性	モラール	怠業	共通性
地位	0.80	0.01	0.63	0.83	0.02	0.55	0.73	−0.05	0.58
責任	0.78	−0.17	0.64	0.75	0.11	0.69	0.73	−0.12	0.55
昇進	0.53	0.08	0.29	0.73	−0.12	0.58	0.83	0.02	0.69
努力	0.50	0.08	0.25	0.70	0.05	0.50	0.71	0.05	0.50
喪失	0.26	0.77	0.67	0.09	0.73	0.55	−0.01	0.75	0.55
集中	0.06	0.76	0.59	−0.05	0.70	0.50	−0.05	0.73	0.50
忌避	−0.22	0.69	0.53	−0.04	0.75	0.56	−0.01	0.75	0.55
固有値	1.89	1.70		2.29	1.62		2.29	1.62	
分散%	27.06	24.35		32.78	23.17		32.78	23.17	

キー・ワード	質 問
地 位	一生懸命働いて、高い社会的地位を得たい。
責 任	もっと責任ある仕事をしたい。
昇 進	昇進したい。
努 力	同僚よりもよく働くようにしている。
喪 失	働く意欲を失っている。
集 中	仕事に集中できない。
忌 避	ときおり、働くのが嫌になることがある。

注）表3-4と同じ。

立の因子とした。回答の差は、ウィルコクソンの順位和検定で検定されている（表3-5)[8]。給与満足を独立因子としたのには、次の理由がある。給与満足にかかわる質問も職務態度を構成する項目に含めて因子分析をおこなったところ、全体では有意な独立の第3因子として検出された。ただし家具工場では独立の第3因子とされたものの、縫製工場では第1因子に吸収されている。また、給与は企業にとって操作性の高い変数のひとつであることから、労務管理の戦略

表3-7　離職意思　　　　　　　　　　　　　（単位：%）

	転職意志なし	将来は転職したい	直ぐにでも、転職したい	合　計
家具工場	83.0	13.4	3.6	100.0 (194)
縫製工場	51.8	42.1	6.1	100.0 (164)

注）ウィルコクソン検定 $Z=4.23$、$p<0.1\%$。かっこ内は人数。

表3-8　職務態度・職務行動得点の企業別平均値の差

	家具工場	縫製工場	t-値	有意確率
職務態度				
組織コミットメント	0.09 (0.95)	−0.10 (1.05)	1.78	$p<10.0\%$
馴化	0.12 (1.03)	−0.14 (0.94)	2.54	$p<2.5\%$
賃金満足度	1.25 (0.54)	2.41 (0.08)	16.32	$p<0.1\%$
職務行動				
モラール	−0.05 (0.92)	0.05 (1.08)	0.94	NS
怠業	−0.05 (1.07)	0.06 (0.91)	1.03	NS

注）賃金満足度のみ、大変満足＝4～大変不満＝1、の4肢法の得点。ほかはアンダーソン・ルービン法による因子得点。かっこ内は標準偏差。

としてどの程度の効力をもつかを検討する必要がある。そこで、給与満足を独立した職務態度とする[9]。

　職務行動にかかわる7つの質問への因子分析から、ふたつの因子が検出された（表3-6）。第1因子はモラール、第2因子は怠業と解釈される[10]。このうち怠業については直接的な質問から怠業を測定すると回答バイアスが発生するおそれがあることから、職務に対する気乗りのなさで捉えることにする[11]。以降の章でも、同様の方法が踏襲される。

　このふたつの意識は、序章のはじめに引用したヴェーバーの「……勤務時間の間は、どうすればできるだけ楽に、できるだけ働かないで、しかも普段と同じ賃金がとれるか、などということを絶えず考えたりする」ことと「あたかも労働が絶対的な自己目的――"Beruf"（天職）――であるかのように励む」という職務行動との対応をみせている。本書の他章でも、労働意欲は、モラールと怠業に分けられている。このことは、それぞれを決定する要因が異なること、したがって労務管理戦略も異なることを予想させている。本章では、このふた

つに離職意思（表3-7）を加えた3つの職務行動を検討する[12]。それぞれの企業における得点の平均値と標準偏差は、表3-8に示される。

職務態度には、ふたつの工場で有意な差が認められる。組織コミットメントと馴化の程度は、家具工場で高い。工場周辺に居住することから定着意思が高く、工場という環境にも順応できているとも考えられる。これに対して移動労働者が中心の縫製工では、組織コミットメントや馴化の程度は相対的に低くなっている。職務行動の水準には、ふたつの工場で有意な差はない。

4　職務行動関数

4.1　離　職

離職意思は、縫製工場で高くなっている（表3-7）。このことは、双方の工場における代替的就業機会の有無についての回答（表3-9）と対応している。縫製工が代替的就業機会に対して楽観的であるのは、実質賃金の上昇したタイで縫製業が衰退産業化したことと相俟って、EU から縫製品についての GSP が得られたことから、ヴエンチャン特別市を中心にタイ系の縫製工場が相次いで進出していることが背景にある。調査時点では、ヴエンチャン特別市を中心としてラオスには53の縫製工場があり、縫製工の代替的就業機会は比較的恵まれている[13]。すなわち、縫製工にはexitという選択肢が相対的に認められている。

図3-1に基づいた離職関数が、表3-10に示される。欧米の同様の研究では、組織コミットメントが離職の有力な説明変数とされているが、本章では、組織コミットメントは家具工場でのみ有意となっている。半定着労働者としての性質をもつ縫製工では、組織コミットメントの醸成が弱いことから効力をもちえていないと考えられる。むしろ離職を説明する共通の有力な因子は馴化であり、先進産業社会とは異なる結果となっている。工場に馴化できていないことが離職を誘発することは、不適応仮説を支持している。

縫製工場でのみ、代替的就業機会への楽観的認識が離職意思を高めている。

表3-9 代替的就業機会の存在について (単位：%)

	容易に探せる	なんとかなる	ほとんど無理	合　計
家具工場	2.1	41.8	56.2	100.0 (194)
縫製工場	13.4	48.8	37.8	100.0 (164)

注）ウィルコクソン検定 Z＝4.23、p＜0.1％。かっこ内は人数。
質問）現在と同じ労働条件の仕事を探すことは容易と思いますか？

表3-10 離職関数（標準化係数）

	全　体	家具工場	縫製工場
組織コミットメント	−0.17 (3.37) ***	−0.25 (3.35) ***	−0.12 (1.57)
馴　化	−0.23 (4.75) ***	−0.29 (3.35) ***	−0.23 (2.96) **
給与満足	−0.04 (0.60)	0.08 (1.25)	−0.11 (1.40)
代替的就業機会	−0.19 (3.69) ***	−0.02 (0.20)	−0.26 (3.47) ***
年　齢	−0.04 (0.80)	−0.01 (0.18)	−0.05 (0.68)
職　階	−0.06 (1.27)	−0.09 (1.22)	−0.07 (1.01)
勤続期間（月）	0.02 (0.37)	−0.17 (2.34) *	0.01 (0.12)
教育水準	−0.04 (0.90)	−0.05 (0.76)	−0.06 (0.77)
性別ダミー	0.01 (0.19)	0.07 (1.03)	−0.05 (0.60)
企業ダミー	0.21 (3.17) ***		
サンプル数	358	194	164
自由度調整済み R^2	0.22	0.15	0.17
F-値	11.32 ***	4.84 ***	4.78 ***

注）代替的就業機会：容易に探せる＝1〜ほとんど無理＝3。職階：監督者＝1、役職なし＝0。
教育水準：なし＝0、小卒＝1、中卒＝3、専門学校＝4。性別ダミー：男子＝0、女子＝1。企業ダミー：家具工場＝0、縫製工場＝1。かっこ内は t-値の絶対値。以下、同様。
*** p＜0.1％、** p＜1.0％、* p＜5.0％。

　これは縫製工場では他の縫製工場で代替的就業機会が提供されるのに対して、家具工場労働者の場合には男子労働者の代替的就業機会が期待できない現状と対応している。また給与不満が高い（表3-5）にもかかわらず、それは離職意思と関連していない。開発途上国の工場経営者の「少しでも高い賃金が提示されるとすぐに転職してしまう」という不満は確認できていない。

　ちなみに、本章で対象とする他のケース（次章や第9章のインドのIT技術者のケースは除く）では有意な離職関数が計測されることは稀である。これは、賃金が相対的に高くまた雇用保障が享受できる近代的工場での就業機会がきわめて限られている経済では（たとえば、第6章のインド、第8章のフィリピンそして第10章のヴェトナムのケースを参照）、労働者の就業資産性向が高くな

表 3-11　モラール関数（標準化係数）

	全体	家具工場	縫製工場
組織コミットメント	0.44 (9.23) ***	0.44 (7.23) ***	0.36 (4.62) ***
馴化	-0.12 (2.59) **	-0.13 (2.03) *	-0.07 (0.88)
給与満足	0.03 (0.44)	-0.04 (0.70)	0.13 (1.60)
年齢	0.03 (0.76)	0.14 (2.15) *	-0.05 (0.74)
職階	-0.07 (1.57)	-0.09 (1.35)	-0.10 (1.45)
勤続期間（月）	0.01 (0.04)	0.10 (1.63)	-0.02 (0.23)
教育水準	0.11 (2.29) *	0.14 (2.19) *	0.11 (1.49)
性別ダミー	-0.09 (1.75)	-0.13 (1.97) *	-0.08 (1.11)
企業ダミー	0.09 (1.41)		
サンプル数	358	194	164
自由度調整済み R^2	0.22	0.25	0.19
F-値	12.42 ***	9.09 ***	5.99 ***

注）かっこ内は t-値の絶対値。*** $p<0.1\%$、** $p<1.0\%$、* $p<5.0\%$。

表 3-12　怠業関数（標準化係数）

	全体	家具工場	縫製工場
組織コミットメント	-0.17 (3.72) ***	-0.19 (3.15)	-0.08 (1.22)
馴化	-0.49 (10.72) ***	-0.48 (7.68) ***	-0.34 (4.50) ***
給与満足	0.06 (0.97)	0.07 (1.30)	-0.06 (0.68)
年齢	-0.02 (0.41)	-0.03 (0.02)	0.03 (0.04)
職階	-0.03 (0.73)	-0.06 (0.87)	-0.07 (1.00)
勤続期間（月）	-0.01 (0.29)	0.11 (1.61)	-1.04 (1.04)
教育水準	0.00 (0.00)	0.04 (0.07)	-0.04 (0.58)
性別ダミー	-0.01 (0.12)	-0.02 (0.36)	0.13 (1.70)
企業ダミー	-0.06 (0.96)		
サンプル数	358	194	164
自由度調整済み R^2	0.25	0.27	0.17
F-値	14.65 ***	10.04 ***	5.22 ***

注）かっこ内は t-値の絶対値。*** $p<0.1\%$。

り、離職が現実的な選択肢とはならないためである。しかしラオスでは、そもそも深刻な過剰労働は存在していないのである。

4.2　モラールと怠業関数

　モラール関数（表 3-11）と怠業関数（表 3-12）に議論を移そう。モラールについては、職務コミットメントが最も有意な因子である。これは、先進産業

社会で確認されている事実と符合している。怠業については馴化が有力な因子となっており、組織不適応が反生産的な職務行動の原因となっている。給与満足は、モラールにも怠業にも関係していない。

ここで、職務行動についてモラールと怠業が独立の因子として検出されたことの意味が明らかとなる。すなわち、モラールには職務コミットメントを高揚し、また怠業の阻止には工場組織への馴化を促すという独立した労務管理戦略が必要となる。なお、ラオスという文脈での組織コミットメントの解釈については、仕事が「楽しい」ということとの関連で後述する。

馴化が有意に職務行動にかかわることはあっても、給与満足が職務行動に説明力をもたないことは、給与満足と馴化が労働者にとって独立の意識であること、すなわち就労規則や単調な作業への労働者の意識が組織心理学で概念化される職務満足としての性質を帯びておらず、むしろ本章で指摘する工場組織への馴化であることを示唆している。また、給与満足が職務行動に有意な影響を与えていないことは、労務管理戦略という観点からすれば、高い賃金率や業績主義的報酬システムが期待される効果を発揮しないといえる。この場合には、むしろ、馴化を促す経営努力が必要となる。また、組織コミットメントは、本書の他の章でも期待される職務行動を引き出すための重要な因子であるが、縫製工のように半定着的労働者の場合には、必ずしも充分な効力をみせていない。

Tilly and Tilly（1998）の誘因概念に従えば監督＝強制を軸とした労務管理がなされており、コミットメントを誘因として利用する段階には至っていない。さらにいえば、単純作業が中心であることから、コミットメントが誘因として必要とされる環境ではないといえる。

4.3　報酬システムと職務意識

これまでの行動関数では、金銭的な報酬システムを考慮してこなかった。すでに紹介したように対象とする工場では出来高給すら導入されておらず、また年功賃金もみられなかったためである。そこで、技術習得と報酬の関係に注目して、報酬システムが職務意識に与える可能性に簡単に触れておこう。

表 3-13 技術習得と昇進・昇給

この工場では、技術を習得すれば給与が高まる。[技術・昇給]　　　（単位：％）

	強く妥当する	妥当する	妥当しない	全く妥当しない	合　計
家具工場	46.4	48.5	4.6	0.5	100.0 (194)
縫製工場	48.2	43.3	7.9	0.0	100.0 (164)

注）ウィルコクソン検定 Z＝0.21。かっこ内は人数。

この工場では、技術を習得すれば昇進できる。[技術・昇進]　　　（単位：％）

	強く妥当する	妥当する	妥当しない	全く妥当しない	合　計
家具工場	29.4	58.8	10.8	1.0	100.0 (194)
縫製工場	43.9	39.0	13.4	2.7	100.0 (164)

注）ウィルコクソン検定 Z＝1.71、p＜8.8％。かっこ内は人数。

表 3-14 報酬システムの認識と職務態度（単相関係数）

	家具工場		縫製工場	
	技術・昇給	技術・昇進	技術・昇給	技術・昇進
組織コミットメント	0.32***	0.22**	0.46***	0.54***
馴化	−0.14	0.01	−0.14	−0.10
給与満足	0.21**	0.04	0.03	0.23***
モラール	0.47***	0.42***	0.37***	0.46***
怠業	0.01	0.04	−0.04	−0.07
離職意思	0.09	0.10	−0.01	−0.07

注）給与満足と離職意思は Spearman、ほかは Pearson。*** $p<0.1\%$、** $p<1.0\%$。

　技術習得が昇進や昇給に結びつくか否かという報酬システムについての質問を用意した（強く妥当する＝4〜全く妥当しない＝1）。総体的には、こうした報酬システムを労働者は受け入れている（表3-13）。報酬システムの認識と職務意識の単相関（表3-14）をみると、報酬システムの認識が組織コミットメントやモラールと強い関連を持つことがわかる。すなわち、労働に応じた報酬システムを受け入れる姿勢は表明しており、それによって組織コミットメントも高まりを見せる可能性もあろう。報酬システムの認識が職務態度に与える影響については他の章（特に第10章）で詳しく検討するので、ここでは相関の存在の指摘にとどめておく。

　本章で対象としたのは工場労働者の第一世代ではあるが、工場の提供する報酬システムには期待される方向に反応する素地はある。しかし怠業は、報酬シ

表3-15　仕事の楽しさとストレス

この工場で働くことは楽しい。　　　　　　　　　　　　　　　　（単位：％）

	強く妥当する	妥当する	妥当しない	全く妥当しない	合　計
家具工場	12.9	71.6	14.9	0.5	100.0 (194)
縫製工場	20.7	53.9	23.2	1.2	100.0 (164)

注）ウィルコクソン検定 Z =0.10。かっこ内は人数。

就業中にストレスを感じる。　　　　　　　　　　　　　　　　　（単位：％）

	強く妥当する	妥当する	妥当しない	全く妥当しない	合　計
家具工場	23.7	71.1	3.6	1.5	100.0 (194)
縫製工場	20.1	70.1	6.7	3.0	100.0 (164)

注）ウィルコクソン検定 Z =1.33。かっこ内は人数。

表3-16　働くことが楽しいとストレスの意味（単相関係数）

	楽しい		ストレス	
	家具工場	縫製工場	家具工場	縫製工場
この工場で働くことが楽しい	1.00	1.00	−0.12	0.13
就業中にストレスを感じる	−0.12	0.13	1.00	1.00
工場には友人が多くいる	0.38***	0.24**	0.19	−0.01
上司は面倒見が良い	0.33***	0.33***	−0.23***	−0.04

注）Spearman。*** $p<0.1\%$、** $p<1.0\%$。

ステムと有意な関連を示していない。他の章で扱うケースでは、報酬システムが怠業を抑止する関係（典型的には第10章）が検出されている。このことは、怠業が労働者の工場制度への不適応から生じていることの傍証となっている。

5　仕事の楽しさと馴化・組織コミットメント

　ラオスと近似する文化をもつタイでは、仕事が楽しい（サヌック）ことが仕事についての人々の重要な関心事であることが指摘されている。そこで、「楽しい」と「ストレス」の解釈から馴化と組織コミットメントのもつ意味を探っていこう。そこで、「工場で働くことは楽しい（サヌック）」と「就業中にストレスを感じる」というふたつの質問を用意した（表3-15）。
　仕事が楽しいとストレスについて、これまで検討した職務態度と職務行動お

表3-17 「楽しい」と「ストレス」と職務意識

		楽しい		ストレス	
		家具工場	縫製工場	家具工場	縫製工場
職務態度	組織コミットメント	0.42***	0.39***	−0.17*	0.05
	馴化	−0.04	0.09	−0.58***	−0.31***
	給与満足	−0.06	0.37**	−0.02	0.09
職務行動	離職意思	−0.13	0.02	0.26***	0.15
	モラール	0.37**	0.22**	−0.02	0.01
	怠業	−0.07	−0.13	0.41***	0.26***

注）離職意思は Spearman、ほかは Pearson。*** $p<0.1\%$、** $p<1.0\%$、* $p<5.0\%$。

よび工場における生活に関する追加的質問との相関係数が、表3-16に示される。仕事が楽しいことはストレスとは有意な相関はないものの、友人や上司との人間関係とには有意な正の関係が検出されている。第1章で紹介した、伝統的社会から近代的制度としての工場に入ってきた労働者にとって孤独が不安を掻き立てるという Hoselitz（1955）の言説をみてとることができよう。職務態度については、組織コミットメントやモラールと強い相関があり、また仕事が楽しいとモラールにも有意な相関がみられる。これは、組織コミットメントがモラールを有意に高めるという指摘と整合的である。すなわち、仕事が楽しいことが、組織コミットメントを媒介して、モラールを高めるという因果の連鎖を確認できる。

これに対してストレスは仕事が楽しいこととは相関をもたないが、怠業や馴化とは相関がみられる（表3-17）。馴化できていないことがストレスにつながり、そして怠業を深刻にするという連鎖が確認できよう。

このことから仕事が楽しいこととは、個人の職務に対する「楽しさ」ではなく、むしろ職場の対人関係において捉えられるべき概念といえる。ラオ語で「働く」は、タイ語との共通の語で tham（do）ngan（work）である。ngan には宴会・団体の意味があり、tham ngan を文字通り訳せば、宴会を催す、または団体をつくるとなる。表3-16の結果から、そうした農作業を背景にもつ語義との対応を読み取ることは可能であろう。また、仕事が楽しいことが組織コミットメントと強い相関のあることは、本章で捉えた組織コミットメントが

先進産業社会でそうであるような工場組織そのものに対するというよりは、そこで働く人々との関係において醸成される職務態度である可能性を示唆している。

組織コミットメントという概念は、労働者が工場組織のどこまでを認識して工場と

表3-18　離職とモラールおよび怠業との相関

		モラール	怠業
離職	家具工場	−0.08	0.17*
	縫製工場	−0.04	−0.04

注）* $p<5.0\%$ 。

いう意味世界を構築しているかに依存している。工場労働者の第一世代にとっての工場という意味世界が、人々に直接関係ある領域にとどまっている可能性を指摘した。事実、「工場には友人が多くいる」および「上司は面倒見が良い」と組織コミットメントとには0.1％水準で有意な正の関係がみられる。報酬システムの提示だけでなく、良好な人間関係の構築もまた組織コミットメントを高めるであろうことは、工場労働者の第一世代にかかわる労務管理で重視されるべきであろう。しかしそれは、冒頭に紹介した仕事中におしゃべりに夢中となるという無規律につながる危険も孕むことには留意しなくてはならない。なお、工場という意味世界を構成する要素については、第10章で再度触れる。

これに対して、馴化はストレスと強い負の相関を示している。しかし仕事が楽しいこととは相関がないことから、馴化は人間関係をともなわない工場の組織的特性に対する態度であるといえる。なお、馴化は勤続年数や年齢と有意な関係をもっておらず、馴化が短期的な事象ではないことがわかる。すなわち、馴化は工業化の初期段階における労働者の工場組織への職業社会化にまつわる心理的軋轢であり、先進産業社会における職務満足とは異なる性質をもつといえる。議論してきた構図が、図3-2にまとめられる。

なお、離職とモラールおよび怠業との相関（表3-18）については、家具工場でのみ離職と怠業に有意な正の相関が確認される。これは縫製工場では馴化できなかった労働者が同業他社へ転職する可能性が高いのに対して、代替的就業機会の望めない家具工場の労働者の場合、馴化できずに怠業の程度の高くなった者が離職することなく企業内に滞留するためと考えられる[14]。過剰労働が深刻となっている多くの開発途上国では、こうした家具工場で観察されるよう

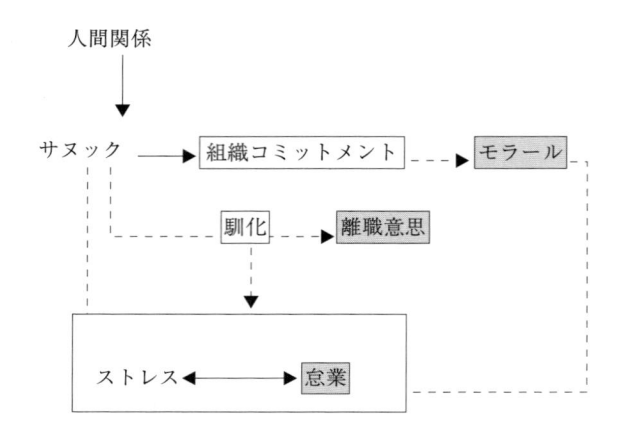

図3-2　サヌックとストレスの職務態度・行動の関係

注）職務態度、職務行動。矢印実践は有意な正の相関、矢印破線は負の相関。破線のみは無相関を示す。スクリーンは職務行動。

な関係が普遍に存在していると考えられる。

結　び

　大規模製造工場では、工場制度のもつ組織特性に馴化しているという意味で「規律ある」、そして工場の提供する労働誘因によく反応するという意味において「労働意欲のある」労働者が求められる。しかし工場労働者の第一世代にとっては、経験したことのない工場制度への馴化が深刻な問題をひき起こす可能性がある。

　本章では、先進産業社会で広く確認されるとは異なる関係が検出されている。注目すべきは、組織不適応がストレスにつながり、そして怠業を高め、また離職を誘発するという不適応仮説の妥当性が明らかにされたことである。ところで、ふたつの工場で職務態度の水準が異なっていた。それは移動労働者か否か、そして半定着型か否かという労働者の特性の違いによるものと思われる。それにもかかわらず、職務態度と職務行動との関係には同様のパターンが検出され

ている。このことは、本章で検出された因果関係が定着の程度とは関係の薄い、かなり普遍的なものであることを示唆している。

縫製工については代替的就業機会が比較的与えられている場合には組織不適応は離職（exit）につながりやすいが、それのない家具工場労働者の場合にはストレスが内向して怠業（neglect）をひき起こしやすくなる可能性がある。多くの開発途上国の労働者の場合には就業資産性向が強くなる傾向があり、家具工場で観察される問題が現われやすくなるであろう[15]。

組織コミットメントがモラールを高めるという関係が検出されたことは、先進産業社会で広く観察されている事実と符合している。しかし、組織コミットメントの背後にあるのは、職場に友人がおり、そして上司が面倒見の良いことから生まれる仕事が楽しいという感情であった。すなわち、先進産業社会を対象とした組織コミットメントは個人対（擬人化された）組織との関係をあらわしていたが、工業化の初期段階では個人とその周辺にいる仲間や上司との関係で捉えるべき性質をもつ概念である可能性がある。この検証は、残された課題となろう。

仲間や上司との良好な関係を保ちながら「規律ある」そして「労働意欲のある」労働者を創出する作業が、工業化の初期段階における経営者に求められることになる。工場設備の移転はターンキー・プロジェクトとしてなされるとしても、労務管理についてはそうはいかないのである。

注
1) 1975年の社会主義革命によりラオスは社会主義体制を目指そうとしたが、実態は社会主義には程遠い状況であったし、また市場経済も未発達なままにおかれた（大野・原・福井 2001）。
2) 日本の初期の就労規則にも、おしゃべりや歌を禁止する項目が見受けられる。たとえば、新町紡績所の就労規則第26条は「工場中談話笑唄を厳禁とす」としている（岡本・今津 1983：p. 188）。タイ北部の日系企業内における「おしゃべり」の社会的意味については、平井（2002）を参照されたい。
3) 同様の逸話は、カンボジアでも聞かれた（2001年採取）。国際的スポーツ衣類メーカーのOEM生産をするマレーシア系の縫製工場（従業員規模2600名）は、labor

code を遵守して労働条件を整えている。マレーシア人の工場長も「就労規則はどの世界でも同じであり、従業員も同じように就労規則に従った行動が求められるべきである。従業員に工場で求められる行動をイメージさせるのではなく、理解させなくてはならない」と力説する。こうした恵まれた労働条件（賃金も他の縫製工場よりは高い）にもかかわらず、1日当たりの離職者は70から80人（1月当たりではない）と異常に高い水準にある。工場長は、厳しい就労規則に耐えかねての離職であると認めており、ほぼ3カ月勤続すると落ち着いて定着するようになるともいう。

4) Hirschman は、もうひとつの反応として忠誠（loyalty）をあげている。その定義は、語感とはやや逸れて、不満はあるがそのうちなんとかなるであろうという姿勢とされる。そうした姿勢を労働者に求めるのも、労務管理としては問題があろう。

5) 調査時点で、ほぼ2450キップ＝1 US ドル（通貨危機の影響もあり大きく変動）である。なお、本章執筆の2005年時点では10500キップ＝1 US ドル前後である。

6) 近隣村では手機織りが盛んであるが、織子の日給もほぼこの水準にある（大野1998）。

7) たとえば、原（1985）や Ohno（1995）を参照されたい。

8) 標準正規分布 Z 統計量（絶対値）による近似であり、それに基づく有意水準（両側検定）も漸近有意確率である。以下、同様。

9) ここで給与満足が馴化概念に含まれなかったことに留意しておきたい。もし馴化概念が先進産業社会で把握されている外発的職務満足（定義は次章参照）ならば、給与満足は規則や単調といった項目と同じ概念に包摂されるはずである。そうでないことは、馴化が職務満足とは独立の職務意識を捉えたものと考えられる。

10) モラールと怠業が独立であるという事実は、直感的には理解しにくいかもしれない。しかしたとえば、職務遂行に対して高いモラールをもつ人々が、その所属する組織が退廃的であるときに怠業行動をとることは充分にありうるであろう。モラールと怠業を別の概念として考察する必要があることについては、Clark（1994）および Pollard（1963）を参照されたい。

11) これに近い質問で労働努力を捉えた研究としては、Fairris and Alston（1994）を参照されたい。

12) 職務行動のそのものの計測は困難である。本書でいう職務行動は、行動への意思（behavioral intentions）である。

13) 2004年末をもって多国籍繊維協定（MFA）は失効したことにより、縫製業は自由競争の時代に入った。港をもたない、そして賃金水準が必ずしも安くはないラ

オスにとって縫製業の維持は困難となりつつあり、縫製工場の撤退が始まっている。
14) 同様の指摘については、大野（1998）を参照されたい。
15) 良好な代替的就業機会が欠如しているとき、労働者が発言や退職ではなく怠業を選択するという実証研究については Rusbult et al.（1988）がある。

第4章　組織不適応と産業の高度化：タイ北部の経験から

はじめに

　1990年代に入ると、タイ北部にも本格的な工業化の波が到来し始めた。本章では、工場制度の導入が始まったばかりのタイ北部の工場労働者を対象として、工場労働者の組織不適応が職務行動に与える影響を検討する。調査は、1994年になされた。
　この章は、次のふたつの点で前章と異なるアプローチをとっている。ひとつは、外発的（extrinsic）と内発的（intrinsic）というふたつの職務満足の概念を考慮したことである。内発的職務満足とは自己実現など高度の欲求にかかわる満足であり、外発的職務満足とは外生的に与えられた労働環境に対する満足である。労働環境は工場制度の特性を含むものであることから、前章で議論したように、その設定によっては外発的職務満足は工場制度への馴化を捉えることにもなる。そこで本章では、外発的職務満足についての質問項目として馴化にかかわる質問を用意している。また内発的職務満足は組織コミットメントと近似する概念として対比されるが、組織コミットメントが労働者の企業組織に対する長期的な関係にかかわる職務意識であるのに対して、内発的職務満足は様々な職務の側面に対する短期的な職務意識である。工場労働者の第一世代を動機づけるために企業がどのような誘因戦略をとるかを検討するうえで、内発的職務満足と組織コミットメントが労働者に与える影響の検討は有益な情報を与えてくれることになろう。また、外発的と内発的職務満足の検討は、プロローグの職務意識の転換をもたらす要因のところで触れた職業価値の転換にかかわ

ってくる。本章では転換そのものは議論しないが、高次の欲求が職務行動に影響するか否の検証がなされる。

ふたつめの特徴として、第3章で対象としたのが半熟練労働者を雇用する産業であったのに対して、本章では熟練労働者を雇用する電子部品産業も対象に加えている。これによって、産業構造が高度化するなかで職務意識や労務管理戦略が変化する可能性を検討することができる。ここでの議論は、第Ⅲ部へと続くことになる。

1 調査対象

対象地域となるチェンマイ盆地の工業化の歴史は浅い。食品関連の工場が多少あったほかは、1980年代前半までは大規模工場はほとんど存在しなかった[1]。しかしバンコクが様々な意味で飽和した1980年代後半になると、バンコクから工場の移転が始まった。1980年代の半ばにはチェンマイ市から27kmの農村地帯に北部地域（ランプーン）工業団地が造成されたが、そこに工場（大半が日系を中心とする外資系企業）が本格的に進出し始めたのは1990年代に入ってからである。調査がなされた1994年当時では、調査対象とした労働者のほぼ全員が農村を出自とする工場労働者の第一世代であった。自宅通勤者が多く、オートバイか乗り合いの小型バスで通勤してくる。この意味で、工場労働者の形成が始まったばかりのタイ北部は、組織不適応を探るために適した地域といえる。

調査の対象としたのは組織不適応が最も典型的に表出すると考えられる製造工程従事者であり、農村立地の食品工場（2社）とチェンマイ市およびラムパン市にある縫製企業（2社）からそれぞれ150名、そして北部地域工業団地にある日系電子部品工場から130名、計430名が選び出された。聞き取りは、昼休みの工場敷地内で、同様の調査経験をもつチェンマイ大学の学生によってなされた。

食品と縫製工場では半熟練労働者が中心となるが、電子部品工場では細かい作業や品質管理が重要となるという点で熟練労働者が求められる。このふたつ

の群で職務意識がどのように異なっているかは、われわれの関心のひとつである。さらに対比を目的として、電子部品工場の事務職31名にも聞き取りがなされた。ただしサンプル数が充分ではないので、事務職についての結論は参考にとどめるべきものである。以下、それぞれの労働者群を、食品労働者・縫製労働者そして電子工場労働者（電子労働者と電子事務職）と呼称する。なお、対象とした工場の従業員規模はいずれも300名以上であり、電子部品工場は1000人強である。

　本章で対象とするような労働集約的産業に供給される労働力、特に製造工程の半熟練労働力の大半はタイでは女子であり、男子は機械工に集中している[2]。われわれの対象とした工場の製造工程従事者にも男子労働者はほとんど見当たらないことから、対象を女子労働者に限定した。彼女たちの大半は農村を出自とする20代から30代の若年層であり、対象者の平均年齢は食品労働者が27.6歳（7.04）、縫製労働者26.3歳（7.24）そして電子工場労働者が21.4歳（2.70）である（かっこ内は標準偏差）。学歴は、食品と縫製労働者のそれぞれ83％と64％が小学校卒業のみであるが、電子工場労働者では小学校卒業は14％でしかなく高卒または職業専門学校卒という高学歴者が中心となる。

2　分析枠組み

2.1　工業化の初期段階で特異な環境

　本章の分析の構図が、図4-1に示される。工場労働の第一世代の職務意識に固有の影響を及ぼす要因としては、ひとつは前章で検討した組織不適応がある。これに加えて、本章では、労働報酬システムのあり方に注目する。それぞれについて、追加的な説明を簡単に加えておこう。

　工場労働者の第一世代についての組織不適応は、別の観点からすれば、伝統社会の職場環境への憧憬とも捉えることができよう。それはときとして、農村工業などの伝統的職場への回帰的な離職につながることもある。この種の離職

図4-1　分析の構図

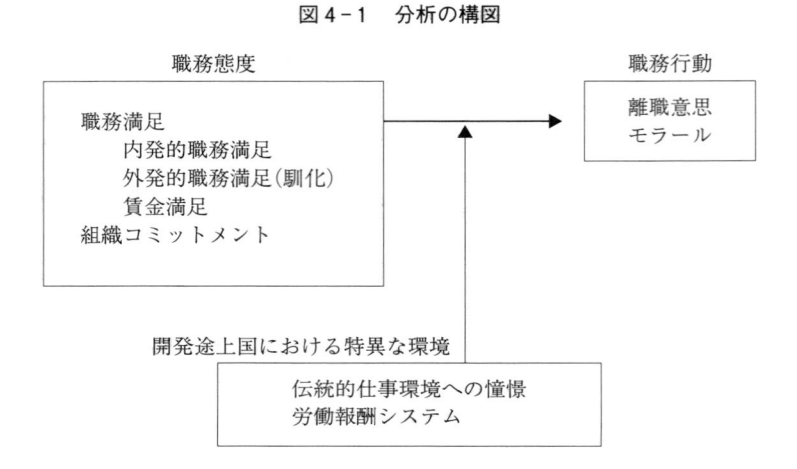

```
        職務態度                              職務行動
┌─────────────────────────┐          ┌──────────────┐
│ 職務満足                  │ ────────→│ 離職意思      │
│   内発的職務満足           │          │ モラール      │
│   外発的職務満足（馴化）    │          └──────────────┘
│   賃金満足                │               ↑
│ 組織コミットメント         │               │
└─────────────────────────┘               │
                                           │
    開発途上国における特異な環境              │
    ┌────────────────────────┐            │
    │ 伝統的仕事環境への憧憬    │────────────┘
    │ 労働報酬システム         │
    └────────────────────────┘
```

を「撤退」と称して、より良い労働条件を求めての工場間の「転職」と区別する。

　昇進や年功的昇給といった長期の労働報酬は、主として内部労働市場のシステムに組み込まれている。しかし、経済発展の初期段階では内部労働市場が充分に形成されていないことから、長期よりも短期の報酬システムが用いられる傾向がある[3]。事実、今回の対象でも、昇進と緩やかな年功賃金が存在している電子部品工場を別にすれば、内部労働市場を構成するような報酬システムは観察されなかった。この点は、前章のラオスの事情と類似している。

2.2　職務満足

　行動科学では、職務満足が職務行動の有効な説明要因となるとして多くの実証研究がなされてきた。しかし、有意な関係が多くは検出できなかったことから、組織コミットメントの研究が続くようになった[4]。序章で触れた「個人と仕事の関係」から「個人と組織の関係」へのパラダイム・シフトである。ただし、シフトの理由については、行動科学は議論していない。

　職務満足と組織コミットメントは、ともに労働者の期待と報酬との適合の程

度に依存している。ただし、職務満足が職務や仕事場の具体的な側面についての受動的かつ短期的な反応であるのに対して、組織コミットメントは所属する組織に対する能動的で長期的な反応である (Mitchell and Larson 1987)。組織コミットメントについては本書のはじめに触れたので、ここでは職務満足について紹介しておこう。

職務満足の理論は多様であり、その詳細な説明は本書の意図から逸れてしまう。そこで、職務行動との関係に議論を限定しよう。職務満足の理論には、その内容がかなり重複する二分法が用いられている。古典的な職務満足理論である Herzberg (1966) の二要因理論は、職務に対する態度として衛生要因（不満足要因）と動機づけ要因（満足要因）を考える。前者は会社の経営や管理・地位・給与・上役との対人関係・作業環境という職務の側面についてであり、これらが充足されないと職務不満を生起させるが、充足されたからといっても刹那的な満足にとどまり満足感が永続しない。従来の経済学は、衛生要因を構成する側面は金銭的報酬に還元可能と想定して、金銭的報酬のみを誘因とする傾向がある。この意味では、衛生要因は経済学の想定する誘因（＝報酬）に近いといえる。これに対して、動機づけ要因は昇進・承認・達成・責任・仕事そのものへの満足であり、その充足は永続的な満足をもたらして動機づけに長期的な効力をもつ。Deci (1975) による外発的と内発的職務満足の概念も、二要因理論に相当する二分法である。本書では、Deci の用語を使うことにする。

こうした議論を考慮して、本章では職務満足の下位概念として、外発的と内発的職務満足そして賃金満足という3つを考える。外発的職務満足は、監督下での労働・就労規則や規律の遵守そして他律的に決められた作業速度に従った長時間の単純作業などについての生理学的快・不快をあらわす。前章で議論したように、仕事の外発的側面は工場制度に特有な労働形態と不可分であることから、工業化の初期段階においては組織不適応を反映する馴化因子となる可能性がある。次に、内発的職務満足は、仕事を通じての自己実現・承認・達成そして挑戦にかかわる充実の程度をあらわしている。賃金満足は外生的要因に含まれるものであるが、経済学では賃金を最も有力な動機づけの手段＝誘因（本

書でいう報酬）としていることから、独立の因子として扱う。

　職務行動については、離職意思とモラールを検討する。離職意思とモラールの関係は、代替的就業機会の有無の程度によって一意には定まらない[5]。たとえば、就業資産性向が強くなる傾向のある開発途上国ではモラールの強弱にかかわらず人々は生存のために現在の職場にとどまろうとする傾向がある（就業資産仮説）。これは、モラールの低い労働者が企業内にとどまることになり、組織効率に好ましくない影響を与えることにもなる。

3　仮　説

3.1　離　職

　労働者の離職を説明する研究は、多くなされてきた。先進産業社会を対象とする幾つかの実証研究は、内発的職務不満が離職の説明変数となることを明らかにしている（Lucas et al. 1987）。高度の欲求（内発的欲求）の未充足が離職を誘発するという、離職についての「不調和仮説」である。Maslowの欲求階層理論に従えば、先進産業社会では低次の（外発的）欲求はほぼ充足され、さらに工場制度の普及によって組織不適応も大きな問題とはならないことから、高次の欲求である内発的欲求の充足が重要となる。したがって、内発的欲求の未充足が転職型の離職につながるという論理である。

　ところで近年の組織心理学の研究は、先進産業社会では、職務満足よりも組織コミットメントのほうが離職の説明因子となることを明らかにしている（離職についての「組織コミットメント仮説」）[6]。しかし、組織コミットメントが所属する組織との長期的関係において醸成される職務態度であることから、長期的な報酬システムを制度化した内部労働市場が確立されていない開発途上国の工場では、組織コミットメントは充分には効力をもたないと考えられる。本書の結論を先取りしていえば、組織コミットメントが必要となるのは報酬や監督＝強制が充分な誘因とはなりにくい裁量的作業が求められる場合である。経

済発展の初期段階に出現する工場では、裁量的作業が軸となる産業は多くない。したがって、内部労働市場が確立されていないという表現は、組織コミットメントが誘因として必要となる段階に至っていないことを含意することになる。

　工業化の初期段階という文脈からすれば、第1章で議論したように、規律や監督という近代的工場のもつ外発的特性は、組織不適応の原因ともなる。その結果、撤退型の離職を誘発するという以下の不適応仮説が導かれる。工業化の初期段階という本章の対象については、不適応仮説が妥当すると想定され、他の仮説は帰無仮説として扱われる。

　仮説1：工業化の初期段階では、人々が工場組織に充分には馴化しきれていないことから、組織不適応が撤退型の離職を誘発する。したがって、工場の組織特性としての外発的側面に対する不満、すなわち外発的職務不満が離職の説明変数となる。

　ただし、代替的就業機会が限られるために就業資産性向が高くなる状況では、離職が現実的な選択肢とはならないことも考えられる。そのときには、外発的職務不満（組織不適応）があったとしても離職との直截的関係は弱められる。しかしそれは、労働者の職務ストレスを高めることにもなる。したがって、内発的欲求ではなく、外発的欲求の未充足が職務ストレスをひき起こすことになろう。この関係の検出は、仮説1を傍証することになる。

3.2　モラール

　先進産業社会における研究では内発的報酬が良好な職務パフォーマンスの評価・報酬と結びついていることから、内発的職務満足がモラールを高めるとされてきた。これをモラールについての「内発的職務満足仮説」と呼ぼう。しかし、ここでも近年の先進産業社会を対象とした実証研究で、組織コミットメントの効力がより優勢であることが指摘されつつある。モラールについての「組織コミットメント仮説」である。

離職についても触れたように、内部労働市場が未発達であることから出来高給に代表される短期の報酬システムが採用される開発途上国の工場では、組織コミットメントよりも内発的職務満足がモラールの説明変数となるという内発的職務満足仮説が妥当すると考えられる。

仮説2：工業化の初期段階では内部労働市場が充分には形成されておらず、短期的な報酬システムが提示される。したがって、長期的報酬への反応としての組織コミットメントではなく、短期的な反応としての内発的職務満足がモラールを高める。

4　職務意識の計測

4.1　職務態度

職務満足については先行研究で採用されている質問から9項目を選択して、現状がどの程度あてはまるかの回答を求めた[7]。外発的と内発的職務満足は、それぞれ4つの質問項目から計測される（表4-1）。外発的職務満足は馴化得点とするためにすべて逆転項目として、「強く妥当する (i.e. 大変不満)」＝1〜「全く妥当しない (i.e. 大変満足)」＝4までの4肢のリッカート・スケールとする。また、内発的職務満足については「強く妥当する」が強い満足をあらわすとして得点4とし、「全く妥当しない」は強い不満として得点1というリッカート・スケールとする。そして、その総和として内発的と外発的職務満足得点（レンジは、それぞれ4〜16）が求められる。

組織コミットメントは、情緒的コミットメントについての5つの質問項目（全く当てはまらない＝1〜強く当てはまる＝4）で計測する。職務満足得点と同じ手続きで、組織コミットメント得点が求められる（レンジは5〜20）。賃金満足得点は「あなたの働きに対する現在の賃金水準は適切か」という単一の質問から、リッカート型の4点法で評価される（大変適切＝4〜全く不適切

表 4-1　職務意識の質問項目

外発的職務満足（馴化因子）
　　就労規則に違和感がある。
　　就業中に疲労を感じる。
　　仕事が単調だ。
　　上司が厳格すぎる。

内発的職務満足
　　自分の能力を高める機会がある。
　　昇進の可能性がある。
　　仕事に対する監督の正当な評価がある。
　　技能を高める機会がある。

組織コミットメント
　　工場の将来が気にかかる。
　　この工場で働いていることを誇りに思う。
　　この工場で働くためには、どのような仕事も引き受ける。
　　この工場に忠誠心を感じる。
　　この会社が発展することは、自分にとって嬉しいことである。

= 1）。職務ストレスは、「仕事中にストレスを感じることがあるか（全く感じない= 1～強く感じる= 4）」という質問で計測される。

4.2　職務行動

　本章では、離職意思とモラールのふたつの職務行動を扱う。離職意思について、次の4つのカテゴリーから回答者の心情に最も近いステートメントを選択するという質問を用意した。(a)いま真剣に離職を考えている［= 4］、(b)他の仕事を探しているわけではないが、将来は離職を考えている［= 3］、(c)今のところ離職は考えていない［= 2］、(d)将来にも、この工場を辞めることはありえない［= 1］。高い得点ほど、強い離職意思をあらわしている。

　労働意欲それ自体の直接的計測は困難であることから、特定のパフォーマンスに対する行動の意思（behavioral intention）としてのモラールを検討する。われわれは、労働意欲を、報酬システムや仕事に関連する生活のあり方に対する積極的態度の表明とやや広義に捉えて、次の4つの質問で把握する。(a)同僚よりも、よりよく働こうとしている［競争意識］、(b)昇進したい［キャリア］、

表4-2 職務態度・職務行動尺度の平均値と標準偏差

	食品労働者	縫製労働者	電子労働者	電子事務職	平　均
外発的職務満足	11.89 (1.94)	11.77 (2.05)	10.93 (1.65)	11.58 (2.53)	11.56 (2.41)
内発的職務満足	12.31 (2.50)	12.59 (1.97)	11.16 (2.41)	11.68 (2.95)	12.04 (1.98)
賃金満足	2.85 (0.99)	2.56 (1.03)	2.69 (1.02)	2.71 (0.74)	2.70 (1.00)
組織コミットメント	16.29 (2.29)	15.38 (2.40)	14.30 (2.13)	13.94 (2.25)	15.28 (2.43)
職務ストレス	0.34 (0.48)	0.37 (0.49)	0.51 (0.52)	0.48 (0.51)	0.41 (0.49)
離職意思	1.87 (0.96)	3.15 (0.67)	2.52 (0.88)	2.42 (0.93)	2.26 (0.95)
競争	2.67 (0.97)	2.87 (0.88)	2.73 (0.64)	2.42 (0.89)	2.75 (0.86)
キャリア	2.45 (1.25)	1.87 (1.05)	2.31 (1.03)	2.81 (1.58)	2.24 (1.18)
地位志向	2.47 (1.16)	2.45 (1.16)	3.13 (0.85)	1.87 (0.99)	2.34 (1.12)
参加	2.79 (0.95)	2.81 (0.87)	2.73 (0.66)	3.13 (0.85)	2.80 (0.85)

注) かっこ内は標準偏差。

(c) 一生懸命働いて、良い社会的地位を得たい［地位志向］、(d) 仕事に関する意思決定に参加したい［参加］。かっこ内はキー・ワードである。以上の職務態度と職務行動のグループ別の平均が、表4-2に示される。

また労働者の属性として、学歴・婚姻そして育児が個人属性として変数化される。学歴は、小学校または中学校卒業を低学歴（＝0）、高等学校・専門学校そして大学卒業を高学歴（＝1）として学歴ダミー変数（ED）とする。既婚（＝1）と離婚を含む独身（＝0）を婚姻ダミー（MD）、また5歳以下の幼児がいない場合（＝0）いる場合（＝1）で育児ダミー（CD）とする。特に婚姻ダミーと育児ダミーは、女性の家庭内での役割が職務行動に及ぼす影響を検討することになる。

5　議　論

5.1　職務態度と離職意思

離職意思が表4-3に示される。離職意思の強度は代替的就業機会の有無や労働条件にも影響されると考えられることから、グループごとに離職関数を求めよう（表4-4)[8]。

表4-3　離職意思　(%)

	離職するつもりで職を探している	将来は離職予定	近い将来では離職は考えていない	離職はありえない	計
食品労働者	6.0	22.0	24.7	47.3	100.0 (150)
縫製労働者	8.0	40.7	33.3	18.0	100.0 (150)
電子労働者	10.8	49.2	25.4	14.6	100.0 (130)
電子事務職	9.7	25.8	41.9	22.6	100.0 (31)

注）かっこ内は人数。

表4-4　離職関数

	食品労働者	縫製労働者	電子労働者	電子事務職
内発的職務満足	-0.09 (0.99)	-0.03 (0.35)	0.06 (0.66)	0.21 (1.23)
外発的職務満足	-0.29 (3.59) ***	-0.26 (3.34) **	-0.18 (2.12) *	-0.54 (3.22) *
賃金満足	-0.08 (0.93)	-0.08 (1.09)	0.14 (1.62)	-0.30 (1.61)
組織コミットメント	0.11 (1.24)	-0.14 (1.57)	-0.24 (2.49) *	0.07 (0.35)
勤続年数	0.02 (0.25)	-0.01 (0.18)	0.06 (0.65)	0.22 (1.01)
学歴ダミー	0.13 (1.63)	0.23 (3.07) **	0.17 (1.91)	0.00 (0.01)
婚姻ダミー	-0.16 (2.01) *	-0.14 (1.78)	0.06 (0.70)	-0.21 (1.01)
幼児ダミー	0.02 (0.29)	-0.13 (1.70)	―	0.08 (0.40)
自由度調整済みR^2	0.15	0.22	0.16	0.50
F-値	3.12 **	4.94 ***	3.31 **	2.80 *

全体の離職関数 (N = 461)

離職意思 = − 0.01 JSI − 0.24 JSE*** − 0.02 PYS − 0.08 OC − 0.01 LS + 0.09 ED
　　　　　　(0.17)　　　(5.47)　　　(0.45)　　　(1.64)　　　(0.21)　　　(1.94)

　　　　　− 0.13 MD** − 0.04 CD − 0.08 D1 + 0.13 D2* + 0.01 D3
　　　　　　(2.64)　　　(0.92)　　　(1.01)　　　(2.01)　　　(0.33)

$R^2 = 0.17$　F-値 = 8.91 ***

注）IJS：内発的職務満足、EJS：外発的職務満足、PYS：賃金満足、OC：組織コミットメント、LS：勤続年数（月）、ED、MD、CD は、それぞれ教育・婚姻・育児ダミー。D1（食品労働者＝1、ほか＝0）、D2（縫製労働者＝1、ほか＝0）、D3（電子労働者＝1、ほか＝0）は産業ダミー。かっこ内はt-値の絶対値。*** p<0.1%、** p<1.0%、* p<5.0%。

　組織コミットメントや内発的職務満足が離職意思を説明するとする先進産業社会を対象とした研究結果とは異なり、われわれの対象では、すべてのグループについて外発的職務満足が有意な変数となっていることから、不適応仮説が支持される。しかし電子労働者では、先進産業社会で広く確認されているように組織コミットメントも有意な変数となっている。縫製や食品工場ではほとん

表 4-5　転職希望職種　　　　　（単位：％）

	食品労働者	縫製労働者	電子労働者	電子事務職
商人・小売業	37.3	32.8	44.1	41.9
仕立屋	14.3	14.7	24.4	3.2
公務員	9.8	2.6	1.6	25.8
自営業	7.6	3.4	3.9	12.9
農業	5.9	12.9	2.4	3.2
工場労働者	5.0	0.6	3.9	3.2
賃金労働者	4.5	6.9	5.5	0.0
その他	15.6	18.1	14.5	9.6
計	100.0 (150)	100.0 (150)	100.0 (130)	100.0 (31)

注）オープン・エンドの質問であったため、分類に問題が残る。すなわち、商人・露天商や仕立屋は自営業に含まれる性質の職種である。かっこ内は人数。

ど内部労働市場が形成されていないのに対して、電子工場では昇進などを含む内部労働市場が若干ではあれ形成されていることがひとつの理由あろう。工業化の進展によって産業構造が高度化すると、組織コミットメントが職務行動を説明する有力な職務態度となってくる可能性がある。このことは、本書の第Ⅲ部で議論されることになる。

　賃金水準への不満も、符号は期待される方向にあるものの有意ではない。通常の労働条件という観点からいえば安定した雇用と所得が確保されている大規模工場は、この地域の現状からすれば相当に恵まれた就業の場であろう。それにもかかわらず外発的職務満足が離職を誘発するとすれば、それは組織不適応による撤退型の離職と解釈されよう。

　勤続年数は有意な変数となっていない。勤続年数は内発的職務満足、組織コミットメントそして4つのモラールの幾つかとは有意な正の相関をみせている（データは割愛）。しかし、外発的職務満足とは有意な相関はない。外発的職務不満を抱く労働者が離職しているにもかかわらず、勤続年数と外発的職務満足は相関をみせていない。このことは、外発的不満が1世代といった短いスパンで解消されることのない組織不適応を反映していることの証左ともみなせよう。

　表4-5は「もし転職するとすれば、次はどのような職に就きたいか」という質問への回答を整理したものである。商人・小売業そして仕立屋といった自

表4-6　ストレス関数

ストレス＝－0.34 EJS*** ＋ 0.04 IJS － 0.06 PYS － 0.11 OC* ＋ 0.06 LS
　　　　　(7.81)　　　　(0.89)　　(0.06)　　　(2.15)　　　(1.14)

　　－0.01 D1 ＋ 0.15 D2 ＋ 0.160 D3 ＋ 0.02 ED － 0.04 MD ＋ 0.19 CD
　　　(0.20)　　　(0.23)　　　(0.55)　　　(0.38)　　　(0.86)　　　(0.33)

$R^2 = 0.17$、F-値＝9.32***

注) *** $p<0.1\%$、* $p<5.0\%$。かっこ内はt-値の絶対値。

営業への選好が強く、工場労働を望む比率は僅かである。一般には工場の労働条件のほうが恵まれていることを考え併せれば、今回の対象については、就業資産仮説は妥当していないといえる。南アジアなどと比較して、タイ北部では過剰労働にともなう貧困がそれほど深刻ではないことが背景としてあろう。この伝統的職種への回帰性向は組織不適応を反映した工場組織への忌避の一端、すなわち撤退型離職の状況証拠といえよう。

　比較的高い教育水準にある電子部品労働者、さらには電子事務職についても、外発的職務満足が離職の説明変数となっており、学歴や職階にかかわりなく組織不適応が離職を誘発している。ただし、電子事務職については公務員志向が強くみられることから、異なるタイプの離職が存在している。公務員志向はタイにおける伝統的な職業選好であり、工場労働者のなかにも夜学に通って公務員を目指す者もいる[9]。

　ストレス関数（表4-6）からも、外発的職務満足がストレス因子であることがわかる。このことも、工場労働者の第一世代に特徴的なことといえよう。ところで縫製労働者と電子事務職では職務ストレスは離職意思と有意な正の相関（0.28、$p<5.0\%$と0.32、$p<0.1\%$）があるのに対して、食品と電子労働者では有意な相関は認められない。これは、前者については工業ミシンの熟練工および高学歴の事務職として同様の職種での代替的就業機会が比較的多く提供されているが、それがない後者では就業資産性向が強まってストレスと離職との直截的関連を弱めているといえる。高い職務ストレスをもつ労働者が滞留することは、前章で明らかにしたように、怠業へと帰結する可能性がある。

　婚姻・育児ダミーは職務行動に有意な影響を与えておらず、ストレスの程度

表4-7　女子のライフ・サイクルへの選好　　(単位：％)

	a）専業主婦	b）結婚退職	c）再就職	d）就業継続	計
食品労働者	3.3	9.3	26.7	60.0	100.0 (150)
縫製労働者	4.0	9.3	24.0	62.7	100.0 (150)
電子労働者	0.0	26.1	10.0	63.9	100.0 (130)
電子事務職	3.2	6.5	16.1	74.2	100.0 (31)
平　均	2.6	13.9	20.4	62.9	100.0 (461)

注）かっこ内は人数。
　　質問：働く女性について、次のステートメントのうちあなたの意見に最も近いのはどれですか。かっこ内は人数。
　　a）女性は家事だけに専念するのがよい。
　　b）結婚か出産までは家庭の外で働いて、その後は家庭にとどまるのがよい。
　　c）出産後は仕事をやめて、子供に手がかからなくなった後に再び外で働くのがよい。
　　d）女性も、結婚・出産にかかわらず外での仕事を続けるのがよい。

にも関連していない（電子労働者は若年であり、幼児はいない）。家事関連ダミーが職務行動に影響しないことは、タイの高い女子労働力率を実現させていると考えられる女性の社会進出を阻害しない社会構造の存在を示唆している[10]。たとえば、全サンプルの11.0％（52名）が5歳以下の幼児を抱えているが、就業時の子供の世話については、53.8％が両親そして38.4％が村にある保育園・幼稚園に預けている。工場団地ができて後、その周辺には民間の保育施設が多く開設されている。教育と職階についても、高学歴の縫製労働者が高い離職意思をあらわしているほかは、有意な効果は観察されていない[11]。ただし、集計した関数においては、未婚女性のほうが高い離職意思を表明している。

以上のことから、離職については、組織不適応による退避型が中心である（仮説1）と結論づけられる。結婚・出産が離職の契機となることを否定するものではないが、対象とした労働者の半数以上が既婚者であり、また一般に結婚後も就業を継続するタイ女性のライフスタイルが確認（表4-7）されるにもかかわらず、人々が退避型の離職意思を示しているところに本章の問題意識がある。

5.2　職務態度とモラール

表4-8に、モラール関数が示されている。グループ別には有意な差が認め

表 4-8　モラール関数

	競争	キャリア	地位志向	参加
内発的職務満足	0.17 (3.34) ***	0.35 (7.57) ***	0.14 (2.97) **	0.31 (6.48) ***
外発的職務満足	0.01 (0.15)	−0.07 (0.78)	−0.11 (2.60)	−0.06 (1.49)
賃金満足	−0.03 (0.64)	−0.09 (2.06) *	0.05 (1.13)	−0.07 (1.66)
組織コミットメント	0.09 (1.79)	0.02 (0.02)	0.31 (6.15) ***	0.06 (1.07)
勤続年数	0.05 (0.89)	−0.07 (0.78)	0.04 (0.73)	0.09 (1.76)
学歴ダミー	0.00 (0.09)	−0.02 (0.29)	−0.04 (0.79)	0.02 (0.46)
婚姻ダミー	0.09 (1.88)	−0.04 (1.09)	0.04 (0.79)	0.10 (2.02) *
幼児ダミー	0.08 (1.84)	−0.05 (1.83)	0.07 (1.64)	−0.10 (1.99)
D1	−0.06 (0.65)	−0.18 (1.83)	−0.06 (0.88)	−0.06 (1.49)
D2	0.12 (1.72)	−0.40 (4.91) ***	0.03 (0.43)	−0.25 (2.61) *
D3	−0.04 (0.59)	−0.09 (1.51)	0.02 (0.43)	−0.18 (2.18) *
自由度調整済み R^2	0.09	0.18	0.18	0.13
F-値	4.61 ***	9.88 ***	9.77 ***	6.88 ***

注) *** $p<0.1\%$、** $p<1.0\%$、* $p<5.0\%$。かっこ内は t-値の絶対値。

られなかったことから集計した関数だけが提示されている。

　内発的職務満足が、すべてのモラールの有意な要因となっている。また、地位志向を除いて、組織コミットメントはモラールの有効な説明変数となっていない。組織コミットメントではなく内発的職務満足が有意となっていることは、先進産業社会で広く確認されている結果とは異なっている。内部労働市場が充分には形成されていない段階では、組織コミットメントの高揚を図るのではなく、短期的な報酬を通じて労働者の内発的職務満足に働きかける戦略が有効であると解釈できよう。このことは、タイに進出した日系企業が、初期には本社と同様な年功賃金制度や昇進制度といった長期的報酬システムを採用していたものの、労働者がそれに反応しないことから短期的報酬に切り替えている事実と整合的である。

　この結果から、工業化の初期段階では、労働者は組織コミットメントよりも短期的な報酬である内発的職務満足によってモラールを高めているといえる（仮説2）。

結　び

　本章で明らかとなった主要な帰結が、以下にまとめられる。

　第1に、先進産業社会を対象とした研究では内発的職務満足や組織コミットメントが離職の説明変数とされているのに対して、今回の対象については外発的職務満足（馴化因子）が有意な変数として検出された。伝統的職業への憧憬や外発的職業価値の重視という労働者の意識を併せて考察するとき、離職が好条件を提示する近代的工場への転職ではなく、伝統的職業環境への回帰である撤退型となるという不適応仮説が支持される。このことは、定着した労働力を確保するためには工場の外発的側面、しかもそれは外発的労働環境の整備・改善ではなく、工場の組織的特性に労働者を馴化させる必要があることを意味している。また、外発的職務不満は職務ストレスにつながり、極端な場合には幾つかの社会学の研究で指摘されている集団憑依をひき起こす可能性すらある。

　これに対して、相対的には内部労働市場が形成されている電子産業では組織コミットメントが離職を阻止する効果を示している。技能水準が高度化することに対応して内部労働市場が形成されてくると、長期的報酬によって労働者の職務意識に影響を与えるような労務管理戦略が採用されてくると考えられる。これは、本書の議論の基底となる作業仮説であり、第Ⅲ部で検討されることになる。

　第2に、内部労働市場の形成が進んでいない状況では、組織コミットメントではなく、内発的職務満足が良好な職務パフォーマンスの動機づけ因子となる。このことは、長期的な労働報酬ではなく、短期的なそれが労働者の意欲を引き出すうえで有効であることを示唆している。ただし、モラールに対する組織コミットメントの効果は限定的であり、帰属意識を高めるような労務管理戦略がいまだ採られていないことを窺わせている。

　最後に、以上の帰結から、離職とモラールへの労務管理戦略は異なることになる。すなわち離職は外発的職務満足を、そしてモラールは内発的職務満足を

説明変数としている。離職意思がモラールとは関連していないため、特に就業資産性向の強い環境では、適切な労務管理がなされないとモラールとの低い労働者が工場に滞留する危険がある。同時に、撤退型の離職やストレスを考慮すれば明らかなように、労働者にとっても望ましい環境ではない。このことは開発途上国の工場労働者に特徴的な問題として、労務管理戦略のなかで考慮されるべきことであろう。

注
1) ひとつの例外として日系のコンデンサー工場が市内にある。この工場を対象とした労働者の職務意識の調査としては、Ohno（1995）を参照されたい。
2) 職業意識に性別格差があるかは興味深い課題であるが、現実には有意な差は確認されにくい。たとえば、清川（1993）や大野（1992, 1993）を参照されたい。また、先進産業社会における調査でも、性差・年齢・人種といった非心理的なデモグラフィック要因は職務意識の有力な説明変数とはならないとされている（Schneider et al. 1989）。
3) タイに設立された日系企業が、当初の長期の報酬システムを放棄して短期のそれに転換したことについては Ohno（1995）を参照されたい。
4) その先駆となった論文は Porter et al.（1974）である。
5) McEvoy and Cascio（1987）は、この関係についての研究をサーヴェイしている。
6) たとえば、Mowday et al.（1984）を参照されたい。
7) 職務満足には、通常、同僚との人間関係についての評価が含まれる。われわれの調査票にもこの項目を含めたが、ほとんどの回答が強い満足を示したために職務問題を構成する項目からはずした。
8) 食品工場は農村に立地しており、代替的就業機会はきわめて限られている。また電子・事務職の給与は、法定最低賃金により決まる製造工程従事者のそれよりは約40％高くなっている。さらに工業団地に進出した企業の半数以上を占める日系企業間では、日系企業を離職した労働者を採用しないという協定を結んでいることも離職意思に影響していよう。
9) これについては、Mulder（1979）を参照されたい。
10) Boserup（1970）は女性の社会進出を社会が許容するか否かの指標のひとつとして、バザールの売り子の性差をあげている。これは、小売業者は不特定多数の異性とのコンタクトがあるという性質に注目する議論である。確かに東南アジアで

は売り子の多くは女性であるが、南アジアのバザールで女性の姿を売り手にも買い手にもみることは稀でしかない。
11) 学歴と職階が職務意識そして行動に与える影響については、タイ北部の日系合弁企業を対象としたOhno（1995）を参照されたい。

第Ⅱ部　不適切な労務管理の帰結

問題意識

　小宮隆太郎に従えば、合理的に利潤極大化行動をとる経済主体として定義した時点で、企業は質点（今井他 1971：p. 98）となってしまった。それは、労働者を不変な効用関数をもち、そして自己の利得を最大化するエイジェントと定義して、彼らの行動を決定論的に規定してしまったことと対応している。その結果、その仮説に変更を加えるような議論は経済学では主流とはなりえず、企業組織の分析は経営学などの領域に属するものとされてきた。
　経済学にとって不可触であったこの領域にも、変化が生まれつつある。理論面では情報の経済学やゲーム論が組織内部の経済活動に光をあてたこと、そして現実的な要請として体制移行における公企業改革が焦眉の急の課題として登場したことである。また、それに先行する青木・ドーア（1995）などの日本企業の分析の進展があったことも忘れてはならないであろう。
　移行期経済の議論では、民営化を含む公企業改革は重要なテーマとなっている。この議論は世界銀行・IMF の戦略と重なっており、公企業は私企業よりもパフォーマンスが劣るという命題を前提としている。この命題は、民営化前後の企業パフォーマンスの比較（Megginson et al. 1994；La Porta and Lopez-de-Silanes 1997）や、ほぼ同じ条件下にある公企業と私企業の比較（Pohl et al. 1997；Frydman et al. 1999）などで立証されている。この命題の立証にはエイジェンシー理論の枠組みが利用されることが多いが、基本的にはインセンティヴと財産権にかかわる不備が公企業の非効率性の主たる理由と結論づけられている。経営者に充分なインセンティヴが付与されておらず、それ故に彼らのモニタリング活動も不充分となる（Vickers and Yarrow 1988）。また Shleifer and Vishny（1994）や Lopez-de-Silanes et al.（1997）は、製品選択や過剰雇用などについての政府介入が経営者のインセンティヴを阻害する原因としている。そして、民営化の適切な手続きについての議論がこれに続くことになる（多くの論文があるが、たとえば石川 1999）。

第Ⅱ部では、労務管理の観点から公企業問題を検討する。様々な制約から、Tilly and Tilly（1998）の意味での労働誘因が有効には機能していないことが公企業問題の主要な側面であることは言を俟たないであろう。しかし、この問題を正面きって議論した研究はほとんど存在しておらず、この点で第Ⅱ部は新たな知見を与えることになろう。

　バングラデシュを扱う第5章では、半熟練労働者を雇用するふたつの企業、公企業（紡績）と民間企業（縫製）における職務意識の比較がなされる。そこでは、報酬システムが機能していない公企業において民間企業と同様の報酬システムが機能するようになれば、その赤字の大半が解消されることが示される。インドの公企業を扱う第7章では、半熟練労働使用的な公企業（製パン企業）と、同じく半熟練労働を雇用する縫製企業、そしてさらに熟練労働を雇用する民間の自動車製造企業を対象とする。縫製企業との対比では前章とほぼ同じ帰結が導き出され、また自動車製造企業では組織コミットメントを重視した労務管理がなされていることが指摘される。特に、自由化以降に設立された自動車製造企業などは労働組合を含む制度的な制約から比較的自由であることから、旧世代と新世代の企業間の格差が広がる可能性も指摘される。

　第Ⅱ部では3つの誘因のうち報酬に注目するが、これは第3章でも明らかとされたように、対象とする企業が低所得国における半熟練労働使用的であることから、主たる誘因が組織コミットメントというよりも報酬であるという認識に基づいている。そして、報酬システムの機能不全が公企業問題の中核的課題であることを指摘するが、それは公企業問題に限定されるべき帰結ではない。民間企業でも報酬システムの設定に失敗すれば、公企業と同様な問題に直面することになる。むしろ第Ⅱ部の主張は、報酬システムの構築の重要性にあるといってよい。

第5章　公企業における職務意識：バングラデシュ

はじめに

　1971年の独立に際して、バングラデシュの製造業はやや特異な構造をもつことになった。多くが西パキスタン系資本の支配下にあった東パキスタンの製造工場は、独立後にその大半が公企業として接収され、さらにすべてのジュートと紡績工場が公企業となった。その結果、製造業部門では固定資産の9割以上を公企業が所有するという歪な経済が形成された。そして、その非効率性ゆえの赤字経営という公企業に普遍的ともいえる問題がほどなく顕在化することになる。

　こうしたなかで、IMFおよび世界銀行からの構造調整融資にともなうコンディショナリティに応じた産業政策において公企業改革が主要なアジェンダとされた。特に1986年の産業政策以降には、民営化を含む公企業改革が試みられてきた。しかし1990年代に入っても公企業部門は製造業部門の付加価値の約4分1を生産しており、依然として製造業において大きなプレゼンスを占めている。しかも公企業の経営状態は惨憺たるものであり、その僅かが単発的に利益を計上するだけである[1]。1996会計年度でいえば、公企業の経常赤字総額（鉄道を含む）は財政赤字の18％に相当している。この赤字の大半は国有商業銀行からの借り入れにより補填されて隠れた財政赤字となっており、その借入残高の約4割が不良債権化している[2]。こうした実情のために、民営化に向けた払い下げも進捗していない。

　低迷する公企業とは対照的に、1990年代に入ると規制緩和に呼応して民間製

造業の投資が拡大している。なかんずく縫製業（民間部門）の目覚しい興隆がみられ、ニット製品とあわせると、1998年度には総輸出額の73.2％を占めるまでになっている（Hossain, Jahan and Sobhan 1990）。

バングラデシュの公企業問題を包括的に扱った世界銀行の報告書は、南アジア近隣諸国の公企業と比較したうえで、バングラデシュにおいて(1)民間部門（特に縫製業）の国際競争力を形成する最も大きな要因は低賃金であり、また(2)公企業（特に紡績業）における国際競争力の欠如は、高賃金ではなく過剰雇用や不適切な労務管理に起因する低い労働生産性によると結論づけている（World Bank 1994）。すなわち低賃金という比較優位を充分に活用する民間部門と対比したうえで、公企業における労務管理のあり方を問題視している。公企業問題が発生した経緯や改革の進捗を低迷させる要因は多岐にわたり、それぞれも複雑に絡み合うであろう。したがって非効率な労務管理システムに公企業問題のすべてを帰するわけにはいかないものの、それが主要な原因のひとつであることは否めない。しかし世界銀行の報告書も、労務管理システムの具体的な問題点には踏み込んでいない。ショック療法といわれる急激な民営化が現実的な手段ではないとすれば、公企業の労務管理システムの改善は問題の解決の有効な手段となりうるであろう。

本章では労務管理戦略の問題を検討し、民間企業並みの賃金と労務管理戦略を導入するだけで公企業の重要な問題である赤字経営を解消しうることを明らかにする。対象とした公企業は紡績工場であるが、公企業問題を浮き彫りにするために縫製工場（民間企業）も対象に含めた。調査は、1999年9月におこなわれた。

やや議論を先走ることにもなるが、調査に当たっての主要な論点をふたつ提示しておこう。ひとつは、短期的な金銭的報酬システムの効力である。民間企業ではその存在が確認できるが、公企業では給与額は一律であって労働努力との対応関係がない。このことは、労働者の職務行動にいかなる影響を及ぼすのであろうか。第2に、公企業の賃金水準は民間企業の約倍の水準にある。このことは、市場賃金率よりも高い効率賃金が怠業の発覚による解雇の機会費用を

高めることから労働者は怠業をしないように動機づけられるとする怠業阻止モデル (Shapiro and Stiglitz 1984 ; Krueger and Summers 1988) が妥当する可能性を示している（怠業阻止モデルについては、第10章を参照）。このふたつの論点は、低賃金ではあるが金銭的報酬システムが機能するモデルと、金銭的報酬システムは欠如するものの高賃金の提示というモデルのどちらが有効であるかの検討につながる。

1 調査対象

1.1 対象とした労働者

公企業と民間企業を比較検討するために、ダカ市内の紡績工場（公企業）と縫製工場（民間企業）の製造工程従事者（監督者を含まない正規雇用）から、それぞれ102名と177名を対象とした質問票に基づく面接聞取調査を実施した。また経営責任者にも、労務管理戦略を中心に聞き取りをおこなった。

聞き取り対象とした労働者の主要な属性が表5-1に示される。縫製工場では若年の女子が中心となっているが既婚者も約半数おり、結婚後も就業を続けている。女性が都市の労働市場に参入して、また結婚後も就業を続けていることは、これまでのバングラデシュの労働市場にはなかった特徴である。縫製業の興隆は、バングラデシュの製造業のみならず、社会構造にも変容をもたらす可能性がある (Hossain et al. 1990)。学歴については、小卒までの低学歴者が8割強を占めていることから明らかなように、教育水準は高いものではない（表5-2）。

1.2 対象とした工場

(1)紡績工場：A紡績工場は1964年に当時の西パキスタン系企業として設立され、独立後の1973年に国有化されている。調査時点で、従業員数は、臨時工を含めて794名である。このうち15名の経営陣と104名の事務職員を除く674名

表5-1　聞き取り対象の主要特性

	年齢		性別（人）		
	平均	標準偏差	男子	女子	合計
紡績工場	36.93	6.91	78	24	102
縫製工場	20.77	2.64	0	177	177
合　計	26.70	9.09	78	201	279

	婚姻（％）			合計	勤続期間（月）	
	既婚	未婚	死別・離婚		平均	標準偏差
紡績工場	96.1	3.9	0.0	100.0 (102)	181.35	88.77
縫製工場	46.9	48.6	4.5	100.0 (177)	42.51	29.87
平　均	64.9	32.3	2.9	100.0 (279)	93.27	88.96

注）かっこ内は人数。以下、同様。

表5-2　学歴（卒業基準）　　（単位：％）

	無就学	小学校	中学校	高等教育	合　計
紡績工場	17.8	69.6	12.7	0.0	100.0 (102)
縫製工場	31.1	55.4	11.3	2.3	100.0 (177)
合　計	26.2	60.6	11.8	1.5	100.0 (279)

注）高等教育は、高校（Higher Secondary Certificate 保持）以上。かっこ内は人数。

が、製造工程従事者である。また674名のうち509名が正規社員であり、残りが臨時工である。女子労働比率は約25％となっている。

　紡績工場（公企業）13社の操業実績（表5-3）をみると、紡錘稼働率は平均で48％でしかないが、A工場は77％と最も良好な操業状態にある。生産目標達成率についても、平均が44％でしかなく、またほかが50％に満たないなかで、A工場は70％と最も高い数値を示している。綿糸1キログラム当たり生産費用でも（表5-4）、13社の平均が82.90タカであるのに対して、A工場は71.81タカと11.09タカ（13.38％）ほど低くなっている。費用の項目をみると労働費用の差6.99タカ（A工場28.35タカと平均35.34タカ）の貢献が最も大きくなっており、A紡績工場は相対的に高い労働生産性を実現しているといえる。

　A工場における労働費用の削減は、主として次のふたつによる。まず、

第5章　公企業における職務意識：バングラデシュ　143

表5-3　紡績工場の操業実績

	A工場	C	D	E	F	G	H	I	J	K	L	M	N	平均
紡錘														
設置数	16,824	18,400	25,088	17,296	25,088	20,000	25,056	29,376	13,624	31,400	18576	24,960	14,400	280,088
稼働数	13,018	8,016	13,770	66,40	9,004	10,847	11,116	7,320	7,880	15,612	8597	13,902	8,053	133,775
非稼働数	3,806	10,384	11,318	10,656	16,084	9,153	13,940	22,056	5,744	15,788	9979	11,058	6,347	146,313
稼働率	77%	44%	55%	38%	36%	54%	44%	25%	58%	50%	46%	56%	56%	48%
紡錘非稼働の原因														
停電	3%	4%	5%	2%	7%	8%	6%	10%	6%	4%	31%	17%	14%	9%
電気機器欠陥	2%	1%	2%	0%	0%	2%	0%	1%	1%	0%	0%	0%	9%	1%
原料不足	7%	22%	11%	26%	52%	21%	26%	1%	9%	24%	3%	8%	2%	17%
修理補修	6%	1%	1%	1%	1%	2%	1%	1%	1%	2%	1%	7%	2%	2%
部品不足	0%	5%	2%	0%	0%	2%	7%	56%	11%	8%	3%	7%	0%	9%
労働力不足	0%	11%	12%	20%	2%	0%	15%	0%	12%	5%	10%	0%	9%	7%
欠勤	1%	7%	7%	7%	1%	7%	1%	1%	0%	4%	5%	4%	7%	4%
その他	4%	5%	5%	6%	1%	4%	0%	5%	2%	3%	1%	1%	1%	3%
合計	23%	56%	45%	62%	64%	46%	56%	75%	42%	50%	54%	44%	44%	52%
計画生産量　10万kg	11.12	8.56	15.09	1019	15.51	11.02	11.22	8.59	5.98	17.47	10.92	15.08	9.87	150.62
生産実績　10万kg	7.79	3.22	6.94	4.01	5.46	5.45	3.23	2.12	2.52	8.22	4.82	6.32	3.79	63.89
生産達成率	70%	38%	46%	39%	35%	49%	29%	25%	42%	47%	44%	42%	38%	42%

出所）A工場内部資料。

1993年に労働組合との交渉によって妥結（golden handshake）がなされ、土日の操業がなされるようになった。2交代や3交代制は他の紡績工場でもなされているが、土日の操業が採用されているのはA工場だけである。その結果、1998年7月から翌年3月までの9カ月の数値ではあるが、全紡績工場の平均と比べてA工場の当該期間の操業日数が44日ほど多くなっている。次に、1993年には自発的退職計画（Voluntary Retirement Scheme）によって50人の雇用調整がなされて、臨時工で代替されたことである。臨時工の雇用契約は、労働法に従い正規雇用の権利が生じる6カ月以前に打ち切られる。臨時工には日給で60～70タカが支払われるが、これは月25日就労したとして1500～1750タカの月給に相当する。この水準は、最低賃金委員会（1992/92年度）の勧告に従って一律2586タカが支払われている正規労働者の給与水準を大幅に下回っている。このほかに退職金など諸々の手当を正規労働者が享受できることを勘案すれば、労働法や労働組合の保護の恩恵を受けない臨時工と正規労働者の労働コストの

表5-4　A工場の生産費内訳（1998年7月から99年3月）

	A工場		平均	
操業日数	259		211	
紡錘稼働可能時間	10457.8万時間		10937.2万時間	
紡錘稼働時間	8108.3万時間		5142.7万時間	
稼働率	77.53%		47.02%	
生産能力（100万Kg）	11.12		11.63	
経常収入（推計）	2303.2万タカ	29.57タカ／kg	140.71万タカ	30.03タカ／kg
経常費用				
労働賃金支出	2208.2	28.35	1697.7	35.34
燃料・電気代	917.2	11.77	510.2	11.02
備品・パーツ	135.4	1.74	124.4	2.55
経営・その他	154.8	1.99	129.8	2.68
合　計	3415.6	43.85	2462.1	51.59
経常利益	-1112.4	-14.28	-1054.9	-21.56
その他費用				
退職・離職手当	314.2	4.03	266.5	5.50
支払利子	1114.5	14.31	739.3	15.63
減価償却	749.7	9.52	479.9	10.19
合　計	2178.4	27.96	1485.7	31.31
総支出	5594.0	71.81	3947.8	82.90
純利益	-3290.8	-42.24	-2540.7	-52.87

注）平均はA工場を除く数値。また生産費の分類は通常の会計原則とは異なるが、A社の提示した資料のままを提示する。
出所）A社内部資料。

差はきわめて大きいことになる。

　A工場の経営責任者は、製造工程に必要な労働者674名をできるだけ多く臨時工で置き換える計画であるという。しかし、従業員規模そのものの削減は予定されていない。この意味では、世銀報告（World Bank 1994）の指摘するような過剰雇用はないといえる。なお235名の労働者と事務職員が早期退職に応じるとしているが、そのために必要となる解雇手当（4500万タカ）の資金繰りがつかないことから、雇用調整は進展していない。今後、雇用調整が進めば生産費用のいっそうの削減が可能となろう。

　ちなみに稼働率を低下させている主な要因（表5-3）は、原料不足17%・停電9%・部品不足9%のほかに、労働不足と欠勤が合計で11%となっている。

原料不足は、流通に問題があることと同時に、頻発するゼネストの影響があるものと考えられる。また労働関係の問題が操業度を低下させていることは、あまり良好とはいえない労使関係や欠勤に対処できない労務管理のあり方に公企業問題の一端があることを示唆している。

　このように公営の紡績工場のなかにあっては最も良好な実績をあげているA工場ではあるが、経営は赤字（表5-4）である[3]。それも綿糸1kg当たりの経常収入が29.57タカであるのに対して、その生産費が71.81タカという絶望的ともいえる状況にある。こうした状況をひき起こす原因として、労務管理のあり方が指摘できる。先に指摘したように賃金水準は労働パフォーマンスと独立に、しかも最低賃金委員会によって一律に2586タカと決められており（質問票でも月給額の項目を設けたが、全員が2586タカと回答している）、経営者にとっては金銭的報酬が労務管理のための操作変数となっていない。昇進についても、監督者（副監督者を含む）の数は製造工程従事者（正社員）の6％弱であるために、その報酬システムとしての誘因効果は大きくはないであろう。この点については、後に質問票の回答から確認する。

　さらに工場経営責任者も公務員であることから企業業績を経営者の報酬に反映させるシステムがない。また、A紡績工場の現在の経営責任者が1973年の創設以来21人目（現在の責任者は2期目）であるように経営責任者の頻繁な交代がみられる。このような制度のもとでは経営責任の所在が曖昧となるために長期的視野に基づく経営は望むべくもなく、公企業改革が遅々として進まないことになる。コーポレート・ガヴァナンスの構築がなされないまま、また経営責任者の労務管理戦略に対する決定権が制度的に制約を受けたまま、公企業の紡績部門のなかでは最も良好とはいえ、A工場の業績は低迷を続けている。

　このように公企業であるA工場では、労働パフォーマンスに応じた報酬を実現する労務管理戦略が採用されていない。世界銀行報告（World Bank 1994）が指摘するように、労務管理が公企業問題の重要な課題のひとつであることを窺わせている。

　(2)縫製工場：帽子の縫製をするB縫製工場（1991年に100％韓国資本の企業

として設立）は、調査時点で、約2800名の従業員を擁している。採用した労働者は訓練工（3カ月）を経て正規雇用の補助員として経験を積み、その後、縫製工となる。就業時間は午前8時から午後5時までの8時間労働である。すべての縫製工が女性であることから、通勤時の安全確保のために夜間勤務はなされていない。工場には15の縫製ラインがあり、各ラインには29名の縫製工（内8から9名が補助員）が配置され、さらに3～4名の監督補助員（総計50名）と1名（総計15名）の監督者がついている。監督者までは、すべて内部昇進で補充されている。監督者比率は12％弱であり、A紡績工場のおよそ2倍である。

昇進と昇給は、毎年の勤務査定（A～Dの4段階）で決定される。欠勤・作業実績・年功・そして警告の有無が主たる評定項目であり、それに基づいて賃金が毎年平均で12％増加する（最大14から16％、最小10％）。また目標生産数を設定して、超過部分については時間換算して超過勤務手当が支払われる。そのほか、毎年、ラインごとに勤務状態の良好な縫製工を優秀労働者として選定して、石鹸やシャンプーなどが与えられる[4]。最低保障の月給は930タカ（補助員）であり、実際には縫製工が1300から1400タカ、監督補助員2500タカ以上、そして監督者は5000タカ以上となる。

月給額 = 666.07*** + 143.40 勤続年数*** + 109.75 教育水準*
 　　　　(5.75)　　　　(10.50)　　　　　　(2.34)

$R^2 = 0.39$、F-値 = 55.28 ***

注）***p<0.1％、*p<5％。かっこ内はt-値。

聞き取りをした縫製工（177名）について、うえの給与関数が求められた。教育水準も有意ではあるが5％水準でしかなく、主たる説明要因は勤続年数である。サンプル労働者の平均給与が1377.42タカ（標準偏差551.65）、そして勤続年数の係数が143であることから、勤続1年ごとに約10％の昇給となっている。毎年の勤務評価があることを勘案すれば、報酬システムが労働誘因として機能しているといえる。

欠勤率は1％をやや上回る程度であり、きわめて低い水準にある。離職率は月2％程度であるが、経営者は、他の縫製工場では10％ほどであるから相対的

には低いという。3カ月の産休や14日の医療休暇など、他の工場では必ずしも守られていない労働関連法規をここでは完全に遵守しているという。こうしたこともあり、BGMEA (Bangladesh Garments Manufacturers and Exports Association) は、B工場を優良縫製工場上位5社のひとつに選定している[5]。なお、この工場には労働組合はない。

1.3 公企業の労務管理戦略を制約する要因

公企業の労務管理を議論する以上は、公企業の労務管理を制約する制度的環境に簡単にではあれ触れておく必要があろう。

企業経営の立場からいえば、製品需要の変動に対応して労働費用も可変費用化できるように雇用が伸縮的となることが望ましい。バングラデシュの労働法 (Employment of Labor Act 1965) は、雇用の伸縮性を比較的認めている。たとえば、企業内に過剰雇用が発生したときには1カ月前に告知すれば解雇が可能となる。しかし勤続年数に30日分の給与 (85年以前は14日分) を乗じた額の解雇手当か、または退職手当のうち大きいほうを支払う必要がある (労働法12条)。レイオフも認められており、勤続年数の最も短い労働者がその対象となる (労働法13条)。このように、ある程度の雇用調整費用が必要となるものの、インドなどと比べると雇用調整は比較的容易となっている。また、雇用調整費用の高い正規労働者に対して調整費用の低い縁辺労働者が法的に認められている。縁辺労働者には訓練工・代替工 (badli)・臨時工・見習工そして期間工という区分けがある。代替工とは、正規労働者や見習工が休職したときの一時的に雇用される労働者である。期間工や臨時工は事務職で6カ月、その他で3カ月継続雇用されれば正規雇用となる権利を得る。ただし実態は、そうした労働法規にもかかわらず、労働者が数年にわたり期間工や臨時工の扱いを受けることも少なくない。また、A紡績工場でそうであるように、正規雇用の権利が生じる前に雇用契約を打ち切ることも一般的である。

このような雇用の伸縮性を認める労働法の存在にもかかわらず、公企業では政党との結びつきの強い労働組合との交渉が必要となることから調整は困難を

極めており、レイオフも現実的な手段となりにくい。また1980年代後半、構造調整プログラムによる民営化の要請がなされたとき、公企業は解雇手当を勤続年数に給与の60日分を乗じた額とすることにした。この額は先進国の基準を上回る条件であるが、こうした労働法の規定を超える解雇手当が支払われるようになった背景には労働組合の圧力があったことは想像に難くない。このために多くの公企業では雇用調整が困難となり、民営化の進捗も阻害されることになる。前述したように、A紡績工場でも解雇手当のための資金不足から雇用調整は進展していない。

　公企業では、原則として、労働者の給与水準は公務員の給与体系とは独立に決定される。しかし現実には、全国賃金・生産性委員会（the National Wages and Productivity Commission）の設定した一律の賃金基準に従っている。すなわち、公企業の経営責任者にとって賃金は労務管理の戦略変数とはならない。また公務員給与は、経済的基準ではなく、与野党の対立のなかで政治的に決定される傾向がある。その結果、公企業では労働生産性の上昇率を上回る賃金上昇がなされ、このことが公企業の赤字を増大させている。なお、調査時点（1999年）では公企業の最低賃金は月900タカとされており、これが民間部門の最低賃金ともなっている。しかしすでにみたように、紡績工場では一律に2586タカという法定最低賃金の3倍近くの給与が支払われている。こうした均衡賃金を上回る最低賃金は、膨大な過剰労働の存在するバングラデシュにとって資源配分の歪みをもたらすことになろう。

　このように公企業では、政治化した労働組合の存在によって経営改善のための雇用調整と賃金調整がなされ難くなっている。さらに、給与水準が労働者の労働努力とは独立に固定されている。このような状況は公企業の経営陣が労務管理戦略に無関心であることの反映ともいえようが、そもそも公企業の経営責任者に有効な労務管理戦略をとるだけの権限が与えられていないことを忘れるべきではない。有効な労務管理戦略が採用されていないA工場では、どのような労働者の職務意識がみられるのであろうか。民間の縫製工場労働者と対比させながら検討していこう。

第5章　公企業における職務意識：バングラデシュ　149

表5-5　最近、この工場と労働条件が同じ仕事を探すのは難しい　(単位：％)

	強く賛成	賛成	反対	強く反対	合計
紡績工場	24.5	61.8	11.8	2.0	100.0 (102)
縫製工場	36.7	36.2	20.3	6.8	100.0 (177)
合計	32.3	45.5	17.2	5.0	100.0 (279)

注）ウィルコクソン検定 Z = 3.93、p<0.1％。かっこ内は人数。

2　職務環境の認識

職務意識について検討する前に、労働者が労働市場の状況と報酬システムという職務環境をどのように捉えているかを確認しておこう。

2.1　労働市場の認識

労働市場の状況は、通常、失業率や低位就業という集計値をもって表現される。しかし、ある特定の工場の労働者が直面する労働市場が、集計値であらわされるそれと同じとは限らない。質問票による意識調査では、特定の労働者が直面する労働市場を彼らの認識から探り、そうした環境のもとでの彼らの職務行動を探ることになる。

表5-6　高い給与水準と雇用保障のどちらがあなたにとって重要ですか？　(単位：％)

	A	B	C	D	合計
紡績工場	7.8	20.6	41.2	30.4	100.0 (102)
縫製工場	2.3	1.1	59.9	36.7	100.0 (177)
合計	4.3	8.2	53.0	34.4	100.0 (279)

注）ウィルコクソン検定 Z = 3.34、p<0.1％。かっこ内は人数。
A　雇用が保障されるよりは、高い給与のほうが重要である。
B　どちらかといえば、高い給与が重要である。
C　どちらかといえば、雇用保障が重要である。
D　給与は低くとも、雇用保障のほうが重要である。

表5-7　この工場を辞めることについて、どのように思いますか？　(単位：％)

	A	B	C	D	合計
紡績工場	39.2	41.2	6.9	12.7	100.0 (102)
縫製工場	26.6	48.6	23.2	1.7	100.0 (177)
合計	31.2	45.9	17.2	5.7	100.0 (279)

注）ウィルコクソン検定 Z = 1.57。かっこ内は人数。
A　この工場を自分から辞めることは、全くありえない。
B　今のところは、辞めることを考えてはいない。
C　職探しをしてはいないが、将来は転職するつもりだ。
D　いま真剣に辞めることを考えている。

対象とした労働者は、現行とほぼ同じ水準の労働条件の得られる代替的就業機会はきわめて限られていると認識している（表5-5）。また、給与水準ではなく雇用保障に強い選好を示している（表5-6）ことは、就業資産性向の強さをあらわしている。こうした環境では離職意思はきわめて低い水準にとどま

表5-8 給　与

(1) 給与支払いの確実さ　　　　　　　　　　　　　　　　　（単位：％）

	とても満足	満足	不満	とても不満	合　計
紡績工場	17.6	24.5	39.2	18.6	100.0 (102)
縫製工場	68.4	31.6	0.0	0.0	100.0 (177)
合　計	49.8	29.0	14.3	6.8	100.0 (279)

注）ウィルコクソン検定 Z＝10.42、p＜0.1％。かっこ内は人数。

(2) 給与満足　質問：現在の給与額にあなたは満足していますか。

（単位：％）

	とても満足	満足	不満	とても不満	合　計
紡績工場	41.2	24.5	33.3	1.0	100.0 (102)
縫製工場	6.2	40.1	44.6	9.0	100.0 (177)
合　計	19.0	34.4	40.5	6.1	100.0 (279)

注）ウィルコクソン検定 Z＝5.46、p＜0.1％。かっこ内は人数。

る（表5-7）。過剰労働にまつわるデータを敢えて示すまでもなく、自らの置かれた現状を労働者は的確に把握しているといえる。

2.2　金銭的報酬システムの認識

　ふたつの工場の金銭的報酬システムはかなり対照的であるが、それらを労働者がどのように認識しているかを、幾つかの質問への回答からみていこう。

　給与支払いの確実さと給与水準の満足度について質問を用意した（表5-8）。確実さについては、縫製工場では全員が肯定的回答を示したのに対して、紡績工場では半数以上が不満を示している。業績の思わしくない公企業では給与の遅配が頻発するが、A紡績工場も例外ではない。ただし、給与水準そのものへの満足度は紡績工場で高くなっている。これは先に指摘したように、縫製工場での平均月給が1377.42タカであるのに対して、紡績工場では一律2586タカと倍近くが支払われていることによる。縫製工場では少なくともミシン操作能力が必要となることから、縫製工はすべて正規労働者である。これに対して紡績工場では代替工を利用し、また臨時工への依存を高めようとしていることからも明らかなように、未熟練工で代替可能な程度の技能水準でしかない。すな

わち、少なくとも縫製工の技能水準が紡績工場で要請されるそれよりも低いとは考えられないことから、縫製工の限界生産性が紡績工のそれよりも有意に低いとは考えにくい。そうならば、紡績工場でも縫製工場並みに給与水準を下げることも経済学的には許容されるであろう。そうすれば、表5-4に示される紡績工場の経常損失の大半は削減されることになる。

報酬システムについての認識にも、明瞭な対照が見られる（表5-9）。すなわち、縫製工場の労働者は報酬システムの機能に肯定的な反応を示すが、紡績工場では逆の反応である。昇給がない紡績工場ではあるが、昇進についても縫製工場と比べて誘因となる程度が弱くなる。さらに、紡績工場の労働者は教育水準という就業以前に獲得した資格が昇進の基準となると全員が

表5-9 金銭的報酬システムへの反応

(1) 一生懸命働けば、この工場では昇進できる。　　（単位：％）

	強く同意	同意	反対	強く反対	合　計
紡績工場	9.8	41.2	21.6	27.5	100.0 (102)
縫製工場	28.8	53.7	12.4	5.1	100.0 (177)
合　計	21.9	49.1	15.8	13.3	100.0 (279)

注）ウィルコクソン検定 $Z=6.05$、$p<0.1\%$。

(2) 一生懸命働けば、この工場では高い給与がえられる。　　（単位：％）

	強く同意	同意	反対	強く反対	合　計
紡績工場	6.9	23.5	49.0	20.6	100.0 (102)
縫製工場	20.3	36.7	34.5	8.5	100.0 (177)
合　計	15.4	31.9	39.8	12.9	100.0 (279)

注）ウィルコクソン検定 $Z=4.68$、$p<0.1\%$。

(3) この工場では、昇進は公平になされている。　　（単位：％）

	強く同意	同意	反対	強く反対	合　計
紡績工場	16.7	26.5	38.2	18.6	100.0 (102)
縫製工場	36.2	50.8	9.6	3.4	100.0 (177)
合　計	29.0	41.9	20.1	9.0	100.0 (279)

注）ウィルコクソン検定 $Z=6.69$、$p<0.1\%$。

(4) 私の仕事は適切に評価されている。　　（単位：％）

	強く同意	同意	反対	強く反対	合　計
紡績工場	15.7	40.2	41.2	2.9	100.0 (102)
縫製工場	10.2	48.6	33.9	7.3	100.0 (177)
合　計	12.2	45.2	36.9	5.7	100.0 (279)

注）ウィルコクソン検定 $Z=0.47$。

(5) この工場では、昇進のための最も重要な要件は教育水準である。　　（単位：％）

	強く同意	同意	反対	強く反対	合　計
紡績工場	61.8	38.2	0.0	0.0	100.0 (102)
縫製工場	21.5	21.5	36.2	20.9	100.0 (177)
合　計	36.2	27.6	22.9	13.3	100.0 (279)

注）ウィルコクソン検定 $Z=9.02$、$p<0.1\%$。かっこ内は人数。

表5-10 報酬システム

	因子負荷量	共通性
昇進は公正になされている。	0.89	0.74
一生懸働けば昇進できる。	0.83	0.68
一生懸働けば高い給与がえられる。	0.82	0.69

平均値の差の検定

	平均値	標準偏差	t-値
紡績工場	6.91	2.30	
縫製工場	8.95	1.96	7.83***

注) *** p<0.1%。

認識しており、労働パフォーマンスと昇進との関連に否定的見解を抱いている。また、昇進も公平になされているとは認めていない。こうした認識は、先に指摘した労務管理形態の違いとほぼ整合的といえる。ただし「私の仕事は適切に評価されている」という質問については、双方で有意な差は認められなかった。紡績工場で昇進や昇給制度がほとんど機能していないにもかかわらず労働者がこうした認識をもつのは、給与満足と評価が適正という認識度とに双方の工場において0.1％水準で有意な正の相関（A紡績工場 0.28、B縫製工場 0.50）が認められるように、高い給与水準によるものと考えられる。

表5-9の(1)～(3)の質問に因子分析を施したところ、固有値が2.11（分散70.26％）となる因子が求められた（表5-10）。この因子は、報酬システムが機能的に運営されているか否かについての労働者の認識を示す。この質問への回答の得点（強く同意＝4～強く反対＝1というリッカート型の4肢法）を単純集計して報酬システム得点（cronbach alpha＝0.79、以下α係数）とする。得点の平均値は有意（p<0.1％）に縫製工場で高くなっているが、このことは前述した労務管理の差異と整合的である。

3 職務態度と職務行動

3.1 職務態度

本章では、すでに述べた報酬システムへの認識度に加えて、職務満足・組織コミットメントそして監督者への態度への一形態である関係的公正（interactional

表5-11 職務満足の因子（回転後の因子負荷量）

	内発的満足	外発的満足	自己実現満足	生存満足	共通性
昇　進	**0.78**	0.19	−0.05	0.25	0.68
責　任	**0.74**	0.20	0.15	−0.23	0.65
技　術	**0.66**	0.11	0.40	−0.06	0.61
能　力	**0.52**	0.09	0.38	0.01	0.43
規　則	−0.20	**0.75**	0.13	0.21	0.67
簡　単	0.18	**0.74**	0.13	−0.17	0.63
時　間	0.45	**0.68**	−0.01	0.01	0.66
距　離	0.25	**0.62**	0.14	0.23	0.51
達　成	0.06	0.21	**0.86**	−0.06	0.78
興　味	0.42	0.06	**0.63**	0.15	0.60
給　与	−0.07	0.03	−0.19	**0.77**	0.63
保　障	0.10	0.14	0.31	**0.70**	0.78
固有値	2.38	2.09	1.64	1.35	
累積分散（％）	19.81	37.25	50.92	62.14	
α係数	0.73	0.70	0.60	0.32	

注）太字数字が因子の解釈に用いられた因子負荷量である。

質問項目

キー・ワード	
昇　進	昇進機会があること。
責　任	責任ある仕事ができること。
技　術	技術習得の機会があること。
能　力	自分の能力を活かす機会があること。
規　則	就労規則が厳格でないこと。
簡　単	簡単な仕事であること。
時　間	労働時間が長くないこと。
距　離	通勤距離が長くないこと。
達　成	達成感のある仕事ができること。
興　味	興味ある仕事ができること。
給　与	給与水準。
保　障	雇用が保障されていること。

fairness）を職務態度として考える。

職務満足度　この章では、職務満足を期待と現実とのギャップとして捉える。職務にかかわる12の特性について「もし新たに職を探すとしたら、どの程度、それらを重視するか」という質問（大変重視する＝4〜全く重視しない＝1）

によって職務特性の重視度（期待）を質問した。次に同じ項目について、満足度（大変満足＝4〜大変不満＝1）の回答を求めた。ふたつの工場についてのスピアマンの順位相関係数 ρ は、職務特性の重視基準については0.77と1％水準で有意であるが、満足基準については0.43と有意な関係は認められない。すなわち、職務特性への重視度（期待）については双方の工場の労働者は似通った構造をもつものの、現実の職務特性の評価となると双方で大きく異なっている。このことは、双方の工場で労務管理戦略が大きく異なっており、それに従業員が異なる反応を示しているためとみなせる。

職務満足度を職務重視得点でウエイトづけして求め、その因子分析から表5-11の結果をえた。第1因子は内発的職務満足、そして第2因子は外発的職務満足と解釈される[6]。第3因子は自己実現にかかわる満足因子であり、第4因子は安全や生存にかかわる因子である。それぞれの因子について得点を合計して因子得点を求める。ただし、第4因子については a 係数が低いこと、そして給与と雇用保障という労務管理戦略を個別に考察する必要があることから、給与満足と雇用保障満足という独立の変数として扱う。

本章で検出された職務満足の構造はMaslow（1954）の欲求階層説の構図と酷似しており、検出された因子を高位からいえば自己実現・内発的満足・外発的満足そして生存満足の順となる[7]。動機づけ要因とは、それを構成する職務特性についての満足度が仕事への動機づけを高めてより高い業績を目指した職務行動を誘発するところからの名称である。こうした議論の背景には、高次の職務満足（欲求の充足）と動機づけが関連するという暗黙の想定がある。しかし、その開発途上国における妥当性は問われる必要がある。というのも、この章で対象とする労働者は、第2章で扱った製糖工場の季節労働者と同様に、本書の対象のなかでは最も貧困な人々であるからである。

組織コミットメント　工場組織への帰属意識をあらわす職務態度として組織コミットメントを因子分析から求めたところ（表5-12）、固有値が2.70（分散54.07％）となる因子が検出された。回答の得点を合計（「一員とは感じられない」は逆符号）して組織コミットメント得点が求められた（$a=0.76$）。

第5章　公企業における職務意識：バングラデシュ

表5-12　組織コミットメント

	因子負荷量	共通性
工場の業績が上がることは自分にとって幸せである。	0.81	0.65
工場に忠誠心をもっている。	0.80	0.63
この工場で働いていることを誇りに思う。	0.76	0.57
この工場に愛着を抱いている。	0.74	0.55
この工場の一員とは感じられない*。	0.55	0.30

注）*逆転項目。強く当てはまる＝4〜全く当てはまらない＝1。

表5-13　関係的公正

	因子負荷量	共通性
監督者は信頼できる。	0.90	0.80
監督者は労働者を公平に扱う。	0.89	0.78
監督者は友好的である	0.89	0.78

注）強く当てはまる＝4〜全く当てはまらない＝1。

関係的公正　監督者との関係が職務態度や職務行動に及ぼす影響を検討するために、監督者との関係にかかわる質問についての因子分析（表5-13）から、ひとつの因子が検出された（固有値＝2.38、分散＝79.16％）。これは監督者についての関係的公正と呼ばれる概念（$a=0.79$）に相当しており、職務行動に影響を与える因子として注目されている（Schminke et al. 2000 ; McFarlin and Sweeney 1992）。

3.2　職務行動

職務行動についての因子分析から、第1因子がモラール、第2因子が怠業と解釈される因子が検出された（表5-14）。前者は積極的に仕事にかかわろうとする意思の有無であり、その欠如は労働者が怠惰であることを意味しない。怠業についても、同様である。これに離職意思（表5-7：A＝1〜D＝4）を加えた3つの職務行動を検討する。

本章では、通常の組織心理学の枠組みに従って、職務態度が職務行動を規定する関係を探る（図5-1）。職務態度の変数としては職務満足・組織コミットメント・監督者関係を、また職務行動の変数としてはモラール・怠業・離職意

表5-14 職務行動（回転後の因子負荷量）

	モラール	怠業	共通性
責任のともなう仕事をしたい。	**0.75**	−0.11	0.59
昇進したい。	**0.72**	−0.15	0.65
高い給与のために働きたい。	**0.69**	−0.19	0.69
同僚よりもより良く仕事をしたい。	**0.65**	−0.05	0.32
集中ができなくなった。	0.03	**0.86**	0.64
働きたくないと思うことがある。	−0.14	**0.86**	0.76
仕事への熱意を喪失した。	−0.35	**0.42**	0.73
固有値	2.49	1.37	
累積分散	35.66	55.06	
α 係数	0.68	0.61	

注）太字は因子の解釈に用いられた因子負荷量。

図5-1 職務態度と行動

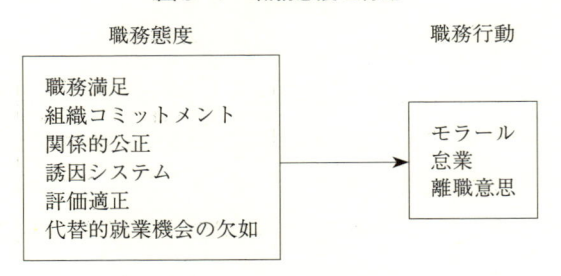

職務態度
- 職務満足
- 組織コミットメント
- 関係的公正
- 誘因システム
- 評価適正
- 代替的就業機会の欠如

→ 職務行動
- モラール
- 怠業
- 離職意思

思を考える。また、報酬システム（表5-9：強く賛成＝4〜強く反対＝1）そして代替的就業機会についての認識度（表5-5参照：強く同意＝4〜強く反対＝1）という、労働市場と労働誘因についての認識も職務行動の説明変数として考慮する。

4 分析と議論

4.1 分析

本書の他章と比較して職務意識の概念が多くなったことから、多重共線性の

表5-15 紡績工場についての正準相関分析
(正準負荷量行列)

	第1正準相関	第2正準相関	第3正準相関
モラール	−0.97	0.13	0.20
怠業	0.06	−0.82	0.58
離職意思	−0.40	−0.67	−0.63
寄与率（％）	36.8	37.9	25.3
自己実現満足	−0.03	0.18	0.08
内発的満足	0.02	0.14	−0.29
外発的満足	−0.32	0.47	−0.67
給与満足	0.53	0.44	0.14
雇用保障満足	−0.06	0.20	0.43
組織コミットメント	−0.84	0.27	0.03
関係的公正	−0.44	0.39	−0.13
報酬システム	−0.18	0.69	−0.06
評価適正	0.33	0.81	0.15
就業機会欠如	−0.50	0.37	0.25
寄与率（％）	17.0	20.0	8.5

	Wilk's λ	χ^2	有意水準	正準相関係数	自由度	冗長性係数
1	0.41	152.00	0.0%	0.66	30	15.9%
2	0.72	56.49	0.0%	0.45	18	7.7%
3	0.90	17.86	2.2%	0.32	8	2.5%

注）冗長性係数は、職務態度から職務行動への係数。次表でも、同様。

おそれがある。そこで本章では、それぞれの群についてもとめた合成変量の相関を探る正準相関分析を利用しよう[8]。なお分析では、学歴・勤続年数そして性別といった労働者の属性を考慮していない。これは、学歴と勤続年数を入れて正準相関を試みたところ正準負荷量が小さくなり有意な変数とは認められなかったためである。また男女がサンプルとなっている紡績工場の労働者について、諸変数を性別で判別分析したが有意な変数が検出されなかった。そこで職務意識構造に性差がないと判定して、性差も分析から外されている。

職務行動を第1変量群、そして職務態度を第2変量群とした正準相関分析の結果が紡績工場（表5-15）と縫製工場（表5-16）別に示される。双方で、そ

表5-16 縫製工場についての正準相関分析
(正準負荷量行列)

	第1正準相関	第2正準相関	第3正準相関
モラール	0.97	0.13	0.23
怠業	−0.46	0.88	0.15
離職意思	0.30	0.36	−0.89
寄与率(％)	41.1	29.5	29.4
自己実現満足	−0.03	−0.09	0.09
内発的満足	−0.10	−0.06	−0.24
外発的満足	0.50	−0.50	−0.28
給与満足	−0.08	−0.76	−0.03
雇用保障満足	0.35	−0.19	−0.29
組織コミットメント	0.87	−0.11	−0.01
関係的公正	0.47	−0.17	−0.05
報酬システム	0.06	−0.31	0.52
評価適正	−0.01	−0.66	0.33
就業機会欠如	0.50	−0.03	0.53
寄与率(％)	15.5	14.0	9.8

	Wilk's λ	χ^2	有意水準	正準相関係数	自由度	冗長性係数
1	0.48	203.115	0.0％	0.64	30	16.7％
2	0.80	61.20	0.0％	0.36	18	3.9％
3	0.92	23.78	0.2％	0.29	8	2.4％

れぞれ3組の近似する有意な正準変量が求められた。読み取りがやや煩雑となることから、表5-17に結果を整理しておく。

　正準相関分析は一般には馴染みの薄い分析手法であることから、縫製工場の第一正準変量を例にとってやや詳しく説明してみよう。ここでは、特にモラール、そして怠業の低さと離職意思をあらわす（正準負荷量をウエイトとする）と解釈される職務行動についての合成変量（正準変量）が、組織コミットメント・外発的満足・関係的公正・雇用保障満足そして代替的就業機会欠如の認識をあらわすと解釈される職務態度の合成変量と0.64という有意な正準相関係数をもっている。なお正準相関分析における正準負荷量の符号は便宜的であり、上記の説明は解釈しやすいように逆符号で解釈する必要がある。すなわち、ふ

表5-17 正準相関分析結果の整理

	職務行動				職務態度									
	モラール	怠業	離職意思		内発的満足	自己実現満足	外発的満足	組織コミットメント	監督者関係	雇用保障満足	給与満足	報酬システム	評価適正	就業機会欠如
第1正準変量														
紡績	◎		△	R			△	◎	○		-○		-△	○
縫製	◎	-○	△				○	◎	○	△				○
第2正準変量														
紡績		◎	○	R			-○		-△		-△	-○	-◎	△
縫製		◎	△				-○				-◎	-△	-○	
第3正準変量														
紡績		○	-○				-○			△				
縫製			◎	R								-○	-△	-○

注)　正準負荷量：◎ 0.70以上、○ 0.45〜0.69、△ 0.30〜0.44。Rは逆符号解釈。

たつの工場における第1と第2正準変量の符号は異なるので、比較のためには、一方の符号を反転させて表示してある（表5-17）。

　双方の工場の第1と第2正準変量について、変量群間の関係に共通する構造がみられる。このことは職務態度と職務行動の諸変数とにある因果関係が、工場の職務環境の違いに影響されず、比較的安定した構造であることを意味している。

　主要な関係を、確認しておこう。双方の工場の第1変量群については、第1正準変量が主としてモラールを、第2正準変量が怠業とややウエイトは低くなるが離職意思をあらわしている。それぞれに対応する第2変量群にある職務態度の正準負荷量は、工場間ではほぼ同じであるが、第1と第2正準変量では異なっている。すなわち、モラールと怠業にかかわる職務態度の変数の構造が異なることを示している。

　このふたつの正準変量の結果から、以下の4つの共通する関係が指摘できる。

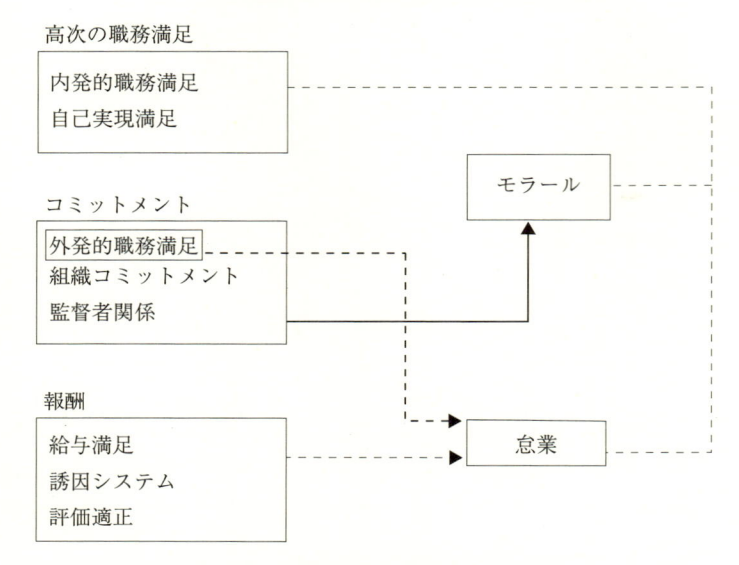

図 5-2　職務意識と職務行動の検出された関係

高次の職務満足
- 内発的職務満足
- 自己実現満足

コミットメント
- 外発的職務満足
- 組織コミットメント
- 監督者関係

報酬
- 給与満足
- 誘因システム
- 評価適正

モラール

怠業

注）矢印実線＝有意な正の相関、矢印破線＝有意な負の相関、破線＝相関なし。

(1) モラールについては、組織コミットメントが最も優勢な説明変数となっており、そのほかに外発的職務満足、関係的公正そして代替的就業機会の欠如の認識も有力な説明変数となっている（双方の第 1 正準変量）。給与満足や報酬システムはモラールを高める効果はない。

(2) 怠業を阻止するのは、給与満足・報酬システムそして評価適正である。これは金銭的報酬システムの提示とその適切な運用という労務管理戦略（双方の第 2 正準変量）が怠業の阻止に重要であることを示唆している。

(3) 職務満足の下位概念として内発的満足や自己実現満足が検出されたものの、先進産業社会で指摘されるような職務行動との有意な関連は認められない。

(4) モラールと怠業の共通する説明変数として外発的満足が指摘できる。内発的満足ではなく外発的満足が職務行動に影響することは先進産業社会では観察されない関係であり、先進産業社会とは異なる環境がバングラデシュの労働者の職務意識を支配していることが指摘される。

ここまで検出された関係をまとめたが、それでもやや読み難い書き方となってしまったかもしれない。そこで、検出された因果関係（離職は省く）を図5-2にまとめておく。

4.2 議論

バングラデシュの公企業における職務意識を、民間の縫製工場のそれとを比較しつつ検討してきた。組織コミットメントがモラールを高め、また報酬（すなわち、経済的誘因）が怠業を阻止するという関係が検出されたことは、適切な労務管理によって職務態度に働きかけることで労働生産性を高めるような職務行動が実現されうることを示唆している。縫製工場についての結果を考慮するとき、紡績工場において給与水準を半分近くまで引き下げたとしても、そこで金銭的報酬システムが機能していれば期待される職務行動を導き出せることは強調すべき結果である。すなわち、金銭的報酬システムの設定は充分にコスト削減効果をもつものと理解される。

本章で明らかになったモラールと怠業の説明変数となっている職務態度について議論していこう。モラールを高めるのは、組織コミットメントという工場組織との長期的一体感、そして監督者との良好な関係や外発的職務満足という非金銭的な職場環境にかかわる満足感であった。これに対して報酬システム、評価適正そして給与満足という金銭的報酬に関連の職務態度はモラールを高める効力はない。しかし報酬関連の変数は、第2正準変数にみられるように、怠業を阻止する効力、そして程度は低くなるが離職意思を低下させる効力をもっている。モラールの高揚と怠業の阻止のための労務管理戦略が異なることは、他の章でも指摘されるように、強調すべき知見であろう。本書の最終章でも触れられるように、経済学の考えている誘因＝報酬は怠業の阻止を想定しているのである。

縫製工場では、金銭的報酬システムとその適切な運営が怠業を阻止している。これに対して紡績工場では、労働パフォーマンスに応じた金銭的報酬や昇進という報酬システムは採用されていない。しかし、制度的に留保給与よりもかな

り高く設定された給与水準が怠業を阻止している。この意味では、効率賃金仮説のうちの怠業阻止モデル（Shapiro and Stigliz 1984 ; Krueger and Summers 1988）が機能しているといえる。しかし注意が必要なのは、給与満足が怠業を阻止する程度は賃金水準の低い縫製工場の方で高くなっていることである。これには、次のふたつの説明が可能であろう。ひとつは、怠業阻止モデルは怠業の発覚による解雇を恐れて労働者が怠業しないようになるという論理であるが、労働組合の強い紡績工場では解雇はそもそも困難である。このことが、効率賃金の怠業阻止効果を弱めているといえる。次に、賃金水準の満足にはその水準の公平さが含まれる可能性がある（Kahneman et al. 1986）。こうした議論は、組織心理学の実証研究では公正が組織コミットメントなどの職務態度に大きな影響を及ぼすこととして指摘されている（Folger 2004）。

そうしたなかで、先進産業社会で広く観察されるのとは異なる職務態度と職務行動の関係も検出されている。特に、高次の職務満足ではなく低次の職務満足である外発的職務満足が怠業に関連していることは注目すべきであろう。この関連の説明には、ふたつの説明が可能であろう。

ひとつは、第Ⅰ部で議論した組織不適応の可能性である。そうだとすれば就業資産性向の高いバングラデシュでは、ラオスやタイで観察されたように不適応の程度が高い労働者が離職することは期待できず、むしろ企業内に滞留する可能性がある。これは組織効率に大きな負の影響を与えることになろう。

もうひとつの仮説は、Maslow の欲求階層説から導き出せる。すなわち、かなりの貧困状態におかれているバングラデシュの労働者にとっては、内発的満足や自己実現という高次の欲求の充足よりも生存や外発的満足という低次の欲求の充足が優先されていることから、その充足が職務行動の説明変数となっていると考えられる[9]。このことは先に指摘したように、高賃金よりも雇用保障を強く選好するという回答に端的に現われている。高次の欲求の充足は、職務行動に影響を与える段階にはないのであろう。このことは高次の欲求に働きかける先進産業社会型の労働誘因システムが極度の貧困社会では期待通りには機能しないという可能性とともに、安易な先進国型の労務管理戦略の移転論には

慎重になる必要があることを示唆している。また、そもそも高度な労務管理が求められるような作業内容でもないことには留意しておきたい。このふたつの論理を検証するだけのデータは、今回の調査では得ることはできなかった。今後の課題としたい。

　次に、組織コミットメントが職務行動の中心的な説明変数となることは、先進産業社会を対象とした調査でも広く確認されている。しかし先進産業社会では組織コミットメントは自己実現の欲求といった高次の欲求にかかわる内発的職務満足と正の相関が見られるのに対して、本章の対象では異なる様相がみてとれる。このことを、組織コミットメントの正準負荷が高くなっている第一正準相関から検討しよう。まず、双方の企業で外発的職務満足の正準負荷が組織コミットメントと同じ符号をもって高い数値となっている。さらに注目すべきは、監督者との良好な関係をあらわす関係的公正が組織コミットメントと同符号となって職務態度についての第一正準変量を構成していることである。第3章でも議論したように、開発途上国と先進産業社会では組織コミットメントの持つ意味が異なっている、すなわち工場という意味世界が限定されている可能性を示唆している。

　これに対して報酬システムの認識度は組織コミットメントと合成変量を形成しておらず、第2正準変量に示されるように怠業を阻止する効果を示している。また、給与水準が高く雇用が保障されている紡績工場では、それらの満足もまた組織コミットメントを高めている。すなわち、昇進・責任ある仕事・技術の習得などにかかわる内発的職務満足や自己実現満足を通じて組織コミットメントを高めることによって良好な職務行動を引き出そうとする先進産業社会にみられる労務管理戦略が、今回の対象では機能しにくいことを再度確認させている。

　最後に、第3変量群の第1正準変量は主として離職をあらわすが、離職が現実的な選択肢とはなりにくい現状を考慮すれば、この結果から多くを語ることは避けるべきであろう。ただし、次の点を指摘しておきたい。第2正準変量についてみると、縫製工場では労働報酬システムへの不満と代替的就業機会が存

補表　主要因子の単相関

	内発的満足	外発的満足	自己実現	給　与	雇用保障	コミットメント
内発的職務満足		0.39***	0.37***	−0.08	0.08	0.16*
外発的職務満足	−0.04		0.31***	0.01	0.10	0.50***
自己実現満足	0.19†	−0.00		0.00	0.22**	0.19*
給与満足	0.12	0.44***	0.08		0.09	−0.13†
雇用保障	0.05	0.58	−0.10	0.51***		0.08
組織コミットメント	−0.17†	0.60***	−0.03	0.48***	0.59***	
関係的公正	0.19†	0.41***	0.15	0.46***	0.30*	0.47***
誘因システム	0.49***	0.00	0.27**	0.16	−0.07	−0.22*
モラール	−0.16	0.59***	−0.08	0.42***	0.51***	0.57***
怠　業	0.20*	−0.48***	0.05	−0.36***	−0.38***	−0.52***
離職意思	0.05	0.15	−0.12	0.20*	0.38**	0.18†

注）対角行列の右上が縫製工場、左下が紡績工場。
　　*** $p<0.1\%$, ** $p<1.0\%$, * $p<5.0\%$, † $p<10.0\%$。

在するという認識が離職意思を高めている。これに対して紡績工場では、外発的環境に不満をもつ労働者が怠業傾向を強めてはいるものの離職はしないという労務管理上は望ましくない関係が検出される。ここに公企業における労務管理の問題の一端が窺われよう。

結　び

対象とした工場では半熟練工による単純作業がドミナントな作業であることを考えれば、そこで求められるのはモラールの高揚というよりは怠業の阻止であろう。これまでに明らかとなった職務意識構造の論理に照らせば、ふたつの工場における異なる労務管理戦略は、まさにこの怠業の阻止方法にかかわってくる。

さて、現在の紡績工場の公企業改革は、正規社員を低賃金の臨時工で代替するという対症療法である。このことは、同種の仕事に従事するにもかかわらず報酬が大きく異なるという所得分配の不平等を生じさせよう。いわゆる、労働組合についての「民主主義のパラドックス」という現象である。これは、後述するインドの食品工場やフィリピンの縫製工場においても観察されている。ま

マトリクス

関係的公正	誘因システム	モラール	怠 業	離職意思
0.12	0.06	-0.02	-0.10	0.01
0.50***	0.41***	0.22**	-0.31***	0.09
0.12	0.08	0.03	-0.05	-0.06
0.05	0.25***	-0.30***	-0.12	-0.30***
0.04	0.02	0.08	0.00	$-0.13^{\dagger}$
0.61***	0.30***	0.55***	$-0.13^{\dagger}$	$0.13^{\dagger}$
	0.50***	0.30***	-0.18*	0.02
0.44***		0.08	-0.31***	$-0.15^{\dagger}$
0.37***	0.09		-0.05	0.17*
-0.23*	0.01	-0.71***		0.17*
0.13	-0.26*	0.07	-0.08	

た正規雇用としての権利が発生する前に雇用契約が打ち切られることは、いくら熟練度が必要とはされないとはいえ、技能の蓄積がなされないという課題も残るであろう。しかし、問題はそれだけにとどまらない。金銭的報酬システムが存在しない現行の労務管理のもとでは、紡績工場においてみられる低賃金の臨時工による正規労働者の代替は、高賃金によって怠業の阻止を期待できない労働者の増加を意味している。こうした公企業改革は人件費の削減という点では有効であろうが、これまで検討してきた論理に照らせば、労務管理にかかわる経営自主権が存在しない現状では、怠業が深刻となるという問題の発生、ないしは監視費用の増大を意味することになろう。適切な労務管理の重要性が、改めて確認されることになる。

注
1) 独占状態にある石油とガス公社以外の公企業は損失を計上している（World Bank 1995)。
2) バングラデシュの公企業については、World Bank（1994と1995）を参照されたい。
3) A工場の紡錘稼働可能時間が平均とほぼ同じであることから、A工場の経営規模は平均的といえる。
4) 金額的には僅かな褒賞であるが、それにより「認められた」という意識を労働

者が抱いて、より働くようになるとのことである。こうした説明は、インドの現地企業の経営者からも頻繁に聞かれている。すなわち、金銭的報酬に還元できない誘因の存在を窺わせている。本章では、それを、組織コミットメントとして議論することになる。

5) B工場は、ナイキとアディダス社のOEM生産をおこなっている。こうしたスポーツ衣類メーカーは、第3章で触れたように、独自の労働関連内規 (labor code) を生産受注工場に要求している。この意味でB工場は特異であり、バングラデシュの縫製工場を代表するものではない。

6) この分類と職務行動との関連については Deci (1975) を、またこの概念を使った研究のサーヴェイについては、たとえば McCormik and Iligen (1987) を参照されたい。

7) ここの議論については、Steers and Porter (1991) および Steers et al. (1996) を参照されたい。

8) 正準相関分析とは従属変数も複数ある重回帰の一般型と考えるとよいであろう。詳しくは、柳井晴男・高木廣文編 (1986) を参照されたい。

9) 前章のタイのケースでは、内発的職務満足が職務行動の説明変数となっていた。

第6章　衰退する公企業と興隆する民間企業：インド

はじめに

　バングラデシュを対象とした前章では、必要とされる技能水準がほぼ同じとみなされる公企業と民間企業を比較した。本章では、労働者が半熟練工であるインドの公企業（食品工場）と民間企業（縫製工場）、そして熟練工である日系合弁企業の自動車製造工場を対象とする。

　「1956年産業政策決議」を礎にした国家統制色の強い重工業化路線をとるネルー社会主義によって、インドは公企業による輸入代替という工業化戦略を採用した。ネルー以降も公企業は肥大化して、GDPに占める公企業のシェアは80年代半ばには15％程度に達した。こうして公企業は、インド経済のハイ・コスト化のひとつの要因となっていった。

　そうしたなか、1979／80年、インドは不作（穀物生産前年比マイナス17.6％）に見舞われ、さらに第二次石油危機が追い討ちをかけた。貿易収支も過去最大規模となっていた。当時の首相インディラ・ガンディは、IMFの拡大融資枠（Extended Facility Fund）からの50億SDRという、それまでにIMFが加盟国におこなったなかで最大規模の融資によって経済危機を乗り切ろうとした。この融資はコンディショナリティを要求するものであり、産業および貿易政策で諸々の自由化措置がとられた。本章で対象とする日系自動車企業も、この自由化を契機にインドに参入している。しかしこの自由化に対しては、それがインドの経済哲学である自助（self-help）に抵触することから、国内でも強い抵抗が見られた。そうした背景もあって、インドの統制経済の基本的枠組

みはそのまま残された。

　1980年代にはこうした矛盾を抱えたままの自由化が続いたが、1990年の湾岸危機を引き金としてインドのマクロ・バランスは大きく崩れて、1991年4月には外貨準備高が輸入の2週間分にまで払底するという経済危機に直面した。インド政府は、再びIMFからの構造調整融資によってこの難局を乗り切ろうとした。しかし、この融資はさらに本格的な経済自由化を求めるコンディショナリティが付与されており、それに誘導されて経済の自由化が始まった。ここに「新経済政策」が採択され、それ以降、インド製造業は比較的順調な成長をみせている[1]。

　自由化以降の工業部門の高い成長率の背後には、従来型と新規参入企業との業績の濃淡があることに留意する必要があろう。やや図式的な表現をすると、インドの工業化の初期段階において、重複投資と外貨の効率的配分を意図とした産業および輸入ライセンス制のもと、ライセンスを獲得した企業はレントを享受することになった。しかし、ライセンス制は事業拡大にも適用されたために企業はレントの生産目的への再投資を制限されており、また政府もレントを効率的に捕捉して生産目的に再配分することも充分にはしなかった。

　そこで容易にレント請求者となったのが、各種の労働保護法に擁護された労働組合である。彼らは法定最低賃金を遥かに超える賃金水準のみならず、労働者に有利となる労使協約をも獲得している。こうしたなかで労務管理についての経営側の自由度は狭められ、非効率な生産組織が定着してハイ・コスト経済が形成されていった。80年代に参入した新世代の企業は、こうした制約から比較的自由であった[2]。これに対して旧世代の企業のなかには、既得権益に固執する労働組合の抵抗や旧態依然とした労務管理様式から抜け出せない経営者の態度によって、経済自由化に対応できないまま衰退の途を辿るものもある。

　では、そうした新世代の企業の労務管理戦略は旧世代の企業のそれと、どのような差異が認められるのであろうか。インドの企業経営者は、筆者の聞き取りの経験からすると、労働者は賃金にのみに反応すると明言することが多い。また彼らが賃金というとき、それは報酬システムではなく賃金水準そのものを

問題としている。貧困に喘ぐ人々にとって賃金水準が意味することは、先進産業社会とは質的に異なることも考えられるために、こうした発言にも首肯できるところはある。しかし、現在の労務管理は人間資源アプローチを採用しており、組織のなかで労働者が動機づけられることに注目している。また、それを実証する数多くの研究が蓄積されている。そこでのほぼ定着している結論は、組織コミットメントが労働者の職務行動の重要な説明変数になるという指摘である。

本章の目的は、異なる労務管理戦略を採用するインドの3つの企業における労働者の職務意識の比較を通じて、労務管理の問題点を検討するところにある。検討の中心となる課題を対立する仮説として提示すれば、インドの工場労働者を動機づける適切な戦略は、伝統的な労務管理アプローチとしての金銭的報酬であるのか、それとも人間資源開発に基づくアプローチであるのかという枠組みとして措定できよう。

われわれが対象とするのは、旧世代の企業として公企業である食品（製パン）企業、そして新世代の企業として縫製企業2社と日系自動車企業という異なる性質をもつ企業である。そして製造工程従事者、それぞれ80、117、そして148名の計345名に対して質問票に基づく面接聞き取り調査をおこなった（1995年）。

1 調査対象

調査対象とした労働者の基本的な属性が、表6-1に示される。対象とした企業について、簡単に説明しておこう。

食品企業 コロンボ計画による援助で1968年に設立された、従業員規模358名の公企業の製パン工場である。従業員は基本的には全員男子であるが、夫が死亡したときに近親者条項（next of kin）に従ってその配偶者を雇用することから若干名の女子労働がいる。

公企業では労働条件が恵まれていることから、自発的離職はほぼ皆無である。

表6-1 抽出標本の属性

	サンプル数	平均年齢		平均勤続年数	
		平　均	標準偏差	平　均	標準偏差
自動車	148	34.6	5.2	9.5	2.9
縫　製	117	26.8	5.4	3.0	3.2
食　品	80	31.9	5.0	5.5	3.7
平　均	345	31.3	6.2	6.3	4.3

学歴（卒業基準） (単位：％)

	な　し	小学校	中学校	高　校	ITI	大　学	合　計
自動車	0.0	0.7	56.1	12.8	25.0	4.8	100.0 (148)
縫　製	26.5	29.9	16.2	23.1	0.0	4.3	100.0 (117)
食　品	0.7	13.8	27.5	37.5	21.3	0.0	100.0 (80)
平　均	12.5	16.8	38.3	18.3	10.7	3.4	100.0 (345)

注）かっこ内は人数。

　新規採用も年間10名以下にとどまっている。しかし、欠勤率は約20％、祭日前後では約40％にもなる。第2章で扱った村との紐帯を強くもつ製糖工場の季節労働者の欠勤率が高い月でも10％以下であったことを思えば、欠勤率の高さを村との紐帯だけに求めることはできないことが確認できよう。欠勤によって生じた欠員は臨時工で補充され、彼らには法定最低賃金の日給57.50ルピーが支払われる[3]。この臨時工のなかから新規採用がなされるが、前述のようにその数は僅かである。また、臨時工は年間240日を超えて就労すると労働法によって正規雇用となる権利を得ることになるために、その日数に近づいた臨時工とは雇用関係が停止される。

　この企業では、次のような報酬システムが設けられている。給与に関しては、定期昇給（表6-2）のほかに、昇給を早め、また生産奨励金を与えるなどの報酬がある。なお、表6-2に示される昇給表は労使協議で決められたものである。この読み方を第1級について説明すれば、初任給（基本給）が1200ルピーであり、毎年20ルピー昇給して5年後に1300ルピーに達すると、次に25ルピーの昇給となる。昇進についても、昇進期間が3から5年と差がつけられる。諸手当てを含む平均給与額は、4000から5000ルピーである。この給与水準は、

次に紹介する縫製工場のそれの2倍近くとなっている。前章で議論したバングラデシュに類似する構図が見られる。

縫製企業 調査対象とした2社は双方ともに1993年に設立されたデリー近郊の

表6-2 食品工場における製造工程従事者の昇給表（基本給部分）
（単位：ルピー）

第1級：1200-20-1300-25-1675
第2級：1250-26-1376-30-1526-36-1875
第3級：1390-40-1590-50-1840-60-2440

工業団地にある。労務管理に大きな差はないので、1社のみを紹介しておこう。

縫製工の中心は、ビハール州とUP州東部を中心とする移動労働者である。移動労働者を中心に雇用する理由は、後述する自動車企業のそれと対応している。企業長によると「かつて近郊の労働者を雇用して問題があったために解雇したときに、地域のごろつき（gunda）が介入してきて大変な目にあった」ためとのことである。欠勤率は10～20%程度であり、その補充のために joker と呼ばれる補助員を雇用している。女子労働比率は20%程度である。工場長は「女性のほうが従順で使いやすいのだが、納期を守るために残業が頻繁に必要となる。われわれの社会では暗くなって女性を帰宅させるのは危険であることから、男子労働者に頼らざるを得ない」という。ミシン操作技術が求められることから、食品企業のように臨時工には依存していない。しかし、欠勤に対処するための多能工化はなされていない。これは低賃金国にあっては、多能工化するための費用よりも補助員を雇うほうが低廉となるためである。

離職率は年25～30%でありインドでは高い水準にあるが、これは後に述べるように、縫製工としての代替的就業機会が比較的恵まれているためであろう。平均給与額は2200から2500ルピーの固定給与であり、出来高給は採用されていない。出来高給ではなく固定給となっているのは、充分な需要がないことから生産ラインが止まることが多いためである（工場長談）。

自動車企業 この工場は、1982年に日本の鈴木自動車（現スズキ）とインドの公企業との合弁で設立され、90年代には乗用車の販売シェアの8割を占めるという成長をみせた。その後は、外資系自動車企業の参入によってシェアは減少している（2004年では45%）もののインドの経済自由化の象徴的存在であり、人間資源アプローチに基づく労務管理がインドで普及していく契機となった企

業である。従業員数は調査時点で、生産部門3465名、事務他1671名そして見習工を含めた合計4706名であった。

採用は、高卒後に工業訓練学校（ITI）において1年の技能訓練を受けた18歳以上の新卒者に限定されており、他企業での就業経験のある者は採用していない。こうした採用方針は、第8章で扱うフィリピンの日系自動車企業でも採られている。また、半径200キロ以内に居住する者の比率を25％以内に抑えており、残りは全国のITI卒業者から採用している。さらに、ひと家族からの採用は1人だけとしている。その理由について、インド人の人事部長は「何か問題が起こったときにウィルスが広がるのを阻止するため」と回答している。インドのように同郷出身者やカーストといった第一次集団の勢力が強いところでは、第二次集団である企業組織の機能が第一次集団によって阻害されることがあることから、企業内で第一次集団の形成を回避する採用方針である。こうした戦略は、前述の縫製工場や第2章で扱ったサラスワティ製糖工場でもそうであったように、インドの企業ではかなり普遍的といえる。

現場の職階はL1とL13（L1とL2は見習工）まであり、昇進はL3からL5までは3年ごとになされる。それ以降には査定が入り、35％は3年、残りは4年で昇進となるが、一部のものは5年となることもある。査定では、改善制度・QCサークル・3G（現場・現物・現実）主義・3K（決められたことを、基本どおり、きちんと守る）、5Sそして月曜日の出勤などが対象となる。この意味では、今回の調査対象とした企業のなかでは最も規律を求める労務管理がなされている。

日本人技術者にある工程のタクト・タイム（標準作業時間）を聞いたところ、2分30秒であった。ついで日本の本社ではどうかと聞いたところ、即座に40秒という回答があった。この工場は日本的労務管理をインドに根づかせたとして内外から高い評価を受けており、インドの産業史のなかに名を残す企業であることは疑いの余地はない。しかし日本的経営を導入したとはいえ、効率的作業という側面では日本の本社工場とは大きな隔たりが存在している。ただし、日本人技術者は「インド人の作業性は良いと思う。当社の海外50社のなかでも

No.1である」と述べている。すなわち、個人の資質に関しての問題はないが、諸々の日本的労務慣行の円滑な遂行という観点からは問題が残る段階である。この点については第Ⅲ部で扱うが、特にフィリピンの日系自動車企業でも同様の事態が観察されている。しかし、このことをもって、この企業では日本的労務管理が根づいていないと評価するつもりはない。小集団における課業の重複によって効率的なラインの流れを実現しようとする日本的労務管理を必要とするほど、インドの賃金は高くはないからである[4]。

給与は月額平均で6000～7000ルピーと、インドの製造業では高い水準にある。その他、目標台数を超えたときのボーナスや皆勤手当などが支給される。皆勤手当は3カ月皆勤ならば250ルピー、1年皆勤ならば1000ルピーが与えられる。ボーナスは6000ルピー、昼食補助（1日当たり会社が12ルピーを補助して、労働者は2.5ルピーの支払いのみ）など様々な補助があり、労働条件はインドでもかなり高い水準にある。他社の参入によって競争が激化していることから、この労働条件を下げなくてはならないと人事部長は指摘する。調査時点では問題とはならなかったが、2001年にはこの問題で賃金をめぐる労働争議が発生している。

なお食品と自動車企業には労働組合があるが、縫製工場ではない。また、自動車企業のそれは企業別組合であるが、食品工場のそれは上部団体をもっている。

2　労働環境の認識

労働者の職務意識は、彼らの置かれている環境に影響される。ここでは、それぞれの企業組織がもつ報酬システムと労働者の直面する外部労働市場に分けて確認しておこう。対象企業は、すでに簡単に紹介したように、濃淡のある報酬システムを具備している。それらがどれほど労働意欲を喚起しうるかは、その運用方法に強く依存する。質問票調査では労働者の認識度によって報酬システムの効力を計測して、それが職務意識に影響するメカニズムを検討する。

表6-3　報酬システムとその運用の認識

この工場では一生懸命働くと、高い賃金が約束される。　　　　　　（単位：%）

	強く妥当	妥当する	妥当しない	全くしない	合　計
自動車	51.4	12.8	29.7	6.1	100.0 (148)
縫　製	17.1	43.6	29.1	10.3	100.0 (117)
食　品	13.8	17.5	17.5	51.3	100.0 (80)
平　均	31.0	24.3	26.7	18.0	100.0 (345)

この工場では一生懸命働くと、昇進が約束される。　　　　　　　　（単位：%）

	強く妥当	妥当する	妥当しない	全くしない	合　計
自動車	36.5	8.8	43.9	10.8	100.0 (148)
縫　製	7.7	17.1	56.5	18.8	100.0 (117)
食　品	17.5	16.3	18.8	47.5	100.0 (80)
平　均	22.3	13.3	42.3	22.0	100.0 (345)

私の仕事はこの工場で相応に評価されている。　　　　　　　　　　（単位：%）

	強く妥当	妥当する	妥当しない	全くしない	合　計
自動車	20.3	52.7	20.3	6.8	100.0 (148)
縫　製	17.9	38.5	36.8	6.8	100.0 (117)
食　品	10.0	66.3	13.8	10.0	100.0 (80)
平　均	17.1	51.0	24.3	7.5	100.0 (345)

注）かっこ内は人数。

　報酬システムの中核である賃金と昇進について、それらと労働パフォーマンスとの関係を質問した（表6-3）。労働パフォーマンスと賃金との関係について、自動車企業の労働者の7割近くが肯定的な関連を認めているのに対して、食品企業労働者の7割近くは関連を認めていない。昇進については、縫製企業と食品企業の労働者の半数以上が労働パフォーマンスとの関連を認めていない。これに対して、自動車企業では回答が分かれているが、相対的に関連を認めている。すなわち食品企業でも昇給・昇進は制度化されてはいるが、それが労働パフォーマンスの結果であるとは労働者が認識していないのである。縫製企業は、その中間にあるといえよう。

　報酬システムは、それに効力があると労働者が認識して、はじめて機能することになる。すなわち、食品工場では報酬システムは動機づけの効力を発揮し

第6章 衰退する公企業と興隆する民間企業：インド 175

表6-4 代替的就業機会の有無 (単位：%)

	強く妥当	妥当する	妥当しない	全くしない	合　計
自動車	47.3	24.3	28.4	0.0	100.0 (148)
縫　製	56.4	25.6	7.7	10.3	100.0 (117)
食　品	30.4	63.8	1.3	5.0	100.0 (80)
平　均	46.4	33.9	15.1	4.6	100.0 (345)

注）質問：この工場よりも良い労働条件で他の仕事を探すのは難しい。かっこ内は人数。

表6-5 離職意思 (単位：%)

	A	B	C	D	合　計
自動車	41.9	31.1	19.6	7.4	100.0 (148)
縫　製	1.7	6.8	29.9	61.5	100.0 (117)
食　品	7.5	33.8	45.0	13.8	100.0 (80)
平　均	20.3	23.5	29.0	27.2	100.0 (345)

注）$\chi^2=110.47$, $p<0.1\%$ （イェーツの修正 χ^2：A＋B，C＋D）。かっこ内は人数。
質問：この工場を辞めることについて
A. この工場を去ることを考えることは全くありえない。
B. 将来のことを考慮する限り、この工場でずっと働くつもりでいる。
C. 他の仕事を探しているわけでないが、将来、離職しようと思っている。
D. よりよい仕事のために、この工場を辞めることを真剣に考えている。

ていないと考えられる。制度の観察だけでは充分には把握できないこうした事実を、意識調査は明らかとすることになる。そして、この労働報酬に対する対照的な認識が職務意識に与える影響が、本章の主要な関心である。

ちなみに「私の仕事ぶりは、この企業で相応に評価されている」という質問に対して、自動車企業では7割以上が肯定的見解を示しているのに対して、縫製企業では56％でしかない。しかし食品企業では76％が肯定的回答を示している。これは給与月額が、自動車企業で6000〜7000ルピー、食品企業では4000〜5000ルピーであるのに対して、縫製企業では2000〜2500ルピーと差があることによるものと考えられる。

外部労働市場についての質問から、対象とした労働者が直面する労働市場の状況をみていこう。現在よりも条件のよい就業機会の可能性を質問したところ（表6-4）、8割以上が困難と回答している。ただし、自動車企業の労働者の3割近くは可能であると回答しており、技術力があり教育水準の高い労働者には代替的就業機会が比較的存在することが窺えよう。離職意思にも、対応した結果がみられる（表6-5）。すなわち縫製工の大半は離職意思を示していないが、自動車企業の労働者の7割以上は離職によるキャリア・アップを考えてい

る。食品企業の労働者の約4割が離職意思を示しているが、これはこの企業が自発的退職計画（voluntary retirement scheme）による人員整理をおこなっているためであろう。

3 職務態度

　本章の基本的構図を説明しておこう（図6-1）。組織心理学では、通常、職務態度が職務行動を規定すると措定する。そして職務態度が労務管理によって操作可能であるとしたうえで、それにより期待される職務行動を実現する戦略が採られる。ところで先進産業社会では、最適な報酬システムの存在を前提としているためであろうか、このシステムを労働者がどのように認識しているかが議論されることは少ない。しかし前述のように、インドの企業では報酬システムそのものに問題があり、そのことが期待される職務行動の実現を阻害していると予想される。

　そこで労働者が報酬システムをどのように認識しているかも、職務態度の説明変数とする。また低位就業が深刻であるインドでは、労働市場の需給状況の認識も職務行動の説明変数となると考えられる。

　職場に関する9つの質問への因子分析から、表6-6に示されるふたつの因子が求められた。第1因子は組織コミットメント、第2因子は内発的職務満足と解釈される。なお、職務満足が就業環境そのものに対する短期的反応であるのに対して、組織コミットメントは企業組織に対する長期的かつ安定的反応であることが知られている。

　われわれは職務態度が職務行動を規定すると考えるが、職務態度を決定するのは外生的環境と労務管理戦略である。この関係を念頭において、企業別に主要な職務態度の水準をみていこう。職務態度の得点は、アンダーソン・ルービン法で求められた因子得点、給与満足は選択肢に与えられたリッカート得点である（表6-7）。日本的労務管理を労働者の組織に対する一体感を高めるシステムと見なすならば、それは組織コミットメントによって捉えられるといえよ

第6章 衰退する公企業と興隆する民間企業：インド　177

図6-1　職務意識をめぐる構図

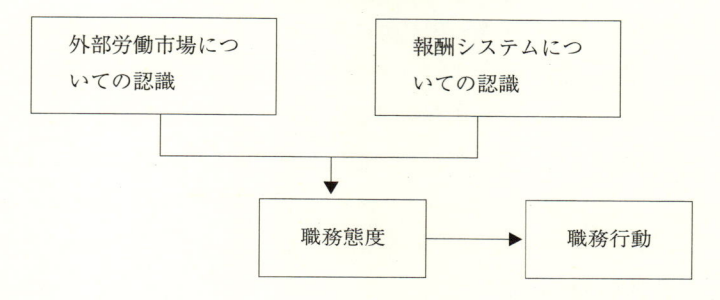

```
┌─────────────────┐    ┌─────────────────┐
│ 外部労働市場につ │    │ 報酬システムにつ │
│ いての認識       │    │ いての認識       │
└────────┬────────┘    └────────┬────────┘
         │                      │
         └──────────┬───────────┘
                    ▼
            ┌──────────────┐      ┌──────────────┐
            │  職務態度    │─────▶│  職務行動    │
            └──────────────┘      └──────────────┘
```

表6-6　職務態度にかかわる因子分析（回転後の因子負荷量）

	組織コミットメント	職務満足	共通性
会社に愛着をもつ	**0.88**	0.00	0.68
会社に誇りをもつ	**0.79**	0.19	0.64
会社の方針を理解している	**0.70**	0.33	0.60
会社の成長が嬉しい	**0.62**	0.01	0.39
会社に忠誠心をもつ	**0.49**	0.29	0.33
チャレンジな仕事である	0.30	**0.72**	0.61
仕事にゆとりがある	0.20	**0.66**	0.47
責任に満足している	0.48	**0.63**	0.63
自分の能力活用ができる	−0.06	**0.62**	0.39
固有値	2.77	1.97	
分散（％）	30.73	21.91	

注）強く妥当＝4〜全く妥当しない＝1のリッカート・タイプの4肢法。太字は因子の解釈に用いられた因子負荷量。

表6-7　職務コミットメントと職務態度得点の平均

	組織コミットメント	内発的職務満足	給与満足
自動車	0.23 (0.80)	−0.16 (1.16)	2.21 (0.75)
縫　製	−0.46 (1.19)	0.13 (0.70)	2.48 (1.01)
食　品	0.24 (0.78)	0.10 (1.07)	2.14 (1.19)
平　均	0.00 (1.00)	0.00 (1.00)	2.28 (0.76)

注）かっこ内は標準偏差。組織コミットメントと職務満足は因子得点。給与満足は、強く妥当＝4〜全く妥当しない＝1のリッカート型4肢法の得点。

う。しかし因子得点をみると、組織コミットメントについては自動車企業だけでなく公企業である食品企業で相対的に高くなっているが、縫製企業では低くなっている。また、職務満足については縫製企業で最も高く、自動車企業と食品企業で低くなっている。日系企業である自動車企業では組織コミットメントは高いが職務満足は低くなっており、食品工場ではその逆となっている。このことは、どのように解釈されるべきであろうか。

4　職務行動関数

　職務行動について、(1)昇進を希望する［昇進志向］、(2)同僚よりも一生懸命働こうと努めている［同僚以上の努力］、(3)仕事に関する意思決定に参加したい［参加意思］、の質問を用意した。それぞれについて、強く当てはまる＝4～全く当てはまらない＝0までのリッカート型の得点を与えて、職務態度（職務満足と組織コミットメント）との関連を企業別に検討した。なお組織コミットメントと内発的職務満足については、全体の関数では因子得点を、そして企業別の関数ではそれぞれの態度変数を構成する質問の回答のリッカート得点の合計得点が用いられている。説明変数には、そのほかに、教育水準・勤続年数そして代替的就業機会の有無（全くない＝1～容易にある＝4）を考慮した。結果は、表6-8に示されている。

　ここから、比較的頑健な結果が得られる。すなわち、全体でみれば、組織コミットメントが、職務行動と有意に正の関連を示している。個別にみると、この関係は、自動車企業において一様に確認される。縫製企業についても、参加意思以外では同様である。これに対して食品企業では、期待される関連は全く検出されていない。また、職務満足も有意な変数とはなっていない。すなわち職務満足の高い労働者が、より動機づけられているという仮説は妥当していない。さらに強調されるべき帰結は、賃金満足が有意な説明変数となっていないことである。食品企業については、昇進志向について有意な関連はあるが、しかし符号は期待される方向とは逆になっている。

第6章 衰退する公企業と興隆する民間企業：インド

表6-8 職務行動関数

(a) 昇進志向 (標準化係数)

	全体	自動車	縫製	食品
組織コミットメント	0.36 (5.75) ***	0.54 (7.15) ***	0.33 (3.72) ***	
内発的職務満足	0.20 (3.98) ***			
賃金満足度	−0.26 (4.21) ***			−0.52 (5.23) ***
教育水準		0.19 (2.52) **		
勤続年数	0.24 (4.00) ***			
企業ダミー2	0.13 (2.11) *			
自由度調整済み R^2	0.19	0.44	0.11	0.27
F-値	16.09 ***	57.70 ***	—	—
N	344	147	116	79

注) *** $p<0.1\%$、** $p<1\%$、* $p<5.0\%$。かっこ内はt-値の絶対値。変数選択で除外された変数：代替的就業機会、企業ダミー1。

(b) 同僚以上の努力 (標準化係数)

	全体	自動車	縫製	食品
組織コミットメント	0.24 (4.74) ***	0.19 (2.33) *	0.70 (6.09) ***	有意な変数なし
内発的職務満足			0.31 (2.73) ***	
企業ダミー1	0.41 (8.16) ***			
自由度調整済み R^2	0.19	0.04	0.27	—
F-値	38.98 ***	NS	21.21 ***	—
N	344	147	116	79

注) *** $p<0.1\%$、* $p<5.0\%$。変数選択で除外された変数：賃金満足度、勤続年数、教育水準、企業ダミー2。

(c) 参加意思 (標準化係数)

	全体	自動車	縫製	食品
組織コミットメント	0.14 (2.70) **	0.36 (4.66) ***	0.24 (2.66) ***	0.50 (5.06) ***
教育水準	0.31 (4.76) ***			
企業ダミー1	0.55 (8.40) ***			
企業ダミー2	−0.30 (4.76) ***			
自由度調整済み R^2	0.21	0.13	0.06	0.25
F-値	22.96 ***	—	—	—
N	344	147	116	79

注) *** $p<0.1\%$、** $p<1.0\%$。変数選択で除外された変数：賃金満足度、勤続年数。

表6-9　コミットメント関数　　　　　　　　　(標準化係数)

	全体	自動車	縫製	食品
報酬システム	0.63 (14.85) ***	0.62 (10.35) ***	0.53 (7.52) ***	
教育水準		0.17 (2.79) **	−0.31 (4.37) ***	
勤続年数	0.16 (3.07) **	0.17 (3.25) **		−0.28 (2.51) *
企業ダミー1	0.38 (6.41) ***	—	—	—
企業ダミー2	−0.39 (7.27) ***	—	—	—
自由度調整済み R^2	0.46	0.66	0.47	0.08
F−値	72.67 ***	92.74 ***	49.48 ***	—
N	344	147	116	79

注）*** $p<0.1\%$、** $p<1.0\%$、* $p<5.0\%$。

　このことから、次の結論が導きだせる。自動車企業では、組織との一体感を醸成する労務管理戦略が採用されていることから組織コミットメントが相対的に高く、またそのことが期待される職務行動を実現させている。自動車企業では職務満足はほかと比べて低い水準にあったが、それは職務行動に悪影響を与えていない。組織に対する長期的反応である組織コミットメントが職務行動の有効な説明変数となっていることは、日本的経営が自動車企業で機能していることを窺わせている。食品企業では、組織コミットメントは相対的に高い水準にあるが、職務行動と期待される方向には結びついていない。これは、次のことによるものと考えられる。

　組織コミットメントを醸成し、さらに職務行動を期待される方向に結びつける要因として、報酬にかかわる労働者の認識を検討していこう。報酬システムと組織コミットメントとの関連を検討するが、報酬システムにかかわる質問（「努力→賃金」「努力→昇進」「評価の適切さ」）の回答を独立して用いると共線性が深刻となるために、それぞれの得点を合計して報酬得点とした。コミットメント関数（表6-9）は、報酬システムについての認識の程度が組織コミットメントを高めていることを示している。特に、決定係数が高いことが注目される。ただし、ここでも食品企業では、報酬の認識との関連は検出されていない。一般的には正の相関があると想定される勤続年数と負の相関が認められ

第6章　衰退する公企業と興隆する民間企業：インド

表6-10　離職関数

(標準化係数)

	全体	自動車	縫製	食品
組織コミットメント	-0.12 (2.98) **	-0.24 (2.04) *	-0.26 (2.73) ***	
内発的職務満足	-0.14 (3.56) ***	-0.39 (3.69) ***		
教育水準	0.25 (5.43) ***	0.67 (8.68) **	0.25 (2.62) **	
勤続年数	-0.23 (4.25) ***	-0.17 (2.42) ***		-0.28 (2.51) **
企業ダミー1	0.35 (6.18) ***			
企業ダミー2	0.29 (5.39) ***			
自由度調整済み R^2	0.49	0.44	0.21	0.09
F-値	54.95 ***	28.31 ***	12.94 ***	—
N	344	147	116	79

注) *** $p<0.1\%$、** $p<1.0\%$、* $p<5.0\%$。変数選択で除外された変数：勤続年数、賃金満足度。

ることからも判定されるように、食品企業では、有効な組織コミットメントの醸成がなされていないといえる。この事実に関してさらに指摘すべきことは、計算結果は割愛するが、報酬の認識が職務行動関数では有意な変数とはならなかったことである。

　ここまでに明らかとなった構図は、労働パフォーマンスに応じた報酬という労務管理が適切におこなわれていると労働者が認識するときに組織コミットメントが高まり、期待される職務行動が生起されることである[5]。換言すれば、昇給や昇進システムは職務行動の直接の誘因とはならず、それらは組織コミットメントという職務態度を媒介して職務行動に働きかけると考えられる（図6-1参照）。この事実は、第10章でも議論される。すなわち、職務満足を高めるよりも、組織コミットメントを高める労務管理戦略が有効であるといえる。ただしそのときでも、報酬システムによって組織コミットメントが活性化されることを認識しておく必要がある。

　離職関数についても、組織コミットメントが有意な変数となっている（表6-10）。ただし、制度的に雇用が保障され、かつ必要とされる技能と比較して賃金水準が高い食品企業では、そもそも離職意思が低いことから有意な離職関数が検出されなかった。労務管理によって期待される職務行動を実現する職務態度を醸成することが経営の役割のひとつであることを勘案すれば、バングラ

デシュの場合と同様に、公企業では労務管理戦略が機能していないといえる。

結　び

　インドの労働者を動機づける労務管理戦略を探るために、ティラー型と人間資源開発型戦略という対比において検討を試みた。調査結果は、インドの労働者も組織コミットメントにより動機づけられていること、さらには労働生活の質もまたそれにより高められていることを明らかにした。と同時に、賃金満足や職務満足は、動機づけ要因ともならず、また労働生活の質も高めてはいない。すなわち、ティラー型の動機づけメカニズムは機能してはおらず、むしろ組織コミットメントを軸とする人間資源アプローチが妥当しているといえる。

　労働者が賃金水準に最も反応すると考える多くのインド企業経営者の主張を、われわれの調査は支持してはいない。むしろ経済自由化にともない企業間競争が激化するインドにおいても、それが日本的経営と呼ばれる様式かどうかはともかくとして、人間資源開発に基づいた労務管理戦略が意義をもつようになるであろう。そして、その主要な要素として労働者の企業組織への一体感（組織コミットメント）を高める戦略が不可欠となる。ただし、それは労働パフォーマンスに応じた報酬システムが適切に運用されない限りは、期待される職務行動に結びつくものではないことには充分に留意する必要がある。

　なお、本章の結論は第4章のタイの場合と重なるところが多い。すなわち、自動車産業やエレクトロニクス産業といった高度な作業（本章では、それを裁量的作業と捉えている）が求められる産業では、組織コミットメントが労働誘因として優勢になるといえる。

　旧世代の企業である公企業（食品企業）では、充分な組織効率を実現する努力がなされてこなかった。こうした企業でも、競争的市場環境に適合するシステムを構築する必要があろうが、労働組合の抵抗もあり、そうした報酬体系を構築して機能的に運用するには大きな困難が予測される。特に、インドの経済自由化は、労働市場の自由化には手をつけることなく進行している。また、企

業の市場からの撤退にも法的制約がある偏った自由化である。そのために、既得権益をもつ労働組合の抵抗などにより、組織の変革には大きな抵抗がおこっている。それは、労働者に有利な内容となっている労働関係法を競争市場に適合する内容に改変すべきという主張がIMFのみならず政府からもなされているにもかかわらず、労働市場の自由化が手付かずであることからも窺い知ることができよう。

　本文では詳しくは述べていないが、食品企業の経営責任者は経済自由化に対応して労働組合との話し合いを続けて企業改革を進めていた。しかし、労働組合の抵抗が強く成果は必ずしもあがっていない。労働者も仕事中におしゃべりを続けて手元が疎かになっており、筆者を案内して経営責任者が近づくと急に態度を変えて仕事に集中するふりをする始末である。第2章のラオスにおける逸話で紹介したように、いったん労働規範が形成されると、それを突き崩して生産性を高めるためには労働者の総入れ替えをしなくてはならない。このことは、企業文化が労働者にも体化されてしまい、報酬システムの変更だけでは彼らの労働態度を改めることが容易ではないことを示唆している。

　経済自由化により食パン製造が中小企業にも開放されたことから、調査の翌年、この食品企業は市場競争力を失って外資系民間企業への払い下げが決まった。ここではその内容を詳しくは紹介できないが、食品企業の経営責任者は就任と同時に組合との対話に集中して、改革を進めようとしてきた。対組合関係は、その結果、かなり改善されたようである。しかし、労働生産性の向上に行きつく前に、経営は終焉を向かえてしまったというのが現状である。公企業の内部改革の困難さを物語る事例といえよう。

注
1)　インドの経済発展における自由化の経緯については、さしあたり大野（2001）を参照されたい。
2)　たとえば新規参入型企業であるハリヤーナー州グルガオンにある日系合弁の二輪車メーカーの服務規程（standing order）には、次のような項目がある。「55歳に達したとき、ないしは勤続が25年に達したとき、いずれか早い場合に定年と

なる（筆者注：前章で扱った食品企業では定年は60歳）」「3カ月以上の病欠、または頻繁な病欠の場合、雇用契約は停止される」など、旧世代の企業では見られないほど労働者に不利な規定が目立つ。ちなみに、この服務規程はハリヤーナー州政府の認可を受けている。

3） 調査時点で1ルピーは2.5円程度である。

4） 2001年にインドの電話機組立工場を調査したときに、工場経営者から日本的労務管理について質問がなされた。製造部長なども呼ばれ、結局3時間にわたってトヨタ方式などの説明をする羽目になった。ラインの組み方などを説明するたびに、それはこの工場で使えるかどうかを彼らは熱心に議論していた。小集団におけるピア・プレッシャーの利用について、彼らは特に強い関心を示した。しかし多能工化によってラインを円滑にする方式については、多能工化する費用および技能の高まった労働者に対する賃金の上昇という費用を考えれば、単能工を余分に雇用したほうが生産物当たりの労働費用を抑えることができる、というのが彼らの議論の結論であった。私も、それに同意した。

5） 報酬の公正さと職務行動の関係ついては、Schminke et al.（2000）と McFarlin and Sweeney（1992）を、また公正が人々の行動に与える影響については Kahneman et al.（1986）を参照されたい。

第Ⅲ部　産業の高度化と労務管理の変容

問題意識

　これまで対象とした企業の大半（第4章の電子部品企業と第6章の自動車製造企業を除く）は半熟練労働を雇用する産業であり、報酬システムや監督＝強制では処理できないような、すなわち労働者に裁量的作業を求めるような製造工程はほとんど存在していない。そのために、誘因の中心は、報酬と監督＝強制にあったといえる。また、そこで求められる労務管理の主題は、怠業の阻止にあった。しかし工業化が進展すると、ヴェーバー（2001）が指摘するような「高価な破損しやすい機械の取り扱いや、およそ高度に鋭敏な注意力や創意を必要とするような製品の製造が問題となる」（pp. 66-67）産業が勃興してくる。そこでは、高度な品質管理がなされるようにもなる。その結果、監視＝強制や報酬だけでは有効な誘因システムを構築することが難しくなることから組織コミットメントが労務管理の軸となる、というのが第Ⅲ部の中心的な主張である。したがって、対象となる企業も、これまでとは異なり熟練労働使用的となってくる。

　ところで、企業における「技能（熟練）」については、Becker（1975）による一般的訓練と企業特殊的訓練の枠組みで語られることが多い。前者により育成される一般的技能は多くの企業で有効と認められる技能であるのに対して、後者による企業特殊技能は特定の企業でのみ効力を発揮しうる技能である。その性質から、一般的技能の習得費用は被訓練者である労働者が、そして企業特殊技能については企業が負担することになる。

　ここで幾つかの疑問が生じる。企業特殊技能とは、具体的にはどのような技能であろうか。第8章で対象とする発電用ボイラー製造工場における溶接技能を考えてみよう。この技能は溶接技能のなかでも最も高度なものであるが、他の多くの企業でも有効となる技能であり、特に海外において需要が高いことから汎用性が認められる。しかし、かなり高度な技能であるために一般教育における習得は困難であることから、企業内訓練によって技能形成がなされざるを

えない。すなわち、企業特殊的技能ではないものの、その習得費用は企業が負担している。この技能は、一般的技能と企業特殊技能という二分法では充分に捉えきれない。さらに、企業特殊的技能が技能形成や誘因を含めた労務管理戦略とどのような関係があるのかとなると、この議論は途端に歯切れが悪くなる。産業の高度化にともなう労務管理戦略の変容を議論するうえで、技能の性質を整理しておく必要があろう。

そこで、第7章では、ヴェトナムとタイの日系企業の日本人スタッフに対する質問票調査に基づいて、技能の多面性を指摘する。そして、アジアの日系企業では、裁量的技能が求められるものの、多能工を形成して小集団活動をおこなうような段階には至っていないことを指摘する。

第8章では、単純作業が中心となる縫製工場、組織技能が重視される自動車製造工場、そして個人に体化される高度な技能が必要とされる発電用ボイラー製造工場という技能特性に差のある企業の労務管理を議論する。ここでは、それぞれの企業で求められる技能の性質に従い、労務管理戦略と労働者の職務意識が異なることが明らかにされる。

第9章では、個人に体化される技能をもつインドのIT技術者の職務意識を検討する。そして彼らの職務行動が、これまで紹介したインドのほかの産業の労働者とは異なることが示される。

第10章では、ヴェトナムの低技能産業と高技能産業の労働者の職務意識を比較する。ここでは、工業化の進展のなかで求められる技能の高度化にともない職務意識が異なってくることから、適切な労務管理戦略も変化することを指摘する。特に注目されるのは、高技能産業で重要となる裁量的作業については、監督による強制や金銭的報酬が労働誘因としては充分に機能しなくなることである。ここに、第3の誘因としての組織コミットメントが登場する。さらに、企業経営者にとって組織コミットメントを操作変数化するために組織支援アプローチが導入される。そして、本書のはじめに述べた工業化の進展過程におけるヴェーバーの命題、さらには合理的不正行為者モデルから良心モデルへの転換という命題が議論される。

第7章　日系企業における職務能力と労務管理
　　　　：日本人スタッフの視点

　「労働者の資質というが、それは個人のそれのことか、それとも組織で働く労働者としてのそれのことか？　たとえ日本の本社工場の労働者であっても、個人的な意味での資質という点では決して高いとは思わない」（従業員の資質についての筆者の質問に対するフィリピン・トヨタの経営責任者の言葉）。

はじめに

　工業化が進んで製品が高度化すると、製造工程が複雑化し、さらには本格的な品質管理が求められるようになる。この意味において、特にアジアに進出した日系企業では、それまでにあった在来の企業とは異なる高い技能が労働者に求められることになる。では、そうした技能とは、どのような性質のものなのであろうか。また、労働者の技能形成などとして語られる技能とは、そもそもどのようなものであろうか。
　ここまで本書では、作業とそれを遂行する技能を「単純作業（単純技能）」と「裁量的作業（裁量的技能）」に分類している。ここで、作業集団のメンバーとの連携において作業を遂行するという「組織的技能」と課業が個人に排他的に与えられている「個人的技能」に分類してみよう（第8章で議論）。それぞれに対応する作業は、個人的作業と組織的作業である。上記したフィリピン・トヨタの経営責任者の発言は、組織的技能を重視するという通説的な日本的経営の特質をよくあらわしていよう。しかし、そうした通説が、アジアに進出した産業（特に家電産業）にそのまま妥当するかは検討しなくてはならない。
　「単純技能 – 裁量的技能」と「個人的技能 – 組織的技能」という技能軸は独

立であると考えている（本書の対象をこの軸に位置づけた「本書を終えるにあたって」の補図1を参照）。たとえば、トヨタの製造ラインでは、小集団内において個々人の課業が重なり合うなか、労働者は諸々の裁量的判断を求められる。すなわち、そこでの技能は裁量的技能であるとともに組織的技能でもある。その対極にある大量消費用の縫製品製造では、単純作業が中心となる。また、そこでは分業をベースとした製造ラインはあるものの、個々人の課業が重複することのない個人的作業が求められる。ある縫製工の作業能率が低いと、そこに流れてきた仕掛品が滞留して監督者が対応を迫られることになる。すなわち、さほど水準の高くはない個人的技能と単純技能の組み合わせが求められるだけである。

個人的技能ながら、裁量的技能が求められるケースもある。典型的には職人のケースであるが、本書の対象のなかでは、第8章で触れる発電用ボイラーの溶接工や第9章のIT技術者がこれに当たる。高い個人的技能とは、まさに裁量的作業をこなす技能とわれわれは捉えている。これに対して、単純技能と組織的技能の組み合わせは本章の対象としたなかでは見受けられなかった。単純作業は低賃金労働者が担当するが、そうした場合には希少財化していない労働の効率的利用を図るために組織的技能を求める理由はないためである。

日本的労務管理の真髄を組織的技能に求めるとすれば、はたして開発途上国の日系企業は組織的技能の育成に傾注しているのであろうか。言葉を換えれば、トヨタで要請される技能と、東南アジアに進出している日系企業の中核にある単純組立型産業（典型的には家電メーカー）で求められる技能が同じかという問いでもある。結論を先取りすれば、本書では、ふたつの技能軸のうち単純技能・裁量的技能の対比が主に議論される。というのも、先進国と比較して低賃金労働者が豊富な開発途上国では、組織的技能を重視するような環境が成立していないと考えられるからである。このことは、さらにいえば、組織的技能を強調する日本的労務管理のアジア諸国への移転という日系企業を一括りにした発想にも疑問を投げかけることになる。

企業のもつ技能の分析には、幾つかのアプローチがある。近年の組織の経済

学は有力な視座となりうるであろうが、技能形成を歴史的過程として捉える手法（尾高 1993, 2000）、制度の補完性を強調した異なる経済での比較分析（青木・ドーア 1995）、そして技能そのものを分解して議論を進める作業（小池の一連の研究）も不可欠な手法であろう。こうしたなかで尾高（1989）は、開発途上国で勤務経験のある日本人技術者への質問票調査から得られたデータを利用して技能形成を論じている。

本章は、尾高（1989）の研究を受けて、アジアの日系企業における技能を議論する。ここでの主眼は、技能を多面的な職務能力として捉えて、その分類と日系企業が求める職務能力の特定にある。われわれは尾高（1989）の手法に倣うが、尾高が機械工業の基幹工（班長やグループリーダー）を対象としたのに対して、単純組立型産業（大半は家電製造業）の製造工程従事者（以下、作業工）に焦点あて、また日本人技術者指導者だけでなく経営責任者も聞き取り対象に加えたところに本章の特徴がある。

ここでのデータはすべて日本人スタッフの判断であり、それが実態を正確に反映しているかは別問題である。このことは、たとえば本章の後半で明らかにされる技術指導者と経営責任者の認識のずれに典型的に現われている。しかし、労務管理戦略を決定するのも彼らであることを考えれば、本章の分析も意味のあることと考えられる。対象は、ヴェトナムとタイの日系企業31社の日本人経営責任者31名（13名と18名）と日本人技術指導者82名（33名と49名）である。

1　職務能力の類型

労働者の職務能力は包括的な概念であり、製造技術や作業内容の異なる職階で求められる職務能力の性質は異なってこよう[1]。そこで、日本人技術指導者による労働者の評価から職務能力の類型化を試みよう。

製造現場の技能にかかわる21の評価項目について、日本人技術指導者に満足度（満足＝4〜不満＝1）の回答を求めた。その因子分析から、4つの因子が検出された（表7-1）。第1因子は、勤勉さ・集中力そして職場規律の遵守と

表7-1　職務能力評価にかかわる因子分析（因子負荷量）[技術指導者]

	基礎資質	組織的技能	基礎技能	深層技能	共通性
勤勉さ	0.76	0.36	0.14	0.09	0.73
集中力	0.66	0.15	0.21	0.38	0.63
作業能率	0.64	0.25	0.13	0.25	0.55
仕事上の競争心	0.61	0.40	0.11	0.08	0.55
技術・技能の習得意欲	0.60	0.45	0.20	0.27	0.68
自分の仕事に責任をとる姿勢	0.54	0.38	0.19	0.26	0.54
職場規律の遵守	0.48	0.28	0.36	0.13	0.46
出勤率	0.40	0.35	0.26	−0.10	0.36
定着率	0.25	0.67	0.12	0.05	0.53
会社への愛着心・帰属意識	0.33	0.66	−0.01	0.36	0.67
チーム・ワーク	0.46	0.59	0.10	0.25	0.64
組織の一員としての行動	0.26	0.56	0.20	0.16	0.45
知識・技能を教えあう姿勢	0.30	0.51	0.25	0.13	0.43
定期保全の遂行	0.12	0.18	0.89	0.19	0.87
予防保全の遂行	0.12	0.01	0.71	0.39	0.67
機械・器具の保守点検	0.26	0.19	0.67	0.18	0.59
機械・器具の手入れ	0.21	0.34	0.39	0.20	0.35
不調な機械設備の診断能力	0.11	0.05	0.30	0.71	0.61
工程トラブルの処理能力	0.18	0.28	0.22	0.61	0.54
技術・技能の習得能力	0.46	0.25	0.28	0.50	0.60
技術習得に必要な基礎知識	0.36	0.33	0.32	0.44	0.53
固有値	3.89	3.16	2.71	2.18	
累積分散（％）	18.50	33.57	46.47	56.86	

職務能力の平均値

	基礎資質	組織的技能	基礎技能	深層技能	平均
タ　イ	2.20	2.20	1.90	1.83	2.07
ヴェトナム	2.44	2.48	2.18	2.22	2.36
平　均	2.29	2.10	2.01	1.99	2.19

いった、工場労働者としての「基礎資質」因子である。第2因子は、工場組織に対する労働者の能力という意味での「組織的技能」因子である。出勤率が基礎資質、そして定着率が組織的技能となっていることが、ふたつの因子の違いをあらわしている。第3因子が定期保全の遂行・機械の保守点検・器具の手入れといったルーティン化された「基礎技能」であるのに対して、第4因子は工程トラブルの処理といった普段とは異なる作業への対応能力およびその背後に

表7-2 従業員の学歴（卒業基準） (単位：％)

	なし	小学校	中学校	高校	専門学校	大学	その他	合　計
タイ日系	0.0	0.9	14.8	25.9	24.9	33.5	0.0	100.0 (776)
ヴェトナム日系	1.0	1.0	3.1	52.8	16.9	24.7	0.4	100.0 (669)
ヴェトナム現地系	0.4	9.1	42.1	41.8	4.9	1.1	0.7	100.0 (285)

注）かっこ内は人数。

ある技術習得能力と意欲という「深層技能」と解釈できる。本章でいう個人的技能の中核は基礎資質と基礎技能であり、その延長に深層技能があると考えられる。

それぞれの因子について得点の平均値（単純合計値／項目数）を比較すると、基礎資質と組織的技能には相対的に高い評価が与えられており、両者の平均値には有意な差はない。しかし、裁量的技能のベースとなる基礎技能や深層技能は、基礎資質や組織的技能とは0.1％水準で有意に低い評価となっている。基礎資質と組織的能力の水準には有意な差はない[2]。

タイの日系企業のある技術指導者は、本社の日本人労働者と比較したときのタイ人労働者の資質について「日本人の優位性が急激に低下しており、日本人がそのことに一番気づいていない。タイ人の向学心は驚くほど高く、平均的には低いが個々人でみるならば日本ではみられないレベルの人がかなりいる。レベル的には、急速に日本とタイは接近している」と述べている。これに類似する発言は、ヴェトナムを含めて、聞き取りをした多くの技術者から聞かれた。今回の調査に併せておこなった製造工程従事者に対する調査から作業工の学歴をみても（表7-2）、日系企業では大半は高卒以上となっている[3]。したがって、基礎資質の評価については額面どおり受け取っても差し支えないであろう。

問題は、組織的技能の評価である。はじめに紹介したフィリピン・トヨタの経営責任者の発言に端的に現われているように、日本的労務管理では基礎技能や深層技能といった個人に体化される技能だけでなく組織的技能の育成に傾注するという命題を考えたとき、その組織技能についても相対的に高い評価が得られていることを、どのように解釈すればよいのであろうか。ありうる可能性は、高い組織的技能がすでに形成されているか、ないしは組織的技能をさほど

必要としない作業が中心であるために期待の水準が低いことから評価が高くなっているかである。満足度とは期待と現実との関係によって決まるとすれば、期待が高くないことから満足度が高くなっている可能性が後者である。

われわれは、このことについて、東南アジアの組立型産業では高い基礎資質や組織的技能が求められておらず、むしろ個人的技能の育成が優先される段階にあるという仮説を提示する。すなわち、自動車組み立てという産業の技能は、東南アジアの日系企業で求められるモーダルな技能とはかけ離れていると考えている。

2　日本的労務管理慣行の採用

いわゆる日本的とされる一連の労務管理慣行の採用状況をみると（表7-3）、5SやQCの採用の程度は高いものの、職務ローテーションや多能工化といった日本的労務管理の中核部分にある慣行の採用率は低いままである。

日本的経営の移転の議論は、労務諸慣行の採用によって移転の程度を示そうとしてきた（たとえばYamashita 1991）。ここで、ふたつのことに留意する必要がある。ひとつは、諸慣行には制度的補完性があることから、その導入には歴史的段階があることである。たとえば、職務ローテーションや多能工化は5SやQCサークルを土台としている場合が多い。ヴェトナムよりも日系企業の歴史の長いタイで諸慣行の導入比率が高く、また採用比率からみた導入の順序がほぼ同じであることが、このことを物語っていよう。諸慣行を採用している場合に限り、その慣行が機能しているか否かを質問した（表7-4）。平均は3であるから、機能不全とはいえないまでも、必ずしも充分に満足できる状況ではない。この意味では、導入はその過程にあるといえる。

第2点として、企業システムは外的環境に影響を受けるオープン・システムであるという認識が、経営システムの移転論では充分に考慮されていない感がある。日本的労務慣行とは日本の要素賦存や諸法規などで構成される外的環境や製品特性を背景として成立した制度であり、それとは異なる環境では、ある

表7-3　日本的労務慣行の採用比率
[技術指導者]　　　　（単位：％）

	ヴェトナム	タイ	平均
5S	84.8	100.0	93.9
QCサークル	51.5	93.9	76.8
職務ローテーション	51.5	55.1	53.7
多能工化	63.6	46.9	53.7
カイゼン制度	36.4	59.2	50.0
TQC	33.3	38.8	36.6
年功賃金制度	24.2	44.9	36.6
ZD運動	27.3	40.8	35.4

注）採用比率の高い順に表示。

表7-4　労務慣行が機能する程度の評価 [技術指導者]

	ヴェトナム	タイ
5S	3.24	3.18
QCサークル	2.94	3.09
職務ローテーション	3.00	2.81
多能工化	3.05	3.17
カイゼン制度	2.42	3.10
TQC	2.91	3.21
年功賃金制度	2.88	3.09
ZD運動	3.33	3.05

注）評価の高い順に表示。

特定の慣行を採用しないことが合理的であることもあろう。たとえば、多能工や職務ローテーションは高賃金を背景とした労働資源の効率的活用を目的とする制度と考えられるが、低賃金経済ならば多能工を育成・維持するよりも低廉な単能工を多めに採用するほうが合理的となるかもしれない。この事例は、ラオス（第3章）やインド（第6章）の縫製工場でもみられた。今回対象とした日系企業でも、多能工化を採用しているものの、本来の多能工とは趣がやや異なる場合が多く観察された。典型的なケースとしては、基本的には単能工でラインが構成されているが、欠勤に対応するために多能工が一部確保されている、というものである。また、セル方式を採用している企業でも、単能工による製造が主であり、その欠勤に対応するために多能工によるセル方式が設けられているケースもあった。したがって、多能工化は一部の労働者（原理的には平均的な欠勤者数）に限定されている。

タイの日系企業では、期間工や人材派遣会社からの派遣社員といった雇用調整が容易な間接工の雇用が一般的であり、その従業員比率は家電企業では40％代が一般的である。また、間接工の職務の大半は単純組立であり、高い技能を必要としていない。とすれば、多能工を導入しないことは合理的戦略となろう。ちなみに、ヴェトナムでは間接工の雇用に制限があるために、「臨時工の採用に労働法の制約があるか」という質問（全く問題なし〜大きな制約までの4肢）に対して、「制約がある」と「大きな制約」と回答したのはタイの経営責任者

では18.8%であったが、ヴェトナムでは46.4%となっている。このことが、ヴェトナムで多能工の採用を促進させた可能性がある。

日本的労務慣行の導入が過渡的であることを考えれば、東南アジアの日系企業では本格的な組織的技能が必要とされる段階に至っていない。このために組織的技能への要求水準も低くなることから、その評価が高くなっていると考えられる。

3　技能向上の手段と制約

作業工の技能を向上させる幾つかの手段の有効性について、技術指導者に回答を求めた（表7-5：無効＝1～有効＝5）。最も有効とされるのはOJTであることは当然として、短期の金銭的報酬と監督指導の強化が有効とされていることに注目しておきたい。逆に、帰属意識の高揚、雇用保障、年功賃金などの長期的戦略は相対的に無効とされている。すなわち、Tilly and Tilly（1998）による誘因の枠組みでいえば、監督＝強制と報酬が有効とされ、コミットメントが相対的に軽視されている。ただし後述するように、経営責任者は、そうは捉えていない。

次に、日系企業が特に重視するOJTの円滑な実施を妨げる要因を質問した（表7-6）ところ、「技術指導できる現地スタッフの不足」が最大の理由とされている。この点について、ある技術指導者の発言を紹介しておこう。「日本などのQCサークルはボトム・アップの性質をもっているが、こちらでは日本人が決めないと動かない。悪くいうと責任をとりたがらない。もし中間層が育ってくればOJTが機能するようになり、日本的労務管理が機能するようになろう。しかし、こちらの班長は、わかっていても怒らないし、注意もしない。これが悩みだ」。他の制約としては「日本人スタッフとの言葉の障害」があり、また離職も当然ながら人材育成については悩みの種となる。さらに「技術の向上した従業員に対する報酬体系の不備」が続く。これに対して、「ワーカーが技術習得に不熱心」「ワーカーの教育水準が低い」そして「OJTに向かない国

表7-5 作業工の技能向上のための手段の有効性
[技術指導者]

	ヴェトナム	タイ
OJT	4.15	4.00
出来高給・報奨金などの金銭的刺激	3.76	4.02
監督・指導体制の強化	3.70	4.08
昇進の活用	3.82	3.84
多能工化を進める	3.70	3.49
5Sの活用	3.64	3.61
QC／TQC制度の活用	3.64	3.29
作業環境の改善	3.42	3.53
高い教育水準の労働者の採用	3.36	3.69
会社への帰属意識の高揚	3.21	3.29
就労規則の周知徹底	3.15	3.14
雇用保障の提示	3.12	2.92
年功賃金の活用	2.85	2.61

注）有効である程度の高い順に並び替えてある。

表7-6 OJTの実行を妨げる要因 [技術指導者]

	ヴェトナム	タイ
技術指導できる現地スタッフの不足	4.00	4.31
日本人スタッフとの言葉の障壁	3.91	3.98
訓練したワーカーの離職	3.48	4.04
ワーカーに技術を教えあう慣行の欠如	3.52	4.00
技術の向上した従業員に対する報酬体系の不備	3.30	3.45
ワーカーが技術習得に不熱心	2.88	3.14
ワーカーの教育水準の低さ	2.61	3.16
OJTに向かない国民性	2.09	2.65

注）強い要因＝5～全くなくならない＝1として計算。妨げとなる程度の高い順に並び替えてある。

民性」といった労働者の基礎資質については障害にはならないとされており、表7-1で確認した「基礎資質」への総体的に高い満足度と対応している。

これまでの議論は、日本人による技術指導者の関与がいまだ不可欠な段階にあると日本人スタッフが認識していることを示唆している。事実、「日本人技術スタッフによる定期的な技術指導がないと、従業員の技能が低下するおそれがある」という技能の自立性を問うステートメントに対して、大半の技術指導

表7-7 技能の自立性への懐疑 ［技術指導者］

(単位：%)

	賛成	やや賛成	やや反対	反対	合計
タ　イ	26.5	59.2	12.2	2.0	100.0 (49)
ヴェトナム	24.2	51.5	21.2	3.0	100.0 (33)
合　計	25.6	56.1	15.9	2.4	100.0 (82)

注）かっこ内は人数。

表7-8 現地従業員とのギャップ ［技術指導者］

言語ギャップ　　　　　　　　　　　　　　　　　(単位：%)

	問題ない	多少問題	問題	深刻な問題	合計
タ　イ	2.0	36.7	53.1	8.2	100.0 (49)
ヴェトナム	12.1	15.2	57.6	15.2	100.0 (33)

考え方ギャップ　　　　　　　　　　　　　　　　(単位：%)

	問題ない	多少問題	問題	深刻な問題	合計
タ　イ	2.0	20.4	51.0	26.5	100.0 (49)
ヴェトナム	12.1	33.3	42.4	12.1	100.0 (33)

注）かっこ内は人数。

者が肯定的回答（表7-7）をしている。このことも、組織を運営する技能が自立の段階に至っていないという認識であり、この意味でも技術移転の過程にあるといえる。

　「言葉の障害」は、数年の滞在でしかないか、または新ラインの導入時などには滞在が数週間ということもある技術指導者にとっては深刻な問題である（表7-8）[4]。短期の技術指導では、派遣国がひとつとは限らないことも多い。この問題への対処は、企業により多様である。日本語の通訳を雇用する会社もあれば、日本語のできる社員（管理職レベル中心）を雇用する会社もある。しかし日本語のできる社員を雇用した場合に、その社員が特別扱いをされていると現地従業員が感じてしまい、かえって日本人スタッフとの溝が深まることもある。そのために、英語を準公用語化する企業（欧州系企業に多い）もある。経営責任者がタイ語を駆使する企業もある。また、技術指導者の短期的滞在が

表7-9 コミュニケーション・ギャップと技能との相関
　　　　［技術指導者］

	技能自立性	職務能力評価			
		基礎資質	組織的技能	基礎技能	深層技能
言語ギャップ	−0.03 (80.9%)	−0.11 (31.4%)	−0.08 (47.0%)	−0.09 (38.6%)	−0.06 (58.7%)
考え方ギャップ	−0.30 (0.5%)	−0.20 (6.6%)	−0.19 (8.0%)	−0.02 (87.4%)	−0.16 (13.8%)

注）かっこ内は有意水準、p-値。

続く企業では、従業員（特に製造現場の技術者）に日本語（作業にかかわる専門用語が中心）を習得させるところもある。長期的には英語を公用語とする方向に行かざるを得ないかもしれないが、日本人技術指導者の語学力を考慮すれば容易なことではないであろう。

ところで、現地従業員との間にあるコミュニケーション・ギャップは、なにも言語ギャップに限ったものではない。考え方（文化・慣行）のギャップも大きな問題となっている。ふたつのギャップには有意な相関は認められておらず、それぞれ独立な性質をもつ軋轢である。ふたつのギャップと、技能の自立性および4つの職務能力との相関をみると（表7-9）、言語ギャップとは有意な相関はみられない。しかし、考え方ギャップがあると技能の自立性に懐疑的となり、また10％水準ではあるが、基礎資質や組織的技能を低く評価することにもなっている。すなわち、言語ギャップよりも考え方ギャップのほうが技術移転に深刻な問題をひき起こしているといえよう。

ここまでの議論を、ひとまず、まとめておこう。技術指導者による作業工の能力評価は、基礎資質や組織的技能と比較して、基礎技能や深層技能を相対的に低く評価していた。これは、日系企業の現段階での生産態勢が単能工による単純組み立てを軸としており、高い組織的技能が求められていないためと考えられる。したがって、日本的労務慣行の導入も部分的であり、多能工のように導入の根拠が日本とは異なっている場合もある。しかし賃金上昇が顕著となる局面に至ったとき、日本的労務管理慣行の導入が本格化すると予測される。そ

のときには組織的技能が強く求められることになろうが、考え方ギャップから派生する問題が深刻化する可能性がある。現地に赴任する日本人スタッフは、現地の文化・慣行についても深い洞察が求められることにもなろう。

4　経営責任者の発想

作業工に求められる主たる技能が「単純組み立てであり、品質管理も容易であることから、作業工に裁量の余地は少ない」（＝1）か「様々な状況に対応する必要があることから、作業工の裁量的な意思決定が重要である」（＝4）かを、経営責任者に質問した（表7-10）。いうまでもなく、後者となれば高度な技能が必要となる。中間が最も多くなっていることから多くを語ることはできないが、作業工に裁量を強く求めるような作業特性ではない。このことは、今回の調査対象が家電を中心としており、トヨタ的な生産態勢とは異なっているためである。はじめに紹介したフィリピン・トヨタの経営責任者の発言とは趣を異にする結果となった理由が、ここにあるといえよう。

フィリピン・トヨタでは、前職経験のある労働者の採用をしないようにしていた。それは「その組織での作業のやり方が身についていると、トヨタの作業様式と齟齬をきたす可能性がある」（製造部長談）ためであった。第6章で対象としたインドにある日系自動車企業でも、同様の採用方針であった。この場合の作業様式は組織のもつ作業特性、すなわち組織的技能を意味している。そこで経営責任者に対して、採用に際して前職経験をどのように評価するかを質問した（表7-11）。前職経験をネガティヴに捉える比率は僅かであり、むしろポジティヴに評価する傾向が見受けられる。組織的技能が多くは求められない監督者やエンジニアで、その傾向が強い。これは作業特性についての結果と対応しており、組織的技能が重視される段階に至っていない、ないしはトヨタと比較すれば家電生産は組織的技能を高くは求めていないためと考えられる。労務管理のひとつの最高形態としてトヨタ的労務管理様式が紹介されることがあるが、その他産業への普遍性には留意が必要である。

第7章　日系企業における職務能力と労務管理：日本人スタッフの視点

表7-10　作業特性　[経営責任者]　（単位：％）

	1	2	3	4	5	合計
ヴェトナム	7.7	23.1	61.5	7.7	0.0	100.0 (13)
タイ	0.0	23.5	47.1	17.6	11.8	100.0 (17)
平均	3.3	23.3	53.3	13.3	6.7	100.0 (30)

注）単純組立で、作業工の意思決定の程度は低い＝1～様々な状況判断が作業工に求められる＝5。かっこ内は人数。

表7-11　採用に際しての前職の評価　[経営責任者]　（単位：％）

	高く評価	評価する	評価事項ではない	多少マイナス評価	前職経験者不採用	合計
作業工						
ヴェトナム	0.0	23.1	69.2	0.0	7.7	100.0 (13)
タイ	0.0	27.8	66.7	0.0	5.6	100.0 (18)
平均	0.0	25.8	67.7	0.0	6.5	100.0 (31)
監督者						
ヴェトナム	0.0	46.2	53.8	0.0	0.0	100.0 (13)
タイ	5.6	72.2	5.6	0.0	16.7	100.0 (18)
平均	3.2	61.3	25.8	0.0	9.7	100.0 (31)
エンジニア						
ヴェトナム	23.1	53.8	23.1	0.0	0.0	100.0 (13)
タイ	16.7	72.2	5.6	0.0	5.6	100.0 (18)
平均	19.4	64.5	12.9	0.0	3.2	100.0 (31)

注）かっこ内は人数。

表7-12　作業工の生産性を高める有効な手段　[経営責任者]

（単位：％）

	ヴェトナム	タイ	作業特性との相関
組織への一体感を高める雰囲気づくり	2.53	2.76	0.17
昇進などの長期的な報酬体系	2.77	2.53	0.37*
5S、特に「しつけ」の徹底	2.62	2.59	0.42*
出来高給などの短期的報酬体系	2.62	2.47	−0.10
労働環境（給与以外）の向上	2.62	2.29	0.29
監督の強化	2.38	2.42	0.22
雇用保障の確約	2.14	2.00	0.09

注）* $p<5.0\%$。

ここで作業工の生産性を高めるために、表7-12に示される戦略の有効性を質問した（大変に有効＝4〜無効＝1）。技術指導者が技能向上の手段として帰属意識の高揚にはあまり高い評価を与えていないのに対して、経営責任者は「組織への一体感を高める雰囲気づくり」に最も高い評価を与えている。また、技術指導者が「出来高給・報奨金などの金銭的刺激」という短期的報酬の効力を認めているのに対して、経営責任者は「昇進などの長期的報酬体系」を相対的に評価している。すなわち、誘因としてはコミットメントを有効としており、報酬や監督＝強制の効力を低く評価している。

　作業特性と経営責任者が有効と考える手段との順位相関をみると、昇進と5Sでのみ有意な関係がみられる。また「職務ローテーションを活用している」（強く妥当＝4〜全く妥当しない＝1）というステートメントと作業特性にも、相関が0.38（$p<4.0\%$）となる有意な関係がみられた。すなわち、単純組み立てから高度な作業が求められる製品の製造に移行するに従い、長期的な報酬体系や5Sそして職務ローテーションといった日本的労務管理慣行が必要になってくると考えられる。この意味でも、日本的労務管理慣行はその採用過程にあるといえよう。

　作業工の技能向上と作業工の生産性を高めるという異なる文脈での質問であることを考慮したとしても、技術指導者と経営責任者に労働意欲の向上の手法について認識のズレがみられる。これは、現場で対応しなくてはならない技術指導者と長期的な経営戦略が求められる経営責任者という立場の差によるものであろうが、内部での調整は不可欠となろう。なお本書の分析結果からいえば、経営責任者の認識に賛意を示さざるをえない。

結　　び

　定義されることなく用いられる傾向のある技能について、技術指導者の立場から、その多面性を議論した。このことは、工業化の進展過程で形成が求められる技能が変化する可能性を窺わせており、その結果として、労務管理なり職

務意識もまた変容を求められることになる。本書で求められた技能の因子は質問項目によって異なるものであり、質問項目や対象とする産業をひろげた詳細な研究が必要となろう。ただし限られた調査内容ではあったが、「単純技能 - 裁量」的技能そして「個人技能 - 組織的技能」という本書で採用する枠組みに対応する技能因子が摘出されたことは強調しておきたい。

　日本的労務管理は日本経済という環境、とりわけ特定の要素賦存や技能水準のもとで成立した制度である。企業がオープン・システムである以上は、ターン・キー的な労務管理システムの開発途上国への移転、すなわち日本的経営の移転という発想には違和感を禁じえない。タイやヴェトナムの日系企業において、いわゆる日本的労務管理慣行は導入過程にあることを指摘した。それは時間的段階を踏んで導入する必要があること、また特に労働供給が潤沢であり、また労働供給のフレキシビリティが法的に保障されている環境では、企業内部で労働のフレキシビリティを高める必要性は低く、単能工による生産態勢が合理的であるためと考えられる。このことは、日本的労務管理の基底にある組織的技能の育成が、タイやヴェトナムの現段階では強くは求められていないことを意味している。したがって、本書では主として単純技能から裁量的技能へという技能軸にそって議論が進められることになる。

注
1）　本書の枠組みからいえば、この章では議論しないものの、工場組織に馴化するという職業価値を備えていることもまた工場労働者として形成されるべき技能の一部といえる。
2）　ヴェトナムで評価水準が有意に高くなっているが、これは一般に指摘されるヴェトナム人労働者の資質の高さを反映している。ただし、この問題には深入りしない。
3）　タイ日系企業での中卒労働者は、1980年代に採用された比較的年齢の高い人々が大半である。
4）　この発想は、岡本康雄（1998）に拠っている。

第8章　異なる技能をもつ企業の労務管理：フィリピン

はじめに

　縫製と自動車組立という製造技術の異なる産業を比較すれば直感的に明らかなように、必要となる技能は、産業によってかなり固有となる。そして、この技能の固有性に対応した労務管理が採用され、労働者の職務態度や職務行動もまた固有なものとなろう。そこで、産業を特徴づける技能に注目して、技能と労務管理をめぐる構図を設定してみよう（図8-1）。ある製造技術は作業の特性に現われ、それに適合的な労働誘因システムの構築と運用という労務管理のあり方を規定する。したがって、異なる製造技術体系のもとでは異なる労務管理様式、すなわち誘因システムの構築がなされると考えられる。さらに、この関係に、労働法や労働市場の需給状態などの企業経営にとっての外生的環境が影響を与える。

　本章では、フィリピンにおける製造技術の異なる企業を対象として、技能と労務管理の対応関係を検討する。このことは、技術に応じて労務管理が幾つかの類型をもちうること、そして工業化の進展とともに一定の法則をもって技術の異なる製造業が現われてくる（たとえば労働集約的から資本集約的産業への転換）ことを考えれば、労務管理の変容にも法則があることを予測させることになる。これは本書を貫く命題であり、本章はその解明にひとつのヒントを与えることになる。

　対象となるのは、異なる性質の製造技術をもつ製造業3社、現地系縫製企業、日系自動車製造企業、そして日系金属加企業（発電用大型ボイラー）である。

図 8-1 技術と組織の関係

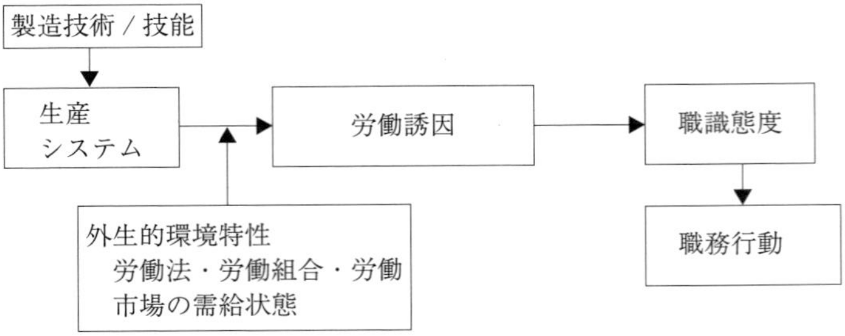

```
┌──────────────┐
│ 製造技術／技能 │
└──────┬───────┘
       ↓
┌──────────┐   ┌──────────┐   ┌──────────┐
│  生産    │→ │ 労働誘因 │→ │ 職識態度 │
│ システム │   │          │   │          │
└──────────┘   └──────────┘   └──────────┘
      ↑                              ↓
┌─────────────────────┐        ┌──────────┐
│ 外生的環境特性       │        │ 職務行動 │
│ 労働法・労働組合・労働│        │          │
│ 市場の需給状態       │        └──────────┘
└─────────────────────┘
```

以下、縫製工場 X 社、自動車工場 Y 社、ボイラー工場 Z 社と呼称する。本章の依拠する資料は、経営側（経営責任者または工場長、製造部部長）からの聞き取りと製造工程従事者への質問票調査の結果である。質問票については、縫製、自動車、ボイラー工場からそれぞれ45、50、45名の回答が得られた。なお、製造技術の特性に注目することから、対象は製造部門に限定される。調査は、1993年になされた。

1　議論の視座

1.1　組織的技能と個人的技能

　第 7 章で議論した技能の諸要素のうち、本章では、個人の判断力や集中力をもって図面や指示に従い作業を遂行する能力である「個人的技能」（第 7 章における基礎資質と基礎技能）と、生産組織の成員との連携において作業を遂行する「組織的技能」に注目する。

　技能を理解するうえで、対象とする企業 2 社が日系であることもあり、日本的労務管理を議論の端緒としよう。教科書的な記述をすれば、企業の旺盛な人的投資から生まれた終身雇用制と年功賃金制が日本的労務管理の二本柱である。しかし、それらの制度は日本的労務管理の本質というよりは、それを巡る論理

の連鎖の最終局面に過ぎない。企業による人的投資は、たとえば相互依存性をもつ小集団・JITやカンバン制度として生産組織に内部化されており、そのシステムに踏み込まない限りは、日本的経営の本質には迫れないであろう。そこで日本的労務管理を、次のように把握しておこう。

　人的投資をなした労働者の定着を図ることは当然の経営戦略であるが、それは労働費用の固定費用化を意味する。その結果、企業内における労働需給の不均衡、特に過剰雇用に対する雇用調整を通じた均衡回復が困難となる。そこで、人的投資をした人材を雇用調整の対象とすることなく、どの程度まで均衡の回復が可能となるかが企業の労務管理戦略の要諦となる。日本では賃金調整と雇用調整という市場を通じての調整（外的フレキシビリティ）と組織内での調整（内的フレキシビリティ）というふたつの均衡回復経路が、高い調整能力を実現させている。

　賃金調整は、毎年の団体交渉による基本給の数カ月分に相当するボーナスと賃上げ率の調整によってなされる。賃金交渉が3年ごとになされ、またボーナスの規模が大きくない米国（またフィリピンもそうであるが）と比較して、日本ではかなり弾力的に賃金調整がなされうる。労働組合が企業別であることも、弾力的調整の余地を与えている。雇用調整については、期間工・社外工そして臨時工といった内部労働市場に包摂されない諸々の形態の縁辺労働者がその対象となる。出向を含む下請け関係を通じての雇用調整の存在も、中核労働者の雇用調整を回避させる手段となっている[1]。

　内的フレキシビリティは、外的フレキシビリティを補完する。それは、個人と特定課業との固定的関係の廃止をともなう多能工化によって、生産組織の大幅な変更なしに生産の継続を可能にする制度である。多能工は、労働者間の相互協力（職務領域の重複）を通じて効率的なラインの流れを実現するという、同一ラインの限られた工程における不均衡を調整する機能として語られることが多い。しかし、特に社外工などのフロー労働者とストック労働者（多能工）とに代替性が存在するときには、フローの雇用調整に際して効率的ラインを維持するためのストック労働者の再配置が必要となる。その条件となるのが、多

能工の存在である。すなわち日本的生産システムは、効率的なライン管理（内的フレキシビリティ）を追求する手段であると同時に、企業内における労働需給不均衡の調整（外的フレキシビリティ）を補完する機能をもビルト・インしているといえる[2]。

内的フレキシビリティは、主として小集団活動を通じて learning-by-doing で形成・維持される。また、日本的生産システムの特徴としてあげられる 5S や改善制度などは、多能工によって構成される小集団を対象として、規律ある職場秩序を確立させる方策として捉えられる。小集団活動は一種の集団責任体制であり、集団成員を相互に監督するという仲間内集団ともなる。また、先輩技術者による新人の企業内教育の場ともなる。こうした内的フレキシビリティを実現させるのが、組織的技能といえる。

1.2 インサイダー仮説

労働関連法は、フレキシビリティの程度の異なる労働者群を形成する。これにかかわる仮説として、インサイダー・アウトサイダー仮説（以下、インサイダー仮説）がある。Lindbeck and Snower（1988）は、企業にとっての解雇費用の観点から、労働者をインサイダーとアウトサイダーに分類する。インサイダーとは諸々の雇用保障制度に守られているために企業に多大な解雇費用を強いる労働者であり、アウトサイダーとは雇用保障制度の対象の外にいる縁辺労働者である[3]。インサイダーにレントをもたらすのは、労働法・労働組合・企業特殊技能や経験などである。

諸々の雇用保障制度の恩恵を受けるインサイダーは、アウトサイダーの利害を考慮することなく自らの労働条件について経営者と交渉しうる。その結果、インサイダーはアウトサイダーよりも有利な労働条件を享受することになる。この枠組みは、大量の失業者の存在にもかかわらずインサイダーの高賃金が存続するという先進産業国でみられる現象の説明を意図している。しかし、開発途上国にあっては例外的に労働組合のプレゼンスが高いフィリピンでも、この仮説が妥当する可能性がある[4]。

インサイダー仮説は、市場均衡賃金率よりも高い賃金が支払われるという点において効率賃金仮説と類似する。しかし、効率賃金仮説では企業が賃金水準を操作変数化するが、インサイダー仮説では企業にとっての外生的要因によって賃金が決定される。すなわち、インサイダー仮説は、労働法や労働組合など企業にとっての外生的環境が労働者のストック化をもたらす論理に注目して、労働者の解雇費用の差を問題としている。こうした外生的環境は各国で異なることから、労働者のストック化の程度、そして労務管理の形態も国によって一様ではなくなる[5]。

2　労働法と労働組合

インサイダーの解雇費用の大きさを決定するフィリピンの外生的環境のうち、ここでは、労働法と労働組合について説明しておこう。

米国の影響を強く受けた労働法の存在と労働組合の強いプレゼンスが開発途上国のなかでは相対的に大きいこともあり、フィリピンの大規模企業においては、正規労働者の雇用はかなり保障されてストック化されている。確かに雇用側の都合で契約は終了できるが、雇用者都合による正規労働者の解雇には、勤続年数に1カ月の給与を掛けた額を解雇給与として企業は支払わなくてはならない（労働法283条）。これは、先進産業社会と比べても、大きな解雇費用となる。またボーナスは、大統領令851号に従い1カ月分の給与に相当する第13月の給与（13th Month Pay）として、固定額が支払われるために賃金調整の対象とはならない。

このように、フィリピンでは、法的制約によって賃金調整と正規社員の雇用調整の自由度はきわめて低くなっている。しかし、法的に解雇制約が緩やかな雇用形態も認められており、事実上の縁辺労働者が形成されている。雇用調整の対象となりうる労働者は、(1)臨時工、(2)見習工、そして(3)国家労働青年評議会による人的資源開発プログラムに従う養成工と訓練生である。臨時工とは正規雇用に対する雇用形態であり、就業開始からその事業の完了が決定されてい

る特殊な雇用、または遂行されるべき仕事が本来的に季節労働であって雇用がその期間に限定されている場合と規定される（労働法280条)[6]。ただし雇用が継続的または非断続的であるかを問わず1年以上就労した場合には、正規雇用になるとされる。見習工は就労開始から6カ月を越えない限りにおいて正規労働者としての適正判断のために認められる雇用形態であり、試用期間を越えての就業は正規雇用となる権利が与えられる。また、採用時に告知した合理的基準に基づいた正規雇用としての資格に適合しない場合には、雇用者は雇用契約を解消できる（労働法281条）。しかし、この適合の判定基準が曖昧であるために、見習工制度の運用は恣意的となる。たとえばフィリピン企業X社では見習工は雇用調整の対象であるが、日系のY社とZ社では正規雇用への採用を前提とした雇用形態となっている。

　養成工と訓練生は、労働法の人材育成の条項に規定がある。養成工は、技能の養成に適うと労働省が認証した高度技術産業に雇用が限定され（労働法60条）、期間は3カ月以上6カ月未満である。その間の賃金は、法定最低賃金率の75％以上でなくてはならない（労働法61条）。また訓練生は、養成工の対象とならない半熟練の職種において、現場での技能育成を目的として雇用される。期間は、3カ月以内とする（労働法73条）。賃金率も、養成工と同じく最低賃金率の75％以上と規定されている。

　これらの法令は様々な雇用契約の労働者の保護と技能形成を目的としているが、その運用次第では企業に雇用調整可能となる縁辺労働者を法的に保障するために、インサイダーとアウトサイダーという労働市場の二重構造を形成させることにもなる。

　次に、労働組合であるが、1986年の「2月革命」前後の経済混乱期には、左派勢力の台頭によって労働争議が多発した。その過激な活動ゆえに名を馳せた「5月1日運動」（KMU：Kilusang Mayo Uno）も、1980年5月に結成されている。こうした過激な労働運動はフィリピンへの海外直接投資を鈍らせ、一部の外資系企業の撤収につながった。本章で対象とするY社も過激化した労働運動を嫌って1984年に完全撤収し、「2月革命」以降に労働運動が下火となった

1988年に再度フィリピンに再参入している。

混乱への反省から、政府は積極的に労使の融和を試みている。労使協議会の設立の推奨は、そうした政府の方針の現われである。この制度はマルコス期に導入（1981年）されたが、普及し始めたのは労使紛争の激化した80年代半ば以降である。Y社経営責任者は「労働省もそれでよいと認めたために、組合の代わりに労使協議会を設けている。組合のように上部団体に属さないことから、日本の企業別組合に類似する」と述べている。

3　企業の技能特性

対象とする3工場を、個人的技能と組織的技能について位置づけてみよう（図8-2）。個人的技能は技術習得の難易度（表8-1a）、そして組織的技能は同僚のアシストの頻度（表8-1b）によって計測する。

相対的に、縫製工場よりも自動車とボイラー工場で技能習得に努力が必要とされている。ただし、同じように努力が必要と認識されていても、その技術特性からしてY社では「組織的技能」そしてZ社では「個人的技能」の習得に重きが置かれている。このことは、技能習得への同僚のアシストの程度が自動車工場で最も高いのに対して、ボイラー工場では相対的に仲間内での技術習得がなされていないことからも推測できよう。こうした技能の相異が企業の労務管理戦略に影響を与える、とわれわれは考えている。

3.1　縫製工場X社

X社は、マニラ近郊に1979年に設立された従業員規模700名弱（約8割が女子）の縫製工場である。製品はすべて米国に輸出されている。一般工・監督者そして事務社員が、それぞれ異なる組合を形成している。組合はすべてユニオン・ショップである。情報は、人事部長A氏への聞き取りと3つの労働組合の労働協約に基づいている。

技術特性と技能形成　縫製部門には6ラインがあり、それぞれは平均して6

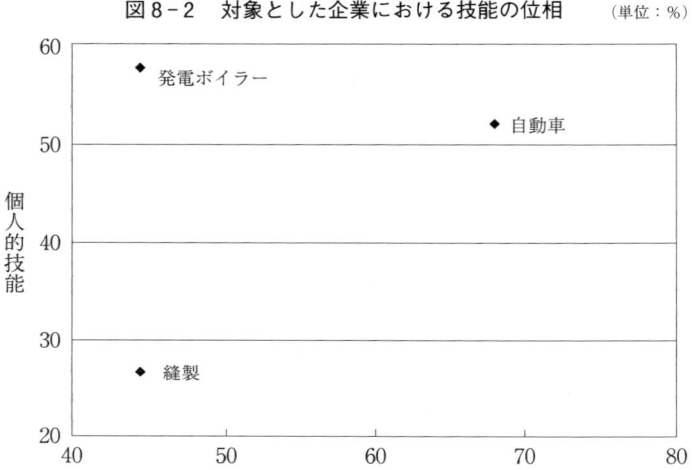

図8-2　対象とした企業における技能の位相　　（単位：%）

［散布図：横軸「組織的技術」(40-80)、縦軸「個人的技能」(20-60)
　発電ボイラー：約(45, 58)
　自動車：約(68, 52)
　縫製：約(45, 27)］

注）組織的技能：表8-1bの「常にある」と「よくある」の割合の合計。
　　個人的技能：表8-1aの「大変努力が必要」の割合。

表8-1　技能習得

a）技術習得の難易度　　　　　　　　　　　　　　　　　（単位：%）

	大変努力が必要	努力が必要	余り困難はない	容易	計
縫　製	26.7	60.0	11.1	2.2	100.0 (45)
自動車	52.0	42.0	6.0	0.0	100.0 (50)
発電ボイラー	57.8	40.0	0.0	2.2	100.0 (45)

b）技能習得への同僚のアシスト

	常にある	よくある	時々ある	少ない	全くない	計
縫　製	20.0	24.4	33.3	6.7	2.2	100.0 (45)
自動車	30.0	38.0	28.0	4.0	0.0	100.0 (50)
発電ボイラー	20.0	24.4	46.7	6.7	8.9	100.0 (45)

注）かっこ内は人数。

工程で構成されている。各工程には3人の縫製工が配置される。産業用ミシンを使っての技術習得はそれほど困難でない。過剰労働を背景として縫製の経験を積んだ労働者が見習工の段階で得られ、そこから優秀な縫製工を採用できる

ことから、縫製工の企業内教育はほとんど不要となる[7]。

2週間の輪番制によって縫製工は各工程を移動する。この意味では多能工化がなされるが、前後の工程で発生した問題に自らが即座に対応するといった自動車製造ラインにおけるチーム生産の前提となる多能工とは質的に異なる。縫製業における多能工化は、人事部長によれば、平均して7～8％になる欠勤率に対処するためである[8]。これまでにみてきたラオス（第2章）やインド（第6章）の縫製工場のように予備人員を抱えておらず、多能工によって欠勤に対応しようとしている。これは、賃金が市場均衡賃金率よりも制度的に高く設定されているために、労働が稀少化したことを原因としているといえよう。日本的労務管理が、日本の高い賃金水準を前提に成立したシステムであることを改めて確認させてくれる事実である。

職制と雇用調整　一般工598名のうち357名が縫製工（裁断などを含む）、162名が月給制の事務職・デザイナー・監督補助、そして79名が見習工と若干の養成工である。雇用調整の対象となる見習工と養成工は、ラインの製造工程従事者の18.1％を占めている。見習工の給与は日給であるが、2週間ごとに支払われる。6カ月の継続雇用によって正規社員としての雇用の権利が生じる前の5カ月半で、見習工としての雇用契約は打ち切られる。もし正規社員に欠員があれば見習工から補充されるが、実際には離職率はきわめて低く、そうした新規雇用は年間でも10人に満たない状況である。すなわち、本来は試用期間の制度として導入された見習工が、現実には雇用調整の対象となる縁辺労働者として扱われている。欠勤という短期的な需給バランスには多能工で処理をして、中長期的なインバランスには見習工で対応しようとする戦略がみてとれよう。

一般工の労働協約には「退職に際しては、その従業員の近親者の採用を優先する」という近親者条項（next of kin）が設けられており、正規社員としての就業そのものが（譲渡可能な）資産となるという就業資産仮説が妥当している。解雇についても、同様の方針がみられる。一般工の労働協約には、レイオフについて「……訓練生・養成工・見習工がいる場合には、まず彼らを優先してレイオフして正規社員の雇用を保障する。また、正規社員しかいない場合には、

先任権に基づいてレイオフがなされる。組合幹部はレイオフの最後の対象となる」としている。すなわち労働組合は、非正規社員を雇用調整の対象とすることによって自らの雇用保障を主張している。また、正規社員の解雇に際しては勤続年数に30日の給与を乗じた補償金が支払われなくてはならないとの条項もあり、経営側にとっても正規社員の解雇には多くの費用が伴うことになる。監督者組合と事務職組合の労働協約にもレイオフに際して非正規社員を優先する条項や先任権に基づいたレイオフ条項はあるが、ある程度の資質を備えた労働者であることから近親者条項は設けられていない。同じ理由でY社とZ社でも、親近者条項はない。

このように労働組合は雇用保障を重要な戦略課題としており、そのためには非正規労働者の雇用保障を犠牲とすべきとしている。労働組合と労働法で創り出されたインサイダーとしてのレントを、アウトサイダーの犠牲のもとに守ろうとする民主主義のパラドックスがみられる。

報酬システム 製品が米国に輸出されることから品質管理が求められるために、出来高給ではなく時間給となっている。定期昇給は労働協約に規定されている。一般工は、勤続が1〜3年、4〜6年そして7年以上には、それぞれ0.50ペソ、1.25ペソそして1.50ペソの年功加俸がある。緩やかな年功賃金ではあるが、法定最低賃金が日給118ペソであることを考えれば、その上昇率は僅かであるために、年齢・賃金プロファイルはほぼフラットとなる。月給制の監督補助と事務職の昇給は、勤続年数に22.5ペソを乗じた額が年功加俸となる。これも年功賃金制が明確になるほどの水準ではない。すなわち、定期昇給でみた年功の程度は大きくはない。これは、特に縫製工については、企業内の技能育成が重要ではなく、また代替的就業機会も限られている現状では離職率が問題とならず、年功賃金制を形成する必要がないためであろう。

以上から、X社の現状を次のように把握できよう。過剰労働を背景とした高い就業資産性向そして労働組合の高いプレゼンスと整った労働法が、まずは背景にある。そして、正規社員の高い雇用保障という企業にとっての外生的環境

特性によって、X社の正規社員はストック化されている。それは、人的投資による内部労働市場の形成を通じた企業側の論理に基づくストック化とは異なる論理である。

　日本における終身雇用や年功賃金は、第一次世界大戦後の好況期における職工不足を背景に生み出された制度である。このことを現在のフィリピンにおける全般的な過剰労働状況と対照させれば、正規社員のストック化の論理の違いは明白であろう。すなわち、やや図式的ではあるが、フィリピンではインサイダー理論の枠組みで、そして日本では人的投資理論の枠組みで内部労働市場が形成されている。しかし異なる論理にもかかわらず、ストック化が企業の労務管理のあり方に与えた影響は類似してくる。すなわち経営者は、ストック化される労働者数を必要最低限におさえて、(1)多能工化のための技能形成をおこなうことによって、内的フレキシビリティを高め、また(2)雇用調整の対象となるフローの労働者を確保しなければならない、ことになる。

3.2　Y社（日系自動車製造企業）

　Y社（従業員規模1600名弱）は、自動車製造という、いわゆる日本的生産システムが求められる典型的な企業である。すなわち、作業工程を可能な限り細分化・単純化し、しかも個々人の職務が重なり合うような作業方式を設定して、多能工化によるフレキシブルな生産システムが志向される。そうした生産システムの円滑な運営のために、小集団活動・5Sなどが求められる[9]。そこでは、第7章の冒頭で紹介した経営責任者の言葉のように、個人的技能よりも組織的技能の育成が重視されることになる（図8-2）。Y社では一般工をチーム・メンバーと呼ぶが、それも組織的技能を重視する現われであろう。

　Y社は立ち上がって4年目であるために本来の職制ヒエラルキーが完成しておらず、労務管理のあり方も過渡的である。しかし、この過渡性ゆえに組織的技能を重視する日系企業の特徴がかえって浮き彫りにされている。聞き取りは、製造部門本部長と社長に対してなされた。

　採用　作業工の採用は、次の手順でなされる。職業訓練校から訓練生を現場

実習として受け入れる。労働法に従って、受入期間は3カ月であり、最低賃金の75％の日給が支払われる。もし継続就業の意思があれば、養成工として3カ月ほど追加雇用する。職業専門学校卒業生の場合は、養成工から始まる。給与は月額3090ペソとなる[10]。この際、訓練生の約10％は就業の延長を望まず、また約10％はラインの監督者による出勤率・技能水準・会社への忠誠心・協調性などの10項目にわたる評価のほかに遅刻や創意工夫制度への応募などを勘案した評価に基づいて不採用となる。評価基準では、出勤率のウエイトが高い。特に、欠勤が計画的かどうか、また月曜に欠勤が多いのも重要な減点対象となる。3カ月後に同様に約10％ずつが削られて、6カ月の見習工（月給は4060ペソ）となる。そしてさらに10％がふるいに掛けられ、残りが正規工となる。

厳格な採用方式の背景には、ふたつの理由がある。ひとつは急進的労働組合、特にKMUの影響を避けることである。しかし、その活動は衰退・穏健化してきていることを考えれば、次の理由が主となろう。それは、新卒者優先という方針にみることができる。Y社は、採用は職業訓練校に在籍する学生を訓練生制度を通じて確保しようとしている。また職業訓練校の卒業生の場合には、卒業後1～2カ月まで、年齢は22歳を限度としている。これは、従業員をY社イズムという企業文化＝組織的技能に順応させるためには他社での就業経験が阻害要因となるという認識からである。組織的技能は、他の企業で有効とならないばかりか、他の企業での経験がその習得の妨げとなる性質をもつ技能でもある。

職制・昇進・昇給　製造部門は14の課からなるが課長職は現在3人しか埋まっておらず、工長や組長のポストは未充足である。上位の職制が未充足であるのは、立ち上がって間もないY社が、外部労働市場には依存せずに内部昇進で人員を充足する方針を採用しているためである。Y社が、内部労働市場の形成を重要な労務管理の戦略としていることがわかる。

現場の給与は資格給であり、見習工（1＝3090ペソ）・作業工（2＝4060ペソ）・班長（3＝4330ペソ、4＝4760ペソ、5＝5240ペソ）・組長（6＝7110ペソ、7＝7950ペソ、8＝7980ペソ）・工長（9＝11300ペソ、10＝13875ペソ）・

課長（10、11）・部長（12、13）・主事（14、15）という15の等級がある。工長までの基本給与の最低額が、かっこ内に示される。ちなみに、作業工ではX社の縫製工とほぼ同じであるが、その後の昇給で格差が現われて年功的となる。

技能形成　正規工となって1年を経過すると、日本で3～4カ月の研修を受ける。N氏は、「研修は効果がある。たとえば5Sとは何かを理解して、いちいちその項目をあげなくても、5Sが悪いと言えば、彼らはそれを理解して行動できるようになる」と述べている。さらにN氏は、研修による5S・多能工・3Mそして標準作業時間（タクトタイム）などの知識の形成を強調するが、これらは組織的技能の習得が研修の目的の中心となっていることを示唆している。組織的技能はマニュアル化された知識から学ぶよりも、現実にその技能が機能している「場」、すなわち自分の職務態度や判断の拠り所となる準拠集団に身を置いて総合的に体得するほうが効果的と考えられるからである。

しかし、本社でおこなわれている日本的生産システムが、フィリピンでそのまま機能しているわけではない。組織的技能が発揮されるには小集団活動が機能する必要があるが、Y社では小集団活動を指導する中間層が欠落したままである。製造部門部長の言葉を借りれば「QCといっても、現在のところ座学の段階であり、系統だったものではない」。本社工場並の生産システムが機能するにはまだ時間が必要であり、ボトム・アップ機能をもつ小集団活動が機能しない現状では、結局、命令系統はトップ・ダウンとならざるをえない。こうした実態は、次に述べるZ社でもみられた。

では、こうした態勢において、製品の品質に問題は生じないのであろうか。製造部門部長は「精確な数値を掴んではいるが、それを教えるわけにはいかない」と前置きしたうえで、「安全性にかかわる水準は本社の製品と同じであるが、たとえばドアについて日本では誤差が0.1mmのところが、フィリピンでは0.2mmとなる。しかし、これは機械化が進んでおらず、塗装なども手作業の部分が残されていることに起因するものであり、労務管理や労働者の質の問題ではない」としている。すなわち、日本的生産システムが整っていないことの影響は品質には現われておらず、むしろそれは内的フレキシビリティの欠如

を通じて費用面に出てくる問題である。

離職率は、生産工ではほとんどない。しかし、80人いる機械工では年に5人程度は離職する。製造部門部長は「立ち上がって間もないために顕在化はしていないが、これから昇進・昇給で差がつきはじめたとき、従業員に不満が生まれ離職率も高くなる恐れがある。4～5年後にはそうした事態が発生するかもしれない」という。

日本的生産システムの代名詞として知られるY社イズムは、フィリピンY社では構築の途上にある。しかしY社イズムは、確固とした組織的技能と内部労働市場の基盤のうえに成立しうるのであり、その形成は経営戦略の至上命題である。すなわち、X社のように外生的理由から内部労働市場の形成がなされた企業とは異なり、組織的技能が必要となる技術特性を理由として内部労働市場が形成されている。多能工化による小集団活動を通じた生産活動が追求されることから、労務管理戦略も、作業工の長期雇用を促すものとなる。そのために労働報酬も、短期的報酬ではなく、資格給に従う昇進という長期的報酬が軸になっている。

3.3 Z社(発電用ボイラー製造)

Z社は、マニラから南に130キロ離れた海岸沿いのA市に、日本にあった工場施設を移転して設立された、Y社と同じく操業4年目の企業である。Z社は、瀬戸内のC県D市に工場をもち、そことの連携で生産をおこなっている。従業員規模は345名で、うち10名が日本人である。資本金はZ社が8割、そして残りの2割は工場用地を提供したフィリピン企業E社が出資している。聞き取りは、社長K氏を中心に、製造部門部長L氏および総務部主任M氏になされた。

発電用ボイラーの溶接は最も高度な溶接技能に属しており、「この溶接技能を習得すれば世界中どこでも溶接士として通用する（Z社社長）」水準にある[11]。Z社は、1990年に総合的品質管理体制が認められてASME（American Standard of Mechanical Engineering）のボイラーと圧力溶接器のスタンプを

獲得して、ASME工場となっている。技能認定は、本社より派遣された製作課長がおこなう。

ボイラーの溶接技能は「自動車企業ほどのチーム・ワークは必要ではなく、経験・技術・工夫といった個人の技量が重要」（Z社社長）であることから、個人的技能としての特性を色濃く備えている（図8-2）。また、単純と裁量という技能区分でいえば、裁量的作業が求められる技能でもある。したがって「小集団活動がなければ困るといったものではなく、TQC活動で個人的な技量に磨きをかけるようにしている」（同社長）とのことである。と同時に、製造部長によれば「発電用ボイラーの溶接士は、5年で半人前、一人前になるには10年は必要」な技能であり、その形成には企業内訓練が不可欠となる。ここでの溶接技能は、どこでも通用するという意味では汎用性のある一般的技能であるが、しかし一人前になるまでは企業が人的投資をしなくてはならない技能でもある。

採用・昇進　従業員は、事務系と設計技術者（現場監督者を含む）からなる間接員そして現場の直接員192名（内、溶接士83名）で構成される。製造部門の職制は、製造部長（日本人L氏）のもとに4人の課長がおり、そして主任・係長・作業長（監督者）そして班長と一般工で構成される。溶接士は、一般的には高卒後にA市の溶接専門学校に進学して1年ほど溶接技術を学んだ学生を採用するが、大卒もいる。

昇進は、合弁企業のE社の人事考課様式を採用している。そこでは、［アウトプットの評価］(1)作業（製品）の品質、(2)生産性、(3)生産計画の厳守、(4)就労規則への適応性、［インプットの評価］(1)仕事の知識、(2)作業の信頼性、(3)創造性、(4)意思伝達能力、(5)協調性、(6)職務態度（利他意識）、(7)欠勤・遅刻、(8)保全・5S、の計12項目について、5段階評価が上司によってなされる。また評価に際しては、それぞれで理由を記す必要がある。しかし、上司の評価を本人が確認して署名する必要があり、フィリピンの文化環境では上司の評価はほとんどすべてが優良評価となり、実質的に意味をなさないという。そこで、K社長は独自の昇進試験（主として技術にかかわる試験）を考案して、実際に

はそれを重視している。

フレキシビリティ　高い個人的技能が求められるボイラーの溶接士は、企業にとっては内的にも外的にもフレキシビリティの得られないストック的性質がきわめて高い労働者である。そこで、企業内の過剰雇用が生じたときの対策として、社長K氏は、(1)外注政策：人材派遣会社から現場や製品管理部門に人員を、ある種の社外工として雇う。現場では、現在30名が働いており、製品管理部でも最大で4人が派遣されていた。ただし、現場といっても正規工とは異なる作業に従事している。(2)親会社への委託：設計部門で仕事量が超過したときには日本の親会社に委託する。(3)職務拡大：中近東など溶接士が不足する地域でのプラントの据付け工事に派遣する。(4)残業：半期ごとの集計でみれば、設立時から直接員の1人当たり残業時間は月35から87時間の幅を持たせてある。(5)訓練生の解雇、そして(6)日本への研修、が可能な手段であるとする。

Z工場の溶接士の技能がきわめて個人的技能であることから、自動車工場で観察されるような多能工化による職務範囲の重複という内的フレキシビリティを高める戦略が含まれていないことには留意しておきたい。

技能育成　溶接工は訓練生として採用されて、416時間の初歩的な技能訓練を受ける。そして養成工に進み、訓練生の期間と併せて6カ月の研修が続く。その後、教育訓練完了試験による社員継続可否評価を経て、さらに半年の見習工となる。この間にASME技量認定試験にパスするとZ社の資格リストに載り、その過程で正規採用となる。見習工までは法的には解雇できるが、作業量の減少時に見習工との雇用契約を打ち切ったところ「雇用保障をする日系企業なのに解雇があった」と正規工の間に不安が拡がったことから、見習工は正規工への採用を前提とするようになった。

溶接は幅が広い技術であり、Z社の溶接技能認定区分は、技能の低いほうから被覆アーク溶接・ティグ溶接・ミグ溶接そして小径管特別溶接がある。前3者がASME認定にかかわる技能であり、最後がユニーク・テストと呼ばれるZ社特有の技能である。これは、作業姿勢を限定して狭隘な場所での作業が可能な段階に達した上級溶接士に与えられる。この試験をパスすれば、班長昇格

の資格が得られる。被覆アーク溶接は、初期の416時間の教育訓練で習得できるが、最終段階を習得するには最低１年必要である。溶接技術の技能の幅は広く、それぞれの技能水準に応じた資格給が与えられる。被覆アーク溶接では月額4000ペソ弱であるが、ユニーク・テストをパスすれば6000ペソ強となる。班長では7000ペソ前後、そして監督者となれば8500ペソ程度となる。したがって給与体系も、結果として年功的となる。

　日本のＤ市工場への研修もなされており、調査時点で溶接士を中心に設計技師を含めた50名が半年の研修（設計技師は１年から１年半）を受けている。現在の各部門の基軸労働者（製作・検査の中心となる作業主任・監督者・班長）は、全員が日本での研修を終えている。日本での研修について、Ｚ社の品質管理パンフレットには「特に溶接士については、定期的派遣により技量の向上・メンタリティおよび躾の情操教育をおこない……Ｄ市工場の品質管理体制の伝承と定着を目指す」とある。社長Ｋ氏も、「日本での研修は、技術だけでなく小集団・ＴＱＣ・５Ｓ・安全管理そしてみんなで教えあうことなどの集団における達成感といった日本的方法を教えることを目的としている。フィリピン人労働者はいまだ個人プレーであるが、日本に行ってみるとみんな驚く。まさにカルチャー・ショックを与えて、洗脳するわけである」と述べている。すなわち、Ｚ社の基幹技能である溶接は個人的技能の特性を強くもつものの、日本での研修には、「個人的技能」のみならず「組織で働く」ことを理解させる目的も含まれている。しかし「組織で働く」といっても、Ｙ社で求められる「組織的技能」とは、やや趣が異なっている。すなわち、Ｙ社ではラインの効率性と技能育成の双方が強調されていたのに対して、Ｚ社では仲間内での技能育成の側面が強調されることになる。

　これに関連して、製造部長Ｌ氏の次の発言は示唆的である。「日本での研修では、フィリピン人に日本人がマントゥマンで技術指導をする。そうすると、日本人と同じ水準の仕事ができるようになる。しかし昨年帰国した溶接士の場合、帰国すると日本にいた時の３から４倍の不良品をだしてしまう。ある溶接士は、日本の工場では自分の技能が低いと感じるが、フィリピンの工場に戻る

表 8-2　離職意思　　　　　　　　　　（単位：％）

	将来とも転職なし	現在は転職意思なし	将来は転職する	転職を考えている	合　計
縫製	4.5	63.6	20.5	11.4	100.0 (44)
自動車	4.3	74.5	10.6	10.6	100.0 (47)
発電ボイラー	4.5	45.5	38.6	11.4	100.0 (44)

注）かっこ内は人数。

と安心するといっている。その結果、製造の標準時間は日本の工場の2.5倍程度必要となり、賃金が安いものの利益率からみると日本の工場に劣る。こうした状況が改善されるには、まだ時間がかかるであろう。しかし親会社でも、技術者が不足していた30年前では、ここ（フィリピンの工場）よりも不良品率は高かった。日本で技術水準が高まったのは、教育水準が高まったこともあろうが、技術を相互に教えあうなかで経験が蓄積されたからだ」。すなわち「個人的技能」といえども、その企業内教育による効率的習得には、それをサポートする仲間内組織のあり方が重要となるのである。

　離職　溶接技術が個人的技能かつ汎用性がある技能であることは、溶接士に離職の誘因を与えることになる。表 8-2 は、離職意思を質問した結果である。Ｚ社では転職意思を表明した労働者が半数と、ほかよりも高くなっている。これに対して自動車組立Ｙ社では離職意思が最も低くなっているが、これは組織的技能が汎用性をもたず組織的技能の習得が労働者にとって埋没費用となっているためであろう。縫製Ｘ社で離職意思が低いのは、代替的就業機会が限られていることから、就業資産性向が高くなっているためである。

　労働者の定着を促すには、長期的な労働誘因の整備が必要となろう。たとえば、日本での研修を受けるときには３年間はＺ工場で勤務することを契約に明記させている[12]。しかし、これまでに研修を受けた50人の溶接士のうち、中近東と米国に各１人とインドネシアに４人が契約に反して出稼ぎにいっている。

　外国への出稼ぎではＺ社での給与の数倍は稼げるが、数年の後に帰国してからの給与を考慮した生涯所得となると果たして出稼ぎが合理的選択かは疑問である。それをフィリピン人の近視眼的性癖のなせる技といえないこともない

が、そうした行動に対する総務部主任M氏の次の発言は示唆的である。すなわち「日本の会社では年齢構成が連続しているために、定年を迎える社員をみて若手社員は自分の人生の青写真を描くことができる。しかしZ社では従業員は総じて若く、いくら年功序列型賃金体系を説明しても実感できずに、少しでも高い賃金が提示されると移動しようとする。このことに加えて貧困と政情不安があり、結局は短期的な所得最大化行動をとってしまうようだ」。年功型賃金体系なり終身雇用制は、会社と労働者との暗黙の契約として成立するものである。近代的製造業の形成の歴史が浅い開発途上国において年功序列賃金体系や終身雇用制が機能しないことが指摘されるが、その理由をM氏の発言は見事にいい当てていよう。

　Z社の現状を次のように把握できよう。溶接技能そのものの性格はきわめて個人的技能である。したがって、小集団活動・提案制度や多能工化など組織的技能の基盤となる労務管理慣行は、とりあえずは必要とされていない。しかし、生産ラインの効率化とは別の次元で、組織的技能の基盤装置が求められることになる。それは、技能形成を日本人技術者の手から仲間内での技能育成に移譲することをひとつの目的としている。さらに、仲間内グループが機能すれば、相互監督という形態で労働規律が保たれることになる。
　そうした基盤がないために、Z社では、多くがトップ・ダウンとなっている。この点について社長は、「現在は、社内規範集・ノウハウ集・指示書類などをトップ・ダウンで与えている。これは、フィリピンがマニュアル社会であるから避けがたい所もある。しかし、それではきめ細かい作業ができないので、技能を高めるために小集団制度などが必要であり、これが日本的経営の神髄である」という。この発言は、この社の溶接技術が裁量的技能を求めるものであることを示唆している。

4 労働者の職務意識

4.1 枠組みと概念

　職務態度として職務満足と組織コミットメントを検討する。双方の概念は、ともに仕事についての労働者の期待と報酬（現実）との適合の程度に依存している。ただし、前者が仕事の具体的な側面についての受動的かつ直截的な反応であるのに対して、後者は所属する組織に対する能動的で長期的な反応である。したがって、企業がどのような労務管理戦略を採用しているかを検討するうえで、これらの職務態度の効力の比較は意義をもつ。職務満足は、第4章と同じく、外発的と内発的満足と賃金満足という3つの下位概念で構成される。職務行動については、離職意思とモラールを検討する。

4.2 計　測

　外発的職務満足には「仕事の単調さ」と「仕事による疲労」についての満足度を問う質問、そして内発的満足については「仕事の適切な評価」「自分の能力を使う機会」「昇進のチャンス」「扱いの公平さ」の4つの質問が用いられた。賃金満足度については、「自分の賃金水準の適切さ」という質問を用意した。それぞれには、大変満足（＝4）～大変不満（＝1）の得点がつけられ、その総和としてそれぞれの概念の得点が求められる。組織コミットメントの計測には、「会社の将来が気にかかる」「この会社で働いていることを誇りに思う」「この会社に愛着がある」という組織と労働者の関係を問う質問が用いられた。回答は4肢法で得点が与えられる。

　離職意思については、(a)将来ともに、離職するつもりはない［＝1］。(b)今のところは、離職を考えてはいない［＝2］。(c)ほかの職を探してはいないが、将来は離職するつもりだ［＝3］。(d)いま真剣に離職を考えている［＝4］、という質問を用意した（表8-2）。

表8-3 職務態度得点

	外発的職務満足 (EJS)	内発的職務満足 (IJS)	賃金満足 (WS)	組織コミットメント (OC)
縫 製	6.00 (1.23)	11.90 (1.14)	2.30 (0.82)	9.50 (1.28)
自動車	5.01 (1.33)	10.98 (2.73)	2.43 (0.63)	10.14 (1.53)
発電ボイラー	5.35 (1.13)	11.60 (2.13)	1.90 (0.87)	9.95 (1.40)
平 均	5.46 (1.28)	11.49 (2.19)	2.21 (0.80)	9.87 (1.42)

注）かっこ内は標準偏差。

表8-4 職務行動得点の平均と分散

	競争意識	キャリア	参 加	社会的地位
縫 製	3.12 (0.66)	2.93 (0.80)	3.30 (0.51)	3.09 (0.68)
自動車	3.41 (0.61)	3.35 (0.86)	3.51 (0.51)	3.02 (0.59)
発電ボイラー	2.95 (0.65)	3.16 (0.83)	3.57 (0.56)	3.36 (0.57)
平 均	3.17 (0.66)	3.15 (0.84)	3.46 (0.53)	3.15 (0.64)

注）かっこ内は標準偏差。モラールの最も高い回答を4、低い回答を1として計算。

職務行動については、次の4つを考える。(1)同僚よりもよく働こうとしている［競争意識］、(2)是非、昇進したい［キャリア志向］、(3)仕事の意思決定に参加したい［参加］、そして、(4)仕事を通じて社会的地位を向上させたい［社会的地位］。鍵かっこ内はキー・ワード。それぞれについて、強く当てはまる（＝4）〜全く当てはまらない（＝1）までの得点が与えられる。

4.3 議　論

職務態度と行動　本章で検討する職務態度と行動の下位概念の平均値と分散が表8-3と表8-4に、そしてそれぞれの単相関が表8-5に企業別に示されている。

組織コミットメントは自動車企業Y社で最も高く、縫製企業X社で最も低くなっている。これは、Y社で組織的技能形成が志向される過程で労働者の組織への一体感が高まったことや、長期的労働報酬システムが構築されていることに対応している。昇進を望むキャリア志向の程度はY社で最も高くなっており、昇進が強く認識されている。これに対してX社では職場への短期的反

表 8-5 主要変数間の単相関

縫製工場

	IJS	WS	OC	TOV	Com	Car	Par	Sta
外発的満足	0.07	−0.08	0.27†	−0.11	−0.12	0.33†	0.31†	−0.06
内発的満足		0.32*	0.33*	−0.14	0.16	0.41**	0.39**	0.35**
賃金満足			0.12	−0.26†	0.04	0.03	0.03	0.21
OC				−0.27†	0.27†	0.29†	0.31*	0.16
離職意思（TOV）					−0.07	0.04	−0.10	0.07
競争意識（Com）						0.15	0.12	0.13
キャリア志向（Car）							0.40**	0.27†
参加意思（Par）								0.46**
社会的地位（Sta）								1.00

自動車工場

	IJS	WS	OC	TOV	Com	Car	Par	Sta
外発的満足	0.10	−0.12	0.00	−0.09	0.22	−0.01	0.21	−0.21
内発的満足		0.41**	0.48**	0.05	0.42**	0.34**	0.06	0.05
賃金満足			0.32*	0.19	0.24†	0.10	0.06	−0.19
OC				−0.43**	0.25†	0.48**	0.36*	0.41**
離職意思					0.10	−0.22	−0.17	−0.17
競争意識						0.39**	0.18	0.16
キャリア志向							0.45**	0.35**
参加意思								0.20
社会的地位								1.00

ボイラー工場

	IJS	WS	OC	TOV	Com	Car	Par	Sta
外発的満足	0.27	−0.21	0.22	−0.33*	−0.21	−0.01	0.15	−0.30†
内発的満足		0.04	0.56**	−0.54**	−0.04	0.21	0.17	−0.27†
賃金満足			0.27†	−0.41**	0.24	0.00	0.02	−0.26†
OC				−0.27†	0.14	0.29†	0.32†	0.02
離職意思					−0.10	−0.01	−0.09	0.40**
競争意識						0.06	0.29†	0.26†
キャリア志向							0.36*	0.21
参加意思								0.45**
社会的地位								1.00

注) ** $p<1.0\%$、* $p<2.5\%$、† $p<5.0\%$。OC ＝組織コミットメント。

表8-6　離職関数

	縫製工場	自動車工場	ボイラー工場
定数	1.24 (1.16)	0.89 (1.30)	1.56 (1.16)
外発的職務満足	0.01 (0.12)	−0.02 (0.33)	−0.10 (1.26)
内発的職務満足	0.01 (0.07)	0.06 (1.60)	−0.14 (2.40) *
賃金満足	−0.14 (1.45)	0.18 (1.21)	−0.19 (1.65)
組織コミットメント	−0.19 (1.53)	−0.25 (3.91) ***	0.04 (0.48)
自由度調整済み R^2	0.12	0.26	0.35
F-値	1.37	4.00 ***	5.45 ***

注）*** $p<0.1\%$、* $p<5.0\%$。かっこ内はt-値の絶対値。

応である内発的・外発的職務満足が高くなっており、Y社ではそれは最低となる。すなわち、技術特性に規定される技能の形態と水準の差が、労働誘因にかかわる企業の労務管理戦略を特徴づけている。また賃金満足度は、X社とY社で高く、Z社で低くなっている。これはZ社の溶接工の技能が個人的技能であり、かつ代替的就業機会があるのに対して、縫製工については代替的就業機会を望むことはほぼ困難であり、またY社については組織的技能であるために同等の賃金水準の得られる代替的就業機会がほとんどないということから説明されよう。

　離職意思　表8-6に示される離職関数が求められた。縫製工については、全体的なフィットは良好ではない。これは、離職率がほぼゼロという就業資産性向がきわめて強い縫製工にとっては、そもそも離職関数が成立しないためである。

　Y社とZ社では、対照的な結果が得られた。Y社では組織コミットメントを高めるような組織運営がなされていることから、組織コミットメントが離職の有意な説明変数となっている。これに対して、個人的技能であるために長期的労働誘因システムや小集団制度の導入が遅れているZ社では、短期的反応としての内発的職務不満が離職の説明変数となっている。すなわち離職意思は、技術・技能に規定される労務管理戦略によって説明されることになる。賃金満足度は、いずれの工場でも有意となっていない。日系企業である自動車工場やボイラー工場では周辺の企業よりは高い賃金が得られているが、表8-4に示

されるように賃金満足度は高くない。特に、ボイラー工場では不満の傾向があるが、これは溶接工には海外での高賃金の就業機会があるためであろう。

モラール　離職関数と同様にモラール関数が求められた（表8-7）。やはり精度に難点があり断定的な結論は慎まなくてはならないが、次のことが指摘できよう。

自動車工場Y社については、競争意識を除くすべてのモラールについて組織コミットメントが有意な変数となっている。Y社の組織コミットメントを高める労務管理戦略の帰結といえよう。これに対して縫製工場X社では、内発的職務満足がふたつのモラールについて有意な変数となっている。インサイダー仮説の枠組みでストック化された労働者については、彼らの離職が問題とならない以上、組織コミットメントを高めるような長期的な労働誘因を整備する必要がなく、職務満足という短期的な労働誘因が提示されていることがひとつの理由であろう[13]。

ボイラー工場Z社では、ほとんどの態度変数が有意な説明要因となっていない。これは、高い個人的技能をもつ溶接士が組織の提示する労働誘因に反応していないことを示唆している。社会的地位志向はX社とY社では離職意思と無相関であるが、Z社では強い相関を示している（表8-5）。すなわち、溶接士は、自己の上向意思を転職によって達成しようとしている。それに対応して、X社とY社では社会的地位志向は職務態度と関連をもたないか、もしくは正の相関をもっている。しかし、Z社については、社会的地位志向は職務態度と負の相関をもっている。すなわちX社とY社では、社会的地位を高めようとする労働者は企業内でそれを実現しようとするのに対して、Z社の溶接士は社会的地位志向は企業内では達成されにくいと考えている。こうした対比は、本書の主題として検討してきたように、技術・技能・労務管理政策そして外部労働市場の状況の関連において説明されるものである。

表8-7　モラール関数

競争意識

	縫製工場	自動車工場	ボイラー工場
定　数	1.76 (1.67)	1.63 (2.44) **	3.05 (3.95) ***
外発的職務満足	−0.10 (0.24)	0.09 (1.40)	−0.13 (1.52)
内発的職務満足	0.04 (0.52)	0.08 (2.14) *	−0.08 (1.43)
賃金満足	−0.03 (0.24)	0.10 (0.71)	0.26 (2.06) *
組織コミットメント	0.16 (1.81)	0.02 (0.30)	0.12 (1.38)
自由度調整済み R^2	0.11	0.22	0.17
F-値	1.28	3.16 **	2.06

キャリア

	縫製工場	自動車工場	ボイラー工場
定　数	−0.98 (0.88)	0.67 (0.73)	1.53 (1.51)
外発的職務満足	0.14 (1.61)	−0.03 (0.13)	−0.05 (0.46)
内発的職務満足	0.21 (2.53) **	0.06 (1.26)	0.65 (0.82)
賃金満足	−0.08 (0.56)	−0.16 (0.81)	−0.13 (0.79)
組織コミットメント	0.08 (0.88)	0.25 (2.86) ***	0.14 (1.29)
自由度調整済み R^2	0.26	0.26	0.10
F-値	3.43 ***	3.86 ***	1.10

参　加

	縫製工場	自動車工場	ボイラー工場
定　数	0.76 (1.04)	1.99 (3.49) ***	2.27 (3.40) ***
外発的職務満足	0.10 (1.74)	0.08 (1.53)	0.50 (0.64)
内発的職務満足	0.12 (2.36) *	−0.03 (0.83)	0.01 (0.17)
賃金満足	−0.05 (0.56)	−0.04 (0.32)	−0.06 (0.50)
組織コミットメント	0.06 (0.92)	0.15 (2.72) ***	0.11 (1.45)
自由度調整済み R^2	0.26	0.18	0.10
F-値	3.43 ***	2.45 †	1.05

社会的地位

	縫製工場	自動車工場	ボイラー工場
定　数	0.10 (1.07)	2.26 (3.66) ***	4.03 (6.06) ***
外発的職務満足	−0.05 (0.64)	−0.10 (1.76)	−0.14 (1.79)
内発的職務満足	0.14 (1.89)	−0.01 (0.16)	−0.08 (1.45)
賃金満足	0.08 (0.63)	−0.35 (2.59) *	−0.11 (1.01)
組織コミットメント	0.04 (0.49)	0.21 (3.61) ***	0.12 (1.65)
自由度調整済み R^2	0.14	0.30	0.20
F-値	0.68	4.92 ***	2.52

注) *** $p<0.1\%$、** $p<1.0\%$、* $p<5.0\%$、† $p<10.0\%$。かっこ内は t-値の絶対値。

結　び

　本章では、生産技術の大きく異なる3つの企業を対象として、そこでの技能と労務管理組織を検討した。個人的技能と組織的技能という技術特性で特徴づけられた技能の違いが、労働誘因にかかわる企業の経営戦略に差異をもたらしていることを確認した。このことは、企業の経営戦略を分析するに当たって企業の技能特性を明確にすること、換言すれば日本的経営とその移転の議論はどのような技術特性をもつ産業を対象としているかを明示する必要があることを示唆している。

　労働関連法や労働組合などの外生的要因が、労務管理のあり方に影響を及ぼしている。そうした要因は各国で異なることから、あるべき労務管理も多様性のある複数均衡となってこよう。日本的労務管理の移転という発想にも、一定の留意が必要となることになる。

　最後に、縫製工場と自動車工場との対比を確認しておきたい。縫製工場では有意な離職関数は求められなかった。また、モラール関数で有意な変数は職務に対する短期的反応である内発的職務満足であった。これに対して、自動車工場では、離職関数とモラール関数双方において組織コミットメントが有意な変数として検出された。工業化の初期段階に出現するような単純労働使用的産業では短期的な報酬が、そして作業内容が複雑となってくる産業が現われてくると組織コミットメントが誘因として意味をもつようになってくるといえる。この関係は、第4章で対象としたタイのケースとも対応している。何故このような変化がみられるかの議論は、第10章でなされることになる。

注
1）　日本の出向制度については、Kamada（1994）が参考になる。
2）　マレーシアの日系デジタル・カメラ工場（従業員約5000名）の事例を紹介しておこう。この製品の需要には季節変動があり、需要の谷のときの生産はピーク時（クリスマス）の約6割に落ち込む。そこで、ピーク時には大量の派遣社員（1カ

月前の通知で雇用契約を解除できる）を雇用する。そこで正規社員には全員がセル方式での作業が求められ、谷のときには、正規社員の再配置で生産体勢を維持している。
3) インフォーマル・セクターの労働者や失業者もアウトサイダーとされるが、本章で問題となるのはフォーマル・セクターに勤務しているものの雇用保障のない労働者である。
4) 第6章で議論したインドでも、同様の傾向が確認できる。
5) この視点からの研究としては、Rodgers（1994）がある。
6) フィリピンの労働法に関する引用は、Azucena（1993）からである。
7) アウトサイダーとしての縫製工については菊池眞夫（1996）が参考となろう。
8) 同様のことは米国マツダ工場を調査した Fucini and Fucini（1990）の次の記述にもみてとれる。「……毎朝のチーム会議で……出席をとられ、欠席者の仕事が出勤している労働者に割り振られた。伝統的な米国の工場では、予め欠勤者を想定して予備的な労働者を確保しているから、そのようなことはなかった」。
9) こうした生産システムについては、門田安弘（1993）を参照されたい。
10) 法定最低賃金で26日就業した額にほぼ等しい。
11) Z社社長は、次のように述べている。「発電用ボイラーが稼働中に溶接部分に問題が発生するとボイラーの火を落として修復しなくてはならないことになり、膨大な費用がかかる。また溶接の不備は、爆発事故の原因ともなる。自動車では、少し溶接がはがれても自動車は動く。その意味では、ボイラーの溶接と比べて自動車の溶接はホッチキスでとめるようなものだ」。
12) Z社社長によれば、日本での研修には1人につき60万ペソの経費が必要であり、帰国後4年は就労してくれないと元が取れないという。
13) この結論は、第4章のタイ北部の分析結果と同じである。

第9章　高度な個人的技能をもつ労働者の職務意識
　　　：インドのIT技術者

はじめに

　インドのソフトウエア産業の興隆は、1991年以降の経済自由化を象徴する出来事であろう。この産業の育成政策は、1984年に当時のラジーヴ・ガンディ首相が「コンピューター政策」を発表したことに始まる。それによって関連する教育機関が整備されたことが、今日のソフトウエア産業の成長を準備した。

　インドのビジネス誌 *Business Today*（2001 January, Anniversary Issue）は、労働者にとって望ましい企業10社の特集を組んでいる。そのトップは Infosys、3位 Hewlett-Packard、4位 ICIC、5位 Hughes Software、8位 Compaq とソフトウエア企業が並んでいる。こうした会社の紹介には、透明性・従来のヒエラルキーの排除・平等な労働慣行・仕切りのないオフィス・ストックオプションの導入など、それまでのインド企業にはない特色をあらわす言葉が並べられている。第6章で指摘した、旧世代と新世代企業の乖離が如実に現われているといえる。

　ソフトウエア産業は自動車製造業のような裾野産業をほとんどもたないこともあり、この産業が成長したとしても、インドの最大の政策課題のひとつである失業ないしは低位就業問題の改善には実質的にほとんど寄与しないであろう。ソフトウエア産業がインドの労働市場に与える効果は、むしろ200万人以上いるといわれる大卒の学卒失業の解消に一条の光を投げかけている点に求められる。古くはインディラ・ガンディ首相の暗殺に至ったパンジャブ騒乱（1984年）やイスラムとヒンドゥ教徒との対立をひき起こしたアヨーディヤー問題

(1992年)といった社会不安を扇動したのが学卒失業者であることを思えば、彼らをソフトウエア産業が吸収するとすれば、この産業がインド社会の安定化に与える影響は小さくはないであろう[1]。

　ソフトウエアにかかわる技能は、裁量的判断の必要な個人的技能であると同時に、汎用性の高い技能といわれる。確かに、ソフトウエア技術者（以下、IT技術者）の転職率は高く、さらには彼らを対象とした地元のみならず欧米の人材会社が活発な活動を続けていることは、こうしたIT技術者の技能特性の反映ともいえよう。しかし、当然のごとく語られるこの論理はどこまで正当なのであろうか。

　ローエンドのソフトウエア開発に必要な技能には、高い汎用性がある。たとえば、ソフトウエアのコーディングにともなって生じるバグ取りをして動作確認をする作業がそれに当たる。しかし、それは高い創造性の必要な技能ではなく、むしろ労働集約的な単純作業に近いともいえる。ところでインドでも、経験の蓄積をベースとして業務内容を特化した付加価値の高い領域に入ろうとするソフトウエア企業も出始めている。最大手のひとつInfosysは、アメリカシティ・コープのATMバンキング・システムを手がけた実績から金融システムに独自の地位を築いている。日本の銀行のシステムの多くがインドのソフトウエア企業によるものであることは、よく知られていることであろう[2]。また、世界の企業のオフショア・センターとして機能する企業もある。こうした特定企業との継続的取引によって形成される技能は、特定の相手企業の特性に依存するという意味では企業特殊技能となる。

　少し具体的に説明すると、このことは、ソフトウエア製造にかかわる次の特性によるところが大きい。あるプロジェクトが発生したとき、需要側の意向をコンピューター言語に変換する翻訳作業がソフトウエア産業の仕事である。このとき、顧客のニーズを把握して翻訳し、そして個々のIT技術者に仕事を振り分ける作業がプロジェクト・リーダー（ブリッジSE）の役割である。この顧客のニーズを把握するという作業はコンピューター・ソフトウエアに対する知識と同時に、相手の業務内容の知識も必要となる。それができないと「使い

勝手の良い」ソフトウエアを作ることはできない。こうしたブリッジSEの能力は、プログラミング技能の延長線上にはない独特の技能である。

　ソフトウエア企業が独自の領域に特化して差別化戦略を図ろうとしているとき、ブリッジSEは企業特殊技能をもつことになり、企業組織の内部労働市場に組み込まれることになる。そして、ブリッジSEと汎用性の高い個人的技能をもったIT技術者が混在しているのが現状といえよう。ブリッジSEの役割が増す現状は、今後、IT技能を企業特殊的としていく可能性がある。また現実には、ブリッジSEと一般のIT技術者の線引きは明確ではない。インドのIT産業の量的拡大がもてはやされているが、そこでは大きな質的変化が急速に生まれていることを見逃してはならない。このことが、通説的に語られるインドのIT技術者のイメージに変化をもたらせる可能性がある。

　本章では、効用最大化行動をとる合理的経済主体の権化とすら表現されるIT技術者の職務意識のイメージの現実妥当性を、彼らを対象とした意識調査から検討する。調査は、2001年9月になされた。なお、一般的な労働市場との対比を示すために、筆者が2000年と2001年にかけて調査した大規模企業の製造工程従事者（以下、単に「工場労働者」と呼称する）のデータも一部であるが比較のために付加する。

　調査開始の直前、9.11同時多発テロが発生した。調査対象企業でも多くの人材がオンサイト・ビジネスで世界貿易センターに派遣されていたこともあり、行方不明者が出ていることで企業内部は騒然としていた。そのために、充分な聞き取りができなかったのは残念である。さらに、調査時点ではアメリカのITバブルが弾けてインドのソフトウエア産業の成長率が鈍っており、同時多発テロの影響がそうした傾向に拍車をかけている状況であった。こうした特殊な事情が、IT技術者の職務意識に影響を与えている可能性には留意が必要かもしれない。

表9-1 IT技術者と工場労働者の学歴格差

IT技術者の学歴　　　　　　　　　　　　　　　（単位：％）

高卒	ITI	IIT	大卒	IIIT	IISc	その他	合計
1.2	0.0	5.1	53.5	10.5	0.8	28.9	100 (256)

工場労働者の学歴　　　　　　　　　　　　　　（単位：％）

無学歴	小卒	中卒	高卒	ITI	大学	大学院	合計
10.0	18.4	19.1	39.4	8.1	4.9	0.1	100 (1233)

注）ITI：職業訓練校、IIT：インド工科大学院大学、IIIT：インド情報技術大学、IISc：インド科学大学院大学。かっこ内は人数。

表9-2 IT技術者の出身州構成比率　　（単位：％）

アンドラPRD	8.9	アッサム	7.4	ビハール	3.1
デリー	7.4	グジャラート	5.4	ハリヤーナー	9.7
カルナータカ	12.1	ケララ	4.3	マディヤPRD	6.2
マハラーシュトラ	6.2	オリッサ	3.9	パンジャブ	3.5
ラージャスターン	8.9	タミル・ナードゥ	6.6	ウッタルPRD	3.9
西ベンガル	1.9	その他	0.4		

注）PRD：プラデーシュ。

1　IT技術者をめぐる労働市場と転職性向

インドの工場労働者とIT技術者を差別化する最大の要因は、教育水準にある（表9-1）。すなわち、IT技術者の中心が大卒以上であるのに対して、工場労働者の中心は高卒ないしはそれ以下の学歴でしかない。こうした教育水準の歴然とした格差を理由として、IT技術者と工場労働者の労働市場は全くといってよいほど隔絶されている。このことを、それぞれの労働者が自らの直面する労働市場をどのように認識しているかの質問から検討していこう。またこのことは、IT技術者についてよく指摘される高い離職率の背景を説明することにもなる。

聞き取り対象としたIT技術者の出身州が、表9-2に示される。調査がインド南部のカルナータカ州とタミル・ナードゥ州そして北部の首都デリーでな

表9-3 代替的就業機会の認識　(単位：%)

	大変困難	困難	探せば何とかなる	容易	合計
IT技術者	4.9	25.2	54.5	15.4	100.0 (249)
工場労働者	40.0	38.0	13.1	8.9	100.0 (1233)

注) IT技術者の無回答3名は省く。かっこ内は人数。

表9-4 転職意思　(単位：%)

	転職意思なし	将来は転職したい	良い条件が示されれば転職する	直ぐにでも転職したい	合計
IT技術者	9.3	21.1	35.2	34.4	100.0 (247)
工場労働者	37.0	30.0	22.0	11.0	100.0 (1233)

注) かっこ内は人数。

されたにもかかわらず、彼らの出身が全国に散らばっていることがわかる。まさに、全国のエリートがこの産業の労働力となっているといえよう。

代替的就業機会についての質問（「現在とほぼ同水準の労働条件の得られる職を探すことは容易か否か」）から、IT技術者と工場労働者それぞれの労働市場の需給状況をみていこう（表9-3）。IT技術者の15.4％は仕事を容易に探せる、そして54.5％は少々努力すればなんとかなるとしており、約7割が代替的就業機会について楽観的な見通しをもっている。これに対して工場労働者では、40.0％が大変困難、そして困難が38.0％と、その大半が代替的就業機会は期待できないとしている。まさに、両者の労働市場は分断されているのである。

大規模製造工場といった工場法の対象となる職場（従業員規模10人以上、無動力企業では20人以上）の組織部門（organized sector）に就業する労働者は、インドでは全就労者の約10％にすぎない。そして、この割合は経済自由化後もほとんど変化していない。低位就業が深刻な現状では、いったん工場法の保護を享受できる職場に就業した労働者は、就業していることそれ自体に高い価値を置いている（就業資産仮説）。そのために、工場労働者にとって、転職は現実的な選択肢にはなりえない。

こうした代替的就業機会についての認識は、転職意思（表9-4）に如実に

表9-5 労働条件の向上に有効な手段

質問 「労働条件(所得や職位)の向上のためには、A:転職する B:同じ職場にとどまる、のどちらが有効と思うか」

(単位:%)

A	B	合計
66.9	33.1	100.0 (251)

注) かっこ内は人数。

現われてくる。すなわちIT技術者については、「転職を真剣に考えている」が34.4%、そして「機会があれば転職する」が35.2%となっており、約7割が転職意思を示している。これに対して工場労働者は、「転職意思なし」と「今のところなし」が約7割と高い定着性向を示している。第2章で対象としたサラスワティ製糖工場のケースと同じ状況である。聞き取り調査の対象となったIT技術者のうちで転職経験がある者は29.2%であり、平均年齢が28.7歳(SD=3.6)と若いことを考えれば、転職率は高い水準にあるといえる。こうしたことから、平均勤続期間も30.8(SD=21.0)カ月と短いものである。

IT技術者の高い転職性向の背後には、労働条件の向上が、職場にとどまる(すなわち昇進)よりも転職によって実現されるという認識がある(表9-5)。後にも確認するが、IT技術者についての内部労働市場がほとんど機能していないことと表裏一体の事象である。

表9-5の結果は、IT技術者が内部労働市場に組み込まれることを望んではいないことを示している。さらに「よい就業機会を求めて海外に行きたい」というステートメントに対して9割近くが肯定的な回答を示している(表9-6)ように、流動性の問題は国内にとどまらない。こうした認識には、キャリア・アップが組織内における昇進によってではなく、転職によって実現されるというIT産業の組織特性が影響している。

ここで、IT技術者の高い転職性向は、経営者にとって必ずしも不利な事象ではないことを指摘しておく必要がある。一般の工場労働者と比較して、IT技術者の賃金水準は数倍の高い水準にある。また、調査時点前の数年間をみても、IT技術者の賃金水準は2桁の上昇をみせていた。労働者の定着性向を高める経営戦略は、別の視点からいえば、労働費用の固定費用化を意味する。それは、IT産業が労働集約的であることも考慮すれば、企業経営にとってのリスク要因となる。特に調査時点にみられたようなITバブル崩壊後の需要の落

表9-6　良い就業機会をもとめて海外に行きたい。　(単位：％)

全く思わない	思わない	なんともいえない	そう思う	強く思う	合　計
1.2	3.5	8.2	42.0	45.1	100.0 (255)

注）かっこ内は人数。

表9-7　転職情報の入手（利用の頻度）　(単位：％)

	なし	稀に	時折	常に	合計
社内の仲間	12.7	7.3	16.7	63.3	100.0
社外のネットワーク	6.6	13.1	44.3	36.1	100.0
インターネット	7.3	36.8	34.4	21.5	100.0
人材コンサルタント	26.7	15.0	28.3	30.0	100.0
新　聞	13.7	15.8	36.9	33.6	100.0

ち込みといった状況に直面したとき、IT技術者の流動性の高さを利用した雇用調整が比較的容易になされることになる。また、IT技術者の技能は部分的には企業特殊的となるが、多くの場合は同業他社でも有効となるという点において一般技能としての性質ももっている。経済学の標準的テキストが教えるように、こうした状況では、企業にとって年功賃金体系を採用する合理的理由はない。IT技術者の転職性向の高さは、技術者の行動様式というよりも、経営側の労務管理戦略の帰結という側面をもつことを見逃してはならない[3]。

　ちなみに、代替的就業機会についての見通し（大変困難＝4〜容易に見つかる＝1）と転職意思（転職を真剣に考えている＝4〜転職の意思はない＝1）とには、IT技術者については1％水準で有意となる負の相関がある。しかし工場労働者については、相関は認められない。これは先に指摘したように、工場労働者については、転職が現実的な選択肢となっていないことを意味している。

　次に、IT技術者が転職情報をどのように収集しているかをみてみよう（表9-7）。質問は「以下の方法を、就業機会についての情報収集のために利用しているか」である。興味深い事実は、社内の仲間と常に情報交換していると回答した比率が63.3％と最も頻度の高い情報収集手段となっていることである。転職が個人の問題として内密になされるのではなく公然と社内で情報交換がな

表9-8 就職情報源としての有効度

社内の仲間	社外のネットワーク	新聞	インターネット	コンサルタント
3.31 (1.06)	3.10 (0.86)	2.90 (1.02)	2.70 (0.89)	2.62 (1.17)

注）大変有効＝4～全く有効でない＝1の平均。かっこ内は標準偏差。

されていることは、転職が彼らの共通の関心の的であることを示している。また、それぞれの手段が「大変有効（＝4）」～「全く有効でない（＝1）」としたときの平均点が表9-8に示されている。ここでも社内の仲間からの情報が最も有効とされている。また、逆に、インターネットが相対的には低く評価されていることは少々意外ではあり、依然として人間関係による情報交換が有効となっている。現在の米国でも個人的ネットワークでの職探しが中心となっているという Corcoran, Datcher and Duncan（1980）の指摘と重なる。

これまでに述べた労働者の意識は、インドのIT技術者についてなされる高い流動性という指摘と符合する。彼らをめぐる労働市場の差異が、こうした対照の背景にあることはいうまでもない。しかし、それと同時に、IT産業における人的資本形成が、製造工場におけるそれとは異なる形式をとっていることを意味している。

2 IT技術者の職務態度

労働者の職務行動が労務管理戦略の対象となる職務態度と代替就業機会の有無といった外生的変数によって規定されるという構図を念頭において、関連する変数を求めていこう。ここでは、安定的な指標を得るために幾つかの質問から、因子分析に基づいて概念を構成していく。

2.1 技能と労働誘因

IT技術者の技能は、本書で扱う労働者のそれとはかなり趣を異にしている。確かに、はじめに述べたように、汎用性が高い個人的技能という点では、ボイラー溶接士の技能とかなり似通っているところがある。しかし、ボイラー溶接

第9章　高度な個人的技能をもつ労働者の職務意識:インドのIT技術者　241

表9-9　労働投入と報酬の関連　(単位:%、N=252)

	全く妥当しない	妥当しない	なんともいえない	妥当する	強く妥当する	合計
労働投入と報酬には明確な関連がある。[労働―報酬]						
	8.0	16.5	9.6	44.2	21.7	100.0
一生懸命働けば昇進ができる。[労働―昇進]						
	11.6	22.4	19.2	36.0	10.8	100.0
技術習得により高賃金が実現される。[技術―賃金]						
	6.0	20.6	12.3	49.6	11.5	100.0
技術習得により昇進ができる。[技術―昇進]						
	8.3	24.4	23.6	33.5	10.2	100.0
昇進は公平になされている。[昇進公平]						
	6.7	23.8	20.2	40.5	8.7	100.0

注)鍵かっこ内はキー・ワード。

士の技能育成が企業内におけるOJTによって形成されていくのに対して、IT技術者の技能形成は個人に委ねられているところがある[4]。というのも、IT技術(知識)の陳腐化のスピードがきわめて速いことから、経験が生産性に与える役割は相対的に低くなる。また、最新のプログラミング技法は専門の教育機関で習得され、そうした知識をもった新卒者が供給されている。さらにIT技術者の労働努力は、プログラミングという成果によって比較的容易に評価できる。また裁量的作業ではあるが、その労働努力はソフトの動作性でかなり判定できる。

　このような認識に立つとき、IT技術者の職務行動を説明する誘因は、組織コミットメントではなく報酬という仮説が提示できる。また、IT技能の特性から、IT技術者の報酬は年功とは独立な成果主義的な体系、すなわち短期的な労働報酬に重点が置かれると考えられる。そのことが、すでに見たIT技術者の転職性向の高さと対応する。こうした認識はIT技術者についての共通した認識となっているようであるが、はたして正当な評価なのであろうか。

　報酬システムに対するIT技術者の認識を確認しておこう(表9-9)。まず、労働投入と昇進を含む報酬の関連を幾つかの質問からみていこう。IT技術者

補表　工場労働者　(単位：%、N = 1233)

	全く妥当しない	妥当しない	妥当する	強く妥当する	合計
[労働―報酬]					
	28.6	43.2	20.4	7.7	100.0
[労働―昇進]					
	47.0	36.6	12.0	4.4	100.0
[昇進公平]					
	42.1	38.5	16.1	3.2	100.0

は、相対的には、労働努力と報酬に直截的な関連があることを認めている。参考までに、インドの工場労働者に対しての同様の質問結果（選択肢がやや異なる）をみると（補表）、IT技術者とは対照的に報酬システムが機能不全にあると認識していることがわかる。

　IT労働者の報酬認識について、ふたつを指摘しておきたい。第1に、IT技術者について、労働努力を「一生懸命働く」という単純な労働投入と「技術習得」とに分けて、それが賃金と昇進と関連するかを質問した。「一生懸命働く」という意味での労働努力と昇進や賃金との関連は認めてはいるものの、その程度はやや弱い。これに対して、「技術習得」と報酬については、かなり強い関連を認めている。それも技術習得は、昇進よりも賃金水準にかかわると認識している。すなわち、昇進という長期的な労働報酬よりも、技術習得によって賃金水準が獲得できるという短期的な報酬を労働誘因としているといえよう。

　昇進を軸とした報酬システムは、確かに労働者の定着性向を高める効果をもつであろう。しかし、それは労働費用を固定費用とすることから、高賃金のIT技術者に対しては合理的な労務管理戦略とはなりえない。むしろ、短期的報酬で労働意欲を喚起する戦略を採用するほうが現実的であり、そうした戦略の存在をIT技術者も認めている。IT技術者については、その高い転職性向もあり、労働組合が形成されていない。このことも含めて、労働と報酬との直接的かつ短期的関連を強めた報酬システムが形成されていったといえる。

　報酬システムについての質問の因子分析（表9-10）から、ふたつの因子が

確認された。第1因子は技術習得と報酬のリンク因子であり、第2因子は労働そのものが昇進とどのように結びついているかの因子とみなせる。それぞれを、技術誘因と昇進誘因と呼ぶことにする。

表9-10 報酬システム
(回転後の因子負荷量)

	技術誘因	昇進誘因	共通性
技術―賃金	**0.98**	0.04	0.97
労働―報酬	**0.79**	0.13	0.76
技術―昇進	**0.66**	0.26	0.50
労働―昇進	0.11	**0.87**	0.76
昇進公平	0.11	**0.55**	0.31
固有値	2.04	1.13	
分散（%）	40.83	22.67	

注）質問は表9-9に示されるキー・ワードで表示してある。太字が解釈に使われた因子負荷量。

2.2 職務態度

組織に対する職務態度として、経営者への信頼（以下、経営者コミットメント）と組織に対する一体感をあらわす組織コミットメントを考える。それぞれは、複数の質問項目についての因子分析（表9-11）から求められた因子得点（アンダーソン・ルービン法）として計測される。

ここで経営者コミットメントと組織コミットメントを考察する意味について、若干触れておきたい。IT企業の経営者は、いわゆる一般企業の経営者とはやや趣を異にしている。彼らはインドの花形産業に躍り出たIT産業の、その大半は一代で現在の地位を築いた、いわばIT技術者のヒーローであり憧れの的である。様々な媒体で紹介される彼らの経営理念は、その一部は本章のはじめに紹介したとおりであるが、それまでの鬱積したインドの労働環境に風穴を開けたといってもよい。特に、高学歴ながら充分な処遇をえることのなかった人々にとっては、IT企業の経営者はIndian Dreamの具現者である。IT企業やその経営者の発する新規な言葉に、ある意味、IT技術者は酔いしれているところもある。したがってIT技術者にとって、彼らが仕えているのはソフトウエア企業というよりもその創業者＝経営者という感覚が強くある。日本のソフトウエアのヴェンチャー企業でも、似たところがあろう。こうした経営者に対する信頼は、IT技術者の職務行動に影響を及ぼすと考えられる。

以上を考慮して、組織コミットメントに加えて経営者コミットメントともいうべき経営者への信頼が、IT技術者の職務行動に与える影響を検討する。仮

表9-11　経営者コミットメントと組織コミットメント

経営者コミットメント

	因子負荷量	共通性
経営者は信頼できる。	0.88	0.77
経営者は労働者の意見に真剣に耳を傾けてくれる。	0.79	0.63
上司は信頼できる。	0.77	0.60
経営者は労働者を公平に扱ってくれる。	0.59	0.34
経営者は労働者の厚生を気遣ってくれる。	0.53	0.28

注）固有値＝2.62、分散＝52.31％。

組織コミットメント

	因子負荷量	共通性
誇りをもってこの会社に勤めている。	0.75	0.56
この会社への帰属意識をもっている。	0.69	0.48
この会社に愛着を感じている。	0.57	0.31
この会社に誇りを感じている。	0.56	0.33

注）固有値＝1.67、分散＝41.82％。

説として提示すれば、IT技術者の職務行動の説明変数となる職務態度は、組織コミットメントではなく経営者への信頼である、となる。

3　職務行動関数

　IT技術者の職務行動として懸案の離職と組織内での労働意欲のふたつを考え、これまで述べてきた組織コミットメント・経営者コミットメント・技術誘因・昇進誘因、そして代替的就業機会を説明変数とする職務行動関数を求める。さらに「離職すると所属する組織で習得した技術が無駄になる」というステートメント（強く当てはまる＝1～全く当てはまらない＝4）で計測した技術が埋没費用となる程度も説明変数とする。これは、技能の汎用性の程度の逆数である。なお、教育水準や年齢などは有意とならなかったことから省かれている。係数は標準化係数である。

第9章 高度な個人的技能をもつ労働者の職務意識：インドのIT技術者　245

表9-12　離職関数

離職意思＝ − 0.04 組織コミットメント	− 0.26 経営者コミットメント ***	− 0.01 技術誘因	
(0.72)	(3.90)	(0.02)	
− 0.02 昇進誘因	− 0.27 埋没費用 ***	− 0.12 代替的就業機会 *	
(0.25)	(4.64)	(2.07)	
		$R^2 = 0.19$, F-値 = 14.73 ***	

注）*** p<0.1%、* p<5.0%。かっこ内はt-値の絶対値。

3.1　離職関数

離職関数が、表9-12に示される。本書の事例だけでなく先進産業社会を対象とした多くの実証研究でも確認されている組織コミットメントが離職を阻止するという関係が、IT技術者については妥当していない。代わりに経営者コミットメントが離職意思を低下させていることは、先に仮説として提示したように、IT技術者の就業が会社というよりは経営者との心理的契約であることをあらわしている。

埋没費用が離職意思と負の相関があることは、習得した技術が企業特殊的となっていることを示唆している。これは、IT技術者の技能には汎用性があることから離職率が高くなるという通説とは異なる帰結である。すでに述べたように、インドのIT企業はそれぞれの比較優位となる領域への特化を確立しようとしており、IT技術者の技能は、特に高いスキルの部分において企業特殊技能の性質を強く帯びるようになっている。IT技術者が埋没費用を認識していることは、そうした変化を映し出している可能性がある。

IT技能の陳腐化のスピードは速く、彼らは生き残りをかけて技能習得に励まなくてはならない。ただし、そこで習得された技能は、トヨタ的な組織的技能ではなく、個人に体化された技能である。このことが組織コミットメントの効力を弱めていると考えられる。代替的就業機会の有無についての認識も離職意思にかかわるが、調査時点ではIT技術者を巡る労働市場は彼らに不利に展開しており、この変数が離職意思に影響を及ぼす市場状況を反映しているといえる。

表9-13　モラール

	因子負荷量	共通性
勤勉に働いて社会的地位を高めたい。	0.70	0.51
勤勉により社会的地位を高めたい。	0.70	0.51
技能水準を高めたい。	0.68	0.50
常に先をみて行動するようにしている。	0.65	0.42
責任ある仕事をしたい。	0.43	0.22

注) 固有値 1.75, 分散 29.23%。

表9-14　モラール関数

モラール = 0.13 組織コミットメント* + 0.14 経営者コミットメント* − 0.01 技術誘因
　　　　　　(2.15)　　　　　　　　　　　(2.39)　　　　　　　　　　　　(0.40)

　　　　 − 0.19 昇進誘因** + 0.06 埋没費用 + 0.11 代替的就業機会†
　　　　　　(2.68)　　　　　　(0.86)　　　　　(1.72)

$R^2 = 0.18$、F-値 $= 9.68$ ***

注) *** $p<0.1\%$、** $p<1.0\%$、* $p<5.0\%$、† $p<10.0\%$。かっこ内は t-値の絶対値。

　注目すべきは、ふたつの報酬システムの因子も離職意思と有意な関係を見せていないことである。このことは、IT技術者を高い報酬を求めて転職する人々とみなす一般的な見方が適切でない可能性を示唆している。離職を阻止する戦略は、経営者の包括的対応・姿勢に委ねられているのである。

3.2　モラール関数

　職務にかかわる意欲に関する質問の因子分析からモラール因子がえられ（表9-13）、それからモラール関数が求められた（表9-14）。

　ここで特筆すべきは、組織コミットメントと経営者コミットメントがほぼ同じウエイトをもってモラールを高める効果を示していることである。また通説とは異なり、金銭的報酬を強く含む技術誘因が効力を示していないことは、報酬システムを軸とした労務管理の効力に疑問を投げかけることになる。昇進誘因に至っては、モラールを低下させる効果を示している。このことは、昇進によってモラールをひきだそうとする労務管理戦略がIT技術者には無効であることを示している。給与が昇進よりも個人の技能によって決定される傾向が強

いIT業界の特徴に対応していよう。

　報酬ではなくコミットメントがモラールを高めているという結果は、本書の他のケースでも観察されているが、IT技術者に対する通説的理解とは異なっていることは強調すべきことであろう。

結　び

　IT技術者は個人に体化される高度な技能を有する労働者であり、組織的技能はさほど重視されない。また、ソフトの動作性にかかわるという意味で、彼らは裁量的作業に従事している。この意味で、はじめに指摘したように第8章で扱ったフィリピンのボイラー溶接工に似た性質をもつ労働者と考えられる。こうしたことから、IT技術者は経済学が想定するような自己の利得を最大化するエイジェントであるかのようにみなされる傾向がある。

　確かに、IT産業では業績主義が採用され、また転職性向が高いことなどから、ミクロ経済学が想定する労働者をみて取ることはできよう。しかし、離職関数やモラール関数から、彼らの職務意識についての異なる一面が見えてきた。たとえば、経営者に対する信頼が離職行動に影響を与えていることである。本書で扱った多くの企業では、経営者の特質が労働者の職務意識に与える影響は大きくはなかった。組織のシステム（企業文化といってもよい）が確立されており、経営者の個性がシステムに影響する余地は大きくはないからである。しかしソフトウエア企業は若い企業であり、その創業者はIT技術者にとって憧憬の対象であることが、こうした関係につながっていると考えられる。また、技能の埋没費用意識が転職を低めるという関係も検出されている。このことは、IT技能の汎用性という想定に疑問を投げかけている。

　また、奇妙にもみえる結果は、労働報酬システムが離職にもモラールにも機能していないことである。昇進誘因に至ってはモラールに負の影響を与えている。充分なデータが入手できていないことから推論するしかないが、IT技術者は短期的な報酬、たとえばあるプロジェクトに配置された時点で給与が固定

的に決まるような契約となっている。実際には、彼らの給与の構成は基本給部分のほうが遥かに大きく、この固定給部分は技術者の技能によってほぼ決まっている。このために、内部労働市場における通常の報酬システムは機能しないと考えられる。昇進がネガティヴとなっているのは、能力がありモラールの高い技術者は転職によって給与の増加を実現しようとしており、逆に代替的就業機会が多くない IT 技術者は内部労働市場を通じて所得の増加を図ろうとしている可能性がある。このために、技術誘因がモラールに想定とは逆の符号をみせたと考えられる。

　最後に、モラールを高めるためには経営者への信頼のみならず組織コミットメントが微弱ながらも効果を発揮していることにも注目する必要があろう。このことは、自己利益の最大化だけで IT 技術者が行動してはいないこと、すなわち本書のほかの章でも指摘しているような帰属意識が職務行動に影響を与える余地があることを示唆している。特に、インドの IT 産業は付加価値を高めるために、単なる労働集約型産業からバンキングなどの産業を特定したシステム構築に移行しつつある。大枠では IT 技術者が裁量的判断が求められる個人的技能を有していることは否定できないが、そのなかでも技能の埋没費用化や組織コミットメントが職務行動に影響を与えるような環境の変化が生じている。本章で明らかとなった通説とは異なる職務意識も、そうした変化を捉えていると考えられる。

　インドのソフトウエア産業は業務内容を急速に高度化させており、その結果として労務管理も変化していくと考えられる。それは企業特殊技能化、すなわち IT 技術者の固定費用化をともなうことになる。そのなかで、高賃金労働者のフレキシビリティをいかに確保するかという困難な労務管理戦略が求められることになろう。

注
1) 雇用吸収効果は限定的ではあるが、ソフトウエアの輸出額は総輸出の約3割に達しており、産業の規模としてはかなり大きな存在である。またその好調な輸出から、インド・ルピーの対ドルレートは強含みで推移している。オランダ病とま

ではいかないにしても、インド国内の産業の国際競争力格差を拡大させていることは確かである。
2) 日本市場をターゲットにする企業も現われており、そこではIT技術者に日本語の習得が求められている。この場合には、技能形成の努力がIT技術者にとって埋没費用となる程度が高くなる。
3) 企業内プロジェクトごとにIT技術者の過不足が発生することに対して、企業間で技術者の配置転換をおこなう動きがみられる。これも固定費用化したIT技術者の効率的労働配分がいかに重要か、そしてIT技術者の技能が汎用性の高い技能であることを物語る逸話である。
4) 企業によって異なるものの、研究会的な研修の場を設けているケースもある。

第10章　産業の高度化と職務意識
：ヴェトナムの低技能と高技能産業

はじめに

　東アジアの経済的離陸は、大量消費用の縫製業に代表される半熟練労働に依存する産業（以下、低技能産業）によって主導されていった。このことは、投入増大によって実現されているのであって、効率の向上によるものでないというKrugman（1994）の指摘を招くことにもなった。しかし、投入主導型といわれた東アジアの川下産業にも、低技能産業から家電・乗用車・二輪車・IT関連財の製造といった熟練労働者に依存する産業（以下、高技能産業）への急速な移行がみられる。

　こうした産業の高度化は、製造工程における課業内容の変更、すなわち標準化された単純作業から労働者に状況依存的な判断を求める裁量的作業への変更をともなう。第1章で議論したように、単純作業については報酬と監督＝強制が主要な労働誘因となりうるが、そうした労働誘因は裁量的作業についてはクラウディング・アウト現象などとしてあらわされるようなネガティヴな効果が生まれることがある。そこで、第3の誘因としてのコミットメントが重視されるようになるが、それに対応して適切な労務管理戦略も変化するであろう。

　本章の目的は、製造技術の変化をともなう産業構造の高度化が労務管理戦略の変容を誘発することを労働者の職務意識の観点から検討して、産業構造の円滑な高度化を実現するための適切な労務管理戦略を議論することにある。このことは本書を貫く命題でもあることから、この章は本書の議論をまとめる役割を担うことになる。

この課題を検討するうえで参考となるのが、本書の冒頭に紹介したヴェーバー（2001）の指摘である。彼は「少なくとも勤務時間の間は、どうすればできるだけ楽に、できるだけ働かないで、しかも普段と同じ賃金がとれるか」という心情から「あたかも労働が絶対的な自己目的——"Beruf"（天職）——であるかのように励むという心情」への転換を主張している。ここで、産業が高度化する過程でこの心情の転換がなぜ必要となるのであろうか、そしてさらには、どのような経営戦略が心情の転換を促すのかを明らかにすることと、本章の目的を言い換えることができる。後半の課題は、組織コミットメントが職務行動を説明する有力な職務態度となるという本書の帰結をさらに進めて、組織コミットメントを醸成する労務管理戦略の検討につながることになる。実証分析には、ヴェトナムの低技能と高技能産業の製造工程従事者954名を対象とした質問票調査の結果を利用する。

　Nagin et al.（2002）が指摘するように、金銭的および金銭に還元可能な報酬を唯一の誘因とみなす（主流派仮説）という意味で、経済学は特異な動機づけ理論に基づいている。この特異な発想は、企業組織における内部労働市場という舞台にも適用されてきた。しかし、労働パフォーマンスに応じた報酬という主流派経済学の想定が、労働者の現実の職務行動を充分には説明しきれないという問題意識が高まりをみせている（Baker et al. 1988）。

　こうしたなか経済学でも組織内における誘因について新たな知見が加えられているが、そのなかのひとつに効率賃金仮説がある。この仮説は幾つかの異説をもつが（Yellen 1984；Akerlof 1984）、組織内における職務行動に直接かかわるのは怠業阻止モデル（Shapiro and Stigliz 1984；Krueger and Summers 1998）と贈与交換モデル（Akerlof 1982）である。

　そこで本章では、組織内の労働誘因にかかわる3つの仮説（主流派仮説、怠業阻止モデル、贈与交換モデル）の妥当性を低技能と高技能産業について検討する。また、行動科学からも贈与交換モデルと類似する組織支援仮説が提示されている。この枠組みを援用することによって、組織コミットメントを企業経営者にとって操作変数化するための手掛かりが得られることになる。

1 作業の性質と動機づけ

　本書では、製造工程における作業を単純作業と裁量的作業に分けるが、その違いをあらわす逸話の紹介から議論を始めよう。ある日系家電メーカーでは正規工（熟練工）と短期雇用の期間工（半熟練工）とを同じ製造ラインに配置していた[1]。工場長によれば「期間工には、不良品モードが確定していることからすべての作業内容を指示できる作業を割り当てている。これに対して、不良品モードが確定できていないために作業工の裁量によって不良品に対する処理が必要となる作業には、正規工を配置している」とのことであり、さらに「すべての不良品モードを確定することは困難である。特に、新製品が頻繁に登場する現状では、それは不可能となる」とも述べている。その状況依存的な性質から品質管理のための裁量的技能をマニュアル化することは困難であり、その能力は労働者個人に体化されざるをえない。このために、半熟練工ではなく、熟練工（正規雇用）が裁量的作業を担当することになる。

　単純作業は口頭か文章契約によって作業内容の指示が可能であり、さらに労働投入（努力水準）も質的にも量的にも判定が容易である。このことから、単純作業については怠業の阻止が労務管理の要諦となろう。これに対して、裁量的作業について発生しうる状況依存性を網羅的に指示するなり契約書に記すことは、膨大な取引費用がともなうことから現実的ではない。監督や労働努力の評価にも、禁止的に高い取引費用が予想される。したがって、成果に応じた報酬システムは裁量的労働の労働誘因としては機能しないことになる（Shapiro and Stiglitz 1984 ; Kruger and Summers 1998）[2]。

　ところで、裁量的仕事といっても作業すべてに裁量が必要なことはきわめて稀であり、一般には先に紹介した逸話に示されるように、ルーティンな単純作業のなかに裁量を必要とする作業が偶発的に発生することになる。この環境への成果主義的報酬システムの導入は、報酬につながる作業（通常は単純作業）に労力を割き、直接的には報酬につながらない作業（通常は裁量的作業）を軽

視する行動を労働者にとらせる（Holmstrom and Milgrom 1991 ; Baker 1992 ; Gibbons 1998）可能性がある。その典型は、質よりも量に労働努力を向かわせる出来高給にみられる。このために、裁量的作業が中心となる現場での成果主義的報酬の採用は、かえって組織効率を悪化させる可能性がある[3]。これに類似する指摘として、外発的報酬の強調が内発的労働意欲をクラウド・アウトするという議論もある（Deci 1975 ; Frey and Oberholzer-Gee 1997）。これらの議論は金銭的報酬が労働努力に対して効力がないと主張しているわけではなく、むしろ金銭的報酬が誘因として強すぎることから弊害が生まれる状況を特定しているだけである。本書では、そうした状況が、工業化の進展過程で普遍化していくと考えている。

　この性質のために、単純作業と裁量的作業とでは異なる動機づけ戦略が求められる。職務への動機づけは、本質的に怠惰であるとされる労働者に職務を遂行させる（怠業の阻止）ときと、労働者が自発的に職務に取り組んで作業実績を高める（モラールの高揚）という異なる文脈をもつ。この対比は、はじめに引用したヴェーバーのいう「できるだけ働かないで、しかも普段と同じ賃金がとれる」という態度と「あたかも労働が絶対的な自己目的であるかのように励む」という態度と重なることになる。これまでの議論から、裁量的作業を担当する労働者は単純作業について怠業しないように動機づけられると同時に、たとえ監督されていなくても、また品質検査で検出されないとしても、不良品を出さないように適切な裁量的行動がとれるように動機づけられる必要がある。こうして、裁量的作業についての労務管理では、怠業の阻止のみならずモラールの高揚が求められることになる。

　これまでの章でも確認してきたように、怠業の阻止とモラールの高揚にはそれぞれに異なる動機づけのメカニズムが働いている。経済学は伝統的には怠業の阻止に、そして行動科学はモラールに注目してきた。Nagin et al.（2002）は、それぞれを、合理的不正行為者モデルと良心モデルとして対照させている（第1章参照）。良心モデルでは、経営者は労働者が機会主義的行動に与しないようなアイデンティティをもつように労使関係を構築する。すなわち、経済学の

合理的不正行為モデルは、労使間にそれぞれの利益についての不可避の対立を想定している。これに対して良心モデルでは、労使双方が共通の利得をもつ、またそのようになるような労務管理戦略が追求されることになる。ここに、経済学ではあまり扱われることのなかったモラールを議論に取り込む必要がでてくる。本書の各章で、労働意欲（労働努力の提供）を怠業とモラールに分けた積極的理由がここにある。

2　動機づけ仮説とその実証

2.1　動機づけ仮説

　誘因と動機は、コインの両側の関係にある。しかし従来の経済学は誘因を議論しても、動機には注意をあまり払ってこなかった。労働者を合理的な経済主体と仮定するとき、利己の所得の最大化という基準に従って彼らが誘因に動機づけられることは仮定と同義反復となるためである[4]。また、完全情報を想定する限りは、動機づけ問題も発生しない。したがって、経済学で問題となるのは動機ではなく、動機づけの方向を決める誘因システムとなる。

　経済学で動機づけが問題となるのは、Milgrom and Roberts（1992）が「効力ある完備契約が現実には締結できないというインセンティヴ制約が動機づけ問題が生じる唯一の理由」（p. 135）と述べているように不完全情報を措定したときである。そこでは怠業が議論され、このときの主題は怠業を阻止する誘因システムの設計となる。まさに、Nagin et al.（2002）のいう合理的不正行為者モデルの議論である。

　経済学の領域で本格的に動機づけを議論しようとしたのが、効率賃金仮説である。賃金水準が労働努力の水準を決定するとする効率賃金仮説は、主流派仮説の想定する賃金と労働努力との因果関係を逆転させた。市場均衡賃金よりも高い賃金（効率賃金）を支払うことによって望ましい労働努力が実現されるという効率賃金仮説では、企業にとって賃金水準は内生変数となる。ところで、

労働努力の監督費用が無視できるならば効率賃金はその存在意義を失うことになることから、この仮説はインセンティヴ両立制約がある状況を背景として成立している。すなわち、単純作業ではなく裁量的作業において、効率賃金仮説はその妥当性をより主張できることになる。

すでに触れたように、効率賃金仮説のうち怠業阻止モデルと贈与交換モデルが組織における労働努力に直接かかわってくる。怠業阻止モデルは、高賃金が怠業の発覚による解雇の機会費用を高めることから、労働者は怠業しないように動機づけられるとする。贈与交換モデルは、雇用関係を、市場交換（経済的交換）ではなく、部分的にではあれ贈与交換（社会的交換）の性質をもつという認識に立脚している。

交換の基本形には、市場交換と贈与交換がある。市場交換は匿名とされる当事者間の売買契約であり、交換される財・サーヴィスの価値は市場によって決定される。匿名であることは、契約当事者間の平等と契約相手を選択する自由を意味する。これに対して贈与交換では、交換当事者の社会的・人格的関係が表面化する。市場交換と対比した贈与交換の特徴は、贈与交換では返礼の義務が明確に特定されておらず、また返礼の規模も含めて返礼主体の裁量に委ねられることである。このために贈与交換は短期的には均衡する必要はなく、長期的に均衡することが期待されることになる。主流派モデルは雇用関係を経済的交換とみなすが、現実の雇用関係、しかも組織内における長期的なそれを、契約の自由と平等に裏打ちされた純粋な経済的交換とするには無理があろう。ここに、雇用関係を贈与交換として捉えようとする契機がある（Coyle-Shapiro et al. 2004）[5]。

Akerlofは、現金転記を職務とする職員が、昇進や給与手当の増加という報酬が得られないにもかかわらず会社の設定したノルマ以上に作業をこなすという、主流派仮説では説明できない事実に注目する。そして、この事実を説明するために、贈与交換の互酬的性格を強調する人類学者のMauss（1990）の議論を援用して、ノルマ以上の作業を職工による企業への贈与とみなす。このように部分的贈与交換モデルは、市場均衡賃金を上回る賃金部分（賃金プレミア

ム）を企業からの贈与と労働者がみなして、その返礼として労働者は契約を越える労働努力を提供すると主張する。すなわち贈与交換モデルは、怠業ではなくモラールに関する動機づけを対象としている。

　主流派モデルと贈与交換モデルは、雇用関係を市場交換ないしは贈与交換として捉えるかという点で、決定的に立場を異にしている。市場交換としてみるとき、賃金率は労働強度によって決定される。しかし贈与交換とみなせば、賃金率が労働強度を決定することになる。さらに、主流派モデルが労使間の利害対立を前提としているのに対して、贈与交換モデルは行動科学と同様に労使間の利害の同一化が可能であると想定している。

　返礼行為の存在について、Blau（1964）は友情や信頼に裏づけられた人格的関係から生じる義務を強調し、またGouldner（1960）は互恵性の社会規範に規定された恩恵への返礼としての道徳的義務とやや強く捉えている。Akerlofは、職工が所属する組織を擬人化して愛着（sentiment）を抱き、所属する組織へ贈与することから職工が効用を見いだすのは自然なこととする。しかし雇用関係における契約当事者の一方は企業、すなわち非個人であることから、恩恵に対する返礼の道徳的義務などに贈与交換の存在理由を求めるには無理があろう。むしろ、労働者が内在的にもつ贈与交換の心情を、経営者が戦略的に利用する可能性が指摘されうる。Milgrom and Roberts（1992）の用語を使えば、企業はインフルエンス活動を通じて、労働者が企業に対して贈与の返礼としての労働努力を自発的におこなうように仕向ける可能性である。すなわち、インフルエンス活動によって実現される高いモラールからの利得がインフルエンス費用を上回るならば、企業は労働者の選好に変更を加えようとする。この枠組みのなかで、贈与交換モデルは整合的に捉えられることになろう。

　組織コミットメントは行動科学によって研究がなされてきたが、その醸成を探るなかで贈与交換論が用いられるようになった。心理学では贈与交換論の有効性がはやくから指摘されていた（Levinson 1965）が、それが実証の段階に至ったのはEisenberger et al.（1986）による「知覚された組織支援（perceived organizational support）」（以下、組織支援）の研究からである。この研究は、

組織コミットメントと組織支援とを労働者と組織との間の贈与交換として捉える[6]。すなわち、組織支援を知覚した労働者は組織コミットメントを高めて、その結果、贈与への返礼としてのモラールが高まるとの主張である。

組織支援の研究によって、組織コミットメントの性質が明確となったといえる。また「職工が擬人化した企業組織に対して愛着をもち、企業に贈与することに対して効用をみいだすのは自然なこと」と決定論的に主張した Akerlof (1982) の論理に明確な概念規定が与えられ、贈与交換仮説の実証可能性が高められることになった。

ここで、ふたつの贈与交換仮説を整理しておこう。Akerlof は、賃金が部分的には贈与交換の性質を備えているとして、主流派の想定を覆す仮説を提示した。この意味では、部分的贈与交換仮説は報酬が誘因となるとする主流派仮説と一線を画する。しかし、この仮説は金銭的報酬を念頭に置いており、この点では紛れもなく経済学的である。これに対して、行動科学における贈与交換論では、非金銭的贈与が議論の対象となる。さらにいえば、金銭的報酬は贈与を構成しないとされている。そこで、前者を経済的贈与交換仮説、後者を社会的贈与交換仮説と呼称しておこう。それぞれの仮説は異なる贈与の内容を想定しており、それゆえに労務管理を考えるうえでの政策的含意も異なってこよう。

2.2 実証研究

主流派モデルの実証研究は、仮説と同義反復となってしまうことから意味を失う。これに対して、効率賃金仮説については多くの実証研究がなされてきた。しかし、変数の計測には幾つかの問題が残されている。

実証研究の多くは、現実の賃金率とミンサー流の賃金関数から推定した賃金率との差を効率賃金(賃金プレミアム)として捉えようとする(Krueger and Summers 1998 ; Fairris and Alston 1994 ; Ewing and Payne 1999 ; Fleisher and Wang 2001)。また現実の賃金と工場周辺の賃金との差(Cappelli and Chauvin 1991)や同一産業における賃金の差(Wadhani and Wall 1991)で賃金プレミアムを計測しようとする研究もある。しかしこの手法では、効率賃金と生産性

とに介在する論理が不明であり、またどの効率賃金仮説の検証かも明らかとならない。さらに、賃金格差が効率賃金であるのか、それとも人的資本や技術格差などの考慮されなかった変数によるバイアスによるものなのか判定し難いという欠点もある。

より本質的問題として、効率賃金仮説の論理展開からすれば、この仮説は賃金を効率賃金と認識した労働者が自らのモラールを高めるなり、または怠業と転職意思を低下させるという意識レベルでの因果関係において検証する必要がある[7]。しかし、こうした変数の直接的な計測が容易ではないことから、幾つかの代替指標が用いられることになる。

たとえば、中国の企業を対象としたFleisher and Wang（2001）は、ミンサー流の賃金関数から求めた市場均衡賃金率を上回る賃金部分を効率賃金とみなして、それが高い生産性や利潤を実現しているとした。Osterman（1994a）は、米国の企業データを用いて、賃金プレミアムが労働者／監督者比率を低下させることから効率賃金仮説を支持している。明示されていないが、怠業阻止モデルの検証である。Cappelli and Chauvin（1991）は、自動車工場の懲戒解雇率を怠業の指標とし、また工場の平均賃金率と工場周辺の代替的職種の賃金率との差を賃金プレミアムとする。そして、賃金プレミアムが有意に懲戒解雇率を下げることを検出して、怠業阻止モデルを支持している[8]。効率賃金と監督費用との代替性の確認による怠業阻止モデルの検証もなされている（Gordon 1994；Ewing and Payne 1999）。ただし、これらの研究では労働者の職務行動を直接計測していないために、間接的な検証にとどまっている。

部分的にではあれ、意識調査を利用した研究もなされている。Fairris and Alston（1994）は、米国の*Quality of Employment Survey*の個票データを用いて、「自分の職務については、一生懸命働く必要がある」というステートメントへの回答で労働意欲（労働強度）を捉えている。そして、ミンサー流の賃金関数から求めた均衡賃金率と現実の賃金率との差を賃金プレミアムとして、賃金プレミアムが労働強度を説明するとして効率賃金仮説の妥当性を認めている。行動科学に近い手法ではあるが、効率賃金仮説の検証を目的としていない

データを用いたために労働意欲を捉える質問としては適切さを欠いているところがある[9]。特に、労働意欲が、モラールと怠業のどちらにかかわるかについては判定できていない。

これらの実証研究では Akerlof（1982）が参照されてはいるが、いずれも贈与交換モデルを検証していない。現在のところ、贈与交換モデルの検証は実験経済学の段階にとどまっている（Kirchler et al. 1996 ; Fehr et al. 1998 ; Rabin 1998, 2002 ; Hannan et al. 2002 ; Brandts and Charness 2004 ; Charness 2004）。

2.3　モデルと仮説

ここまでに動機づけ仮説を鳥瞰してきたが、それらを検証可能な形式で示しておこう（表10-1）。これらの仮説は、現実には相互に排他的ではないことから、図10-1のようにまとめることができる。

主流派仮説と怠業阻止モデルは直接的に怠業に影響する。これに対して贈与交換モデルでは、効率賃金と組織支援を組織からの贈与と認識した労働者が返礼として組織コミットメントを高める。そして、組織コミットメントを媒介として職務行動が影響を受ける。なお補足的に、主流派の注目する労働報酬システムや効率賃金が、贈与交換の構図にどのように位置づけられるかも検討される。しかしこの検討は、本章の問題意識を分析するうえでの準備段階にすぎない。

本章の主題は、産業の高度化にともなう課業内容の変化によって労務管理も誘発的な変容を遂げることを検討するところにある。そこで、製造技術の異なる低技能と高技能産業を対象として、この誘発的変容を捉えるために次の仮説を提示しておこう。

仮　説

低技能産業では単純作業が中心となり品質管理も容易であることから、ルーティン化された反復作業に工程は分解されうる。状況依存的な作業がないこと、すなわち労働者に裁量的作業が求められないことは、モラールを高める必要が

第10章　産業の高度化と職務意識：ヴェトナムの低技能と高技能産業　261

表10-1　仮説の因果関係

仮説	因果関係
主流派仮説	労働報酬システム→怠業（−）
怠業阻止モデル	効率賃金→怠業（−）
経済的贈与交換モデル	効率賃金→組織コミットメント（＋）→モラール（＋）
社会的贈与交換モデル	組織支援→組織コミットメント（＋）→モラール（＋）

図10-1　分析の構図

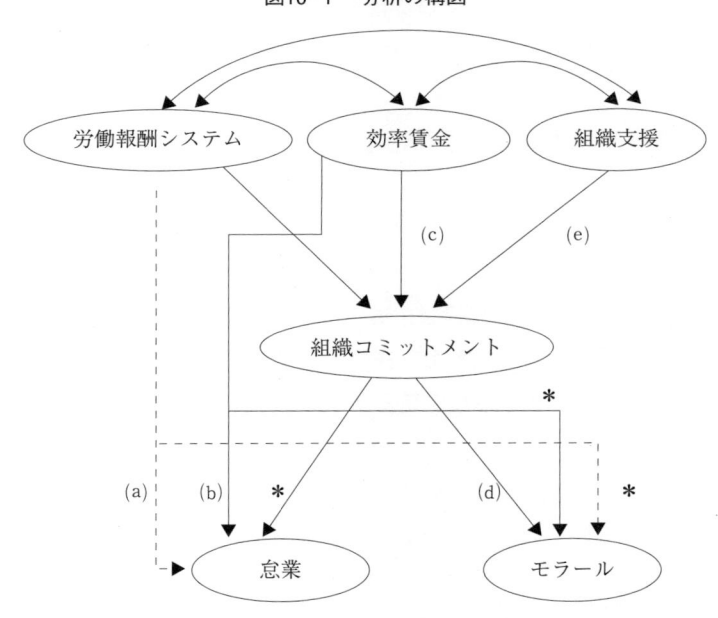

主流派仮説（a）、怠業阻止モデル（b）、経済的贈与交換モデル（c→d）、社会的贈与交換モデル（e→d）
注1）＊は、本章で検討する仮説にかかわる帰無仮説。
注2）双方向の曲線矢印は共分散をあらわす。
注3）本文では転職意思についても分析を加えるが、動機づけを主題としているために図では省かれている。

さほど高くはならず、また品質管理が容易であることも相俟って監視費用が低く抑えられることを意味する。したがって、怠業の阻止が低技能産業での労務管理の中核となることから主流派仮説が妥当するであろう。Tilly and Tilly (1998) の誘因概念でいえば、監督＝強制と報酬が誘因の軸となる。

これに対して高技能産業では、ルーティン化できない作業が多く品質も重要となるために丁寧な作業が求められることから、裁量的作業が重要となる。こうした産業では、状況依存的な契約で作業内容を規定することや監督による職務の遂行には禁止的に高くなる取引費用が伴うことから、モラールを高めることによる自発的な作業の遂行が求められる。したがって、贈与交換モデルで示されるようなモラールの高揚を図る労務管理戦略が採用されるであろう。Tilly and Tilly（1998）の誘因概念でいえば、監督＝強制と報酬が効力を失い、コミットメントが誘因の軸となることになる。

3　調査対象と議論の方法

3.1　調査対象

　調査対象としたのは、大規模製造業（従業員規模約500〜2600名）の製造工程従事者954名（低技能産業286名、高技能産業668名）である。監督者は含まれておらず、すべてが正規雇用の従業員である。調査は2002年と2003年になされた。

　低技能産業は、縫製工場と製靴工場各2社である。これらの企業は低価格・低品質の大衆消費財を製造しており、労働者には高い技能は求められない。これに対して高技能産業としては、家電企業3社、ブラウン管組立企業、二輪車組立企業、ミシン組立企業、そしてプリント基板企業が選ばれた。低技能工場は民営化された元公企業であり、高技能工場は日系企業である[10]。双方の企業はハノイ、ホーチミンそしてドンナイ省（地勢的にはホーチミン市の経済圏）にある。製造工程従事者（監督者は含まない）を対象とした、調査員による質問票に基づく聞き取り調査をおこなった[11]。対象とした労働者について、その属性と彼らをめぐる労働市場について簡単に紹介しておこう（表10-2）。

　平均年齢は20代半ばと比較的若い労働者が中心であり、低技能産業が女子労働集約的、そして高技能産業がやや男子労働集約的となっている。低技能産業

表10-2　サンプル労働者の属性

	平均	低技能産業	高技能産業
サンプル数	954	286	668
平均年齢	27.4	24.4	28.9
勤続期間（月）	48.8	26.0	59.9
男子労働者比率（％）	46.0	20.6	58.5
既婚者比率（％）	41.8	23.8	50.6
学歴（％）：卒業基準			
小学校	4.2	9.5	2.0
中学校	16.0	42.1	3.1
高等学校	49.3	41.8	52.8
専門学校	13.2	4.9	16.9
大学	17.4	1.8	25.1
合　計	100.0	100.0	100.0

表10-3　平均月収　　　　（単位：1000 VND）

	低技能産業	高技能産業
平　均	608.21 (198.06) [268]	1610.96 (766.45) [566]
高等学校卒業者	606.99 (227.74) [119]	1387.77 (872.77) [331]
専門学校卒業者	693.20 (394.65) [15]	1793.82 (983.55) [101]

注）丸かっこ内は標準偏差。鍵かっこ内はサンプル数。全サンプル労働者中、130名は給与の公表を拒否したために含まれていない。

の女子は未婚率が高く、結婚後も就業を継続する傾向が強い。教育水準は、低技能産業では中卒までと高卒以上が約半々であるのに対して、高技能産業では全員が高卒以上となっている。なお、それぞれの産業内では、性別の教育水準の差は観察されない。

　月給には、低技能と高技能産業で約2.7倍の差がある（表10-3）。教育水準を統制して高等学校卒業者の給与水準をみると、高技能産業では低技能産業の2倍以上の給与水準となっている。すなわち、高技能産業で効率賃金が支払われている可能性がある。

3.2　対象者をめぐる労働市場

　労働市場の状況は、一般には、失業率に代表されるマクロ指標で語られる。

表10-4　代替的就業機会　　　　　　　　　　（単位：％）

	全く妥当しない	妥当しない	どちらともいえない	妥当する	強く妥当する	合　計
低技能産業	17.1	19.6	3.1	32.2	28.0	100.0 (286)
高技能産業	6.1	14.8	4.6	41.6	32.8	100.0 (668)

注）ウィルコクソン検定Z＝3.47、p＜0.1％。かっこ内は人数。
質問　「現在の職場とほぼ同じ労働条件の職場を探すことは難しい」

表10-5　転職意思　（単位：％）

	1	2	3	4	合　計
低技能産業	32.2	26.9	26.9	14.0	100.0 (286)
高技能産業	41.6	43.4	9.0	6.0	100.0 (668)

注）ウィルコクソン検定Z＝5.96、p＜0.1％。かっこ内は人数。
質問　転職について、あなたはどうお考えですか。
1）転職は全くありえない。
2）近い将来においては、転職はありえない。
3）職探しはしていないが、将来は転職するつもりである。
4）転職を真剣に考えている。

しかし労働者の属性（学歴、年齢、性別など）により、彼らの直面する労働市場の状況は異なるであろう。聞き取り調査で得られた回答から、それぞれの労働者が直面する労働市場の状況を知ることができる。

「現在の職場とほぼ同じ労働条件の職場を探すことは難しい」というステートメントに対して、7割以上が肯定的回答をみせているが、高技能労働者でその傾向が強い（表10-4）。これは高技能労働者の市場がより超過供給となっているわけではなく、むしろ高技能産業で給与水準が低技能産業の3倍近くあるためと考えられる。転職意思（表10-5）は、全体的には低いが、相対的には低技能労働者のほうが高い。これは、代替的就業機会の有無（表10-6）についての認識と対応しており、それと転職意思とのspearmanの相関係数は低技能労働者で-0.22（$p<0.1\%$）、そして高技能労働者では-0.11（$p<1.0\%$）と代替的就業機会がないと認識する労働者が有意に低い転職意思を示している。

4　手法と構図

本章で用いる主要な概念は、職務態度としては労働報酬システムの認識度・

組織支援・組織コミットメントそして効率賃金である。また、職務行動としては、モラールと怠業を考察の対象とする。それらは、効率賃金を除き、複数の質問項目を用いた確認的因子分析から求められた潜在変数によって表現される。それぞれの概念とそれを構成する質問項目と潜在変数への因子負荷量を説明していこう。

4.1 職務態度

労働報酬が労働努力の水準を決定するという経済学の想定は、現実には、労働努力が報酬に結びつくという関係を労働者が認識して初めて意味をもつ。そこで労働報酬システムの効力を捉えるために、労働努力と報酬との関係、そして報酬システムの公正さについての6つの質問をもちいて労働報酬システムをあらわす潜在変数を求めた（表10-6）。公平さは経済学の標準的な教科書では考慮されていないが、労働意欲にかかわることが知られている（Kahneman et al. 1986）。組織コミットメントについてはMowday et al.（1982）を、また組織支援についてはEisenberger et al.（1986）を参照して質問項目を選定した[12]。これらは、それを構成する因子負荷量が0.1％水準ですべて有意である。また、労働報酬システムを含めて、質問項目の回答についての一次同次性を検証するα係数も充分に高いことから頑丈な潜在変数であるといえる。

効率賃金については「自分の仕事ぶりを考えたとき、現在の賃金水準は適切だと思いますか（賃金適切度）」（とても低い＝1〜とても高い＝5）と「ほぼ同じ給与水準の得られる職を探すことは簡単ですか（代替的就業機会）」（とても容易＝1〜とても困難＝4）というふたつのステートメントへの回答（回答はリッカート得点）で捉える。かっこ内はキー・ワードである。前者は、働きぶりよりも高い給与と考えたときには賃金プレミアムを享受していると捉える。また後者は、たとえ賃金プレミアムが存在したとしても、同様のプレミアムが得られる代替的就業機会が存在するならば、その賃金プレミアムが効率賃金としては機能しないであろうことから付加した質問である（Cappelli and Chauvin 1991 ; Ewing and Payne 1999）。

表10-6 職務態度

	因子負荷量	
	低技能産業	高技能産業
労働報酬システム		$a=0.84$
昇進は公平になされている。	0.72	0.76#
この工場では勤勉に働けば昇進できる。	0.71	0.75
この工場では勤勉に働けば高い賃金が得られる。	0.67	0.71
昇進の機会はある。	0.72	0.72
評価の基準は明確になっている。	0.57	0.74
私の仕事は適切に評価されている。	0.67	0.81
組織コミットメント		$a=0.88$
この工場で働いていることが自慢である。	0.74	0.76#
この工場で働いていることを誇りに感じる。	0.64	0.74
工場に忠誠心を感じる。	0.60	0.59
工場に愛着を感じる	0.75	0.72
工場は家族のようである。	0.42	0.47
組織支援		$a=0.81$
経営者は敬意をもって労働者を扱ってくれる。	0.77	0.76#
組織のなかには信頼がある。	0.68	0.78
経営者は信頼できる。	0.72	0.43
雇用は保障されている。	0.54	0.44
経営者は従業員のことを気にかけてくれる。	0.76	0.69
経営者は労働者が勤勉に働けば評価してくれる。	0.71	0.75
経営者は労働条件の改善に努めてくれる。	0.61	0.62
この工場では何かあったときには援助がある。	0.64	0.51

注) 因子負荷量は図10-2の共分散構造分析から求められた。# は負荷量を1に固定した変数。すべての負荷量は0.1%水準で有意。

表10-7 効率賃金

賃金適切度 (単位：％)

	とても低い	低い	なんともいえない	高い	とても高い	合　計
低技能産業	13.6	23.4	0.7	29.7	32.5	100.0 (286)
高技能産業	2.7	12.1	3.6	47.3	34.3	100.0 (668)

注) ウィルコクソン検定 $Z=-3.64$、$p<0.1\%$。かっこ内は人数。

代替的就業機会 (単位：％)

	とても困難	困難	なんともいえない	容易	とても容易	合　計
低技能産業	28.0	32.2	3.1	19.6	17.1	100.0 (286)
高技能産業	32.8	41.6	4.6	14.8	6.1	100.0 (668)

注) ウィルコクソン検定 $Z=-3.47$、$p<0.1\%$。かっこ内は人数。

第10章　産業の高度化と職務意識：ヴェトナムの低技能と高技能産業　267

表10-8　職務行動

モラール　　$a = 0.69$

	因子負荷量	
	低技能産業	低技能産業
決められた以上に働こうとしている。	0.45	0.54 #
一生懸命に働こうとしている。	0.70	0.70
仕事に関する意思決定に参加したい。	0.36	0.47

怠業　　$a = 0.55$

	低技能産業	低技能産業
働く熱意を失っている。	0.83	0.83 #
ときおり、働くのがいやになる。	0.57	0.57
ときおり仕事に集中できないことがある。	0.31	0.31

注）＃表10-6と同じ。

4.2　職務行動

　モラールと怠業を計測するために、それぞれ3つの質問項目を用意した（表10-8）。各ステートメントが自分に、強く当てはまる＝5～全く当てはまらない＝1までの5肢法の回答にリッカート化した得点を与えた。

5　分析と議論

　図10-1に示した全体の構図を、尤度推定法による共分散構造分析の多重指標モデルを利用して、ふたつの産業別に検証する（図10-2）。図の楕円は潜在変数をあらわし、かっこ内の数値は重相関係数の平方である。図では煩雑を避けるために潜在変数を構成する観測変数とその因果係数（影響指標）は示されていない。表10-6と表10-8を参照されたい。また、同じく煩雑を避けるために、一部の共分散は省かれて注に示されている。なお、因果係数は標準化されている。
　表10-9は、適合度指標 GFI・修正適合度指標 AGFI・残差平方平均平方根 RMR そして RMSEA（root mean square error of approximation）という共分

図10-2 共分散構造分析の結果

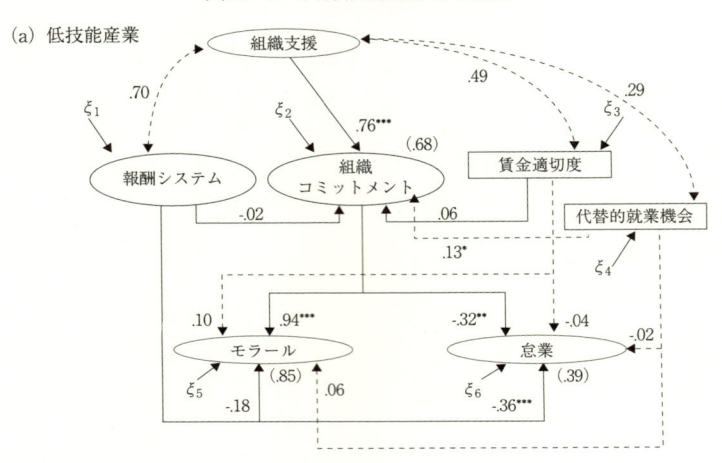

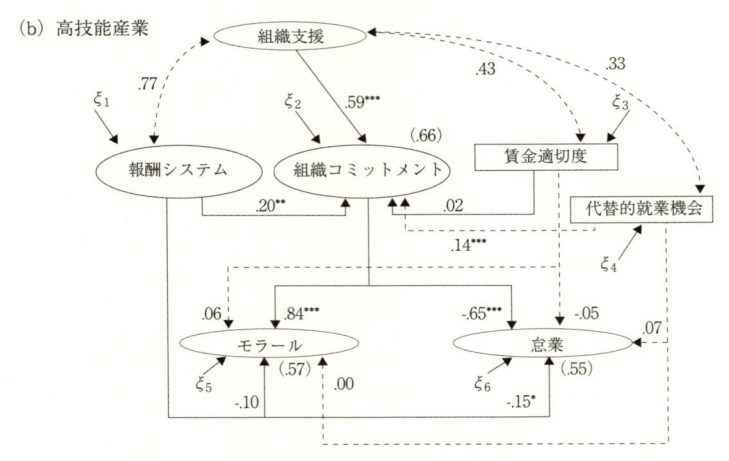

(a) 低技能産業

(b) 高技能産業

注) *** p<0.1、** p<1.0、* p<5.0、ζ は誤差項。幾つかの共分散は、簡略化のために図からは省かれて下に示してある。点線は有意ではないことを示している。かっこ内は、重相関係数の平方。

図で省略された共分散

	組織支援	労働報酬システム	賃金適切度	代替的就業機会
組織支援		.77	.43	.33
労働報酬システム	.70		.41	.29
賃金的節度	.49	.49		.23
代替的就業機会	.29	.26	.23	

注) 対角行列の上半分は高技能産業、下半分は低技能産業。

第10章　産業の高度化と職務意識：ヴェトナムの低技能と高技能産業　269

表10-9　適合度指標

	N	χ^2	GFI	AGFI	RMR	RMSEA	PCLOSE
低技能産業	286	492.65*	.87	.84	.10	.046（.038～.053）	81.50
高技能産業	668	727.78*	.92	.90	.05	.045（.041～.049）	96.85

注）PCLOSE は RMSEA が0.05以上となるという帰無仮説を検定するための p 値に基づく有意確率。*p<0.1％。

散構造モデルを評価する主要な指標を示している（豊田 1998）。これらは、すべて満足できる水準となっている。計算には SPSS AMOS4.0が用いられた。

　ふたつの産業で共通に検出された関係の確認から始めよう。最も頑丈な関係は、組織支援が組織コミットメントを高めることによって、モラールと怠業という職務行動に期待される方向で影響するという関係である。報酬システムや効率賃金と比較しても、組織コミットメントが職務行動の最も有力な説明変数となっている。このことは、社会的贈与交換モデルを支持している[13]。

　賃金適切度と代替的就業機会という効率賃金をあらわす変数はどちらも怠業と有意な関連を示しておらず、怠業阻止モデルは棄却される。効率賃金をあらわす変数のうち、代替的就業機会の欠如が組織コミットメントと有意な関係を示している。したがって、経済的贈与交換モデルが支持されている。賃金適切度ではなく代替的就業機会が効力をもつことは、現地の労働市場の状況をよくあらわしていよう。すなわち、きわめて限られた代替的就業機会しか存在しない社会では賃金プレミアムよりも雇用保障のほうが労働者の関心事であることは容易に理解できることである。その結果として、雇用保障のほうが効率賃金としての機能をより果たしていると考えられる。

　双方の産業で労働報酬システムは怠業を阻止しているが、モラールとは関連を示していない。すなわち、報酬は怠業を阻止する効果はあるものの、モラールを高揚することはない。第Ⅱ部では公企業を対象として金銭的報酬システムの有効性を確認したが、そうした企業は半熟練労働を雇用していることから怠業の阻止が労務管理の主題であった。このことは、モラールと怠業を労働努力の異なる概念として捉える本書の立場の妥当性を裏づけると同時に、主流派仮説を支持することになる。経済学が思い描く労働誘因（すなわち、報酬）は怠

業の阻止にその目的があることを、実証面でも確認できよう。

ここで労働報酬システム、賃金適切度そして代替的雇用機会が組織支援と強い共分散をもつことに注目しておきたい。これらの変数の因果関係に踏み込むことはできないが、諸変数が組織支援を構成する可能性を示唆している。たとえば、代替的就業機会を組織支援の説明変数とみなしたとき、その組織コミットメントへの直接効果は低技能産業で0.13、高技能産業で0.14であるのに対して、組織支援を経由した間接効果はそれぞれ0.22（0.29×0.76）と0.19（0.33×0.59）となる。直接効果よりも間接効果のほうが大きいことは、経済的贈与交換が社会的贈与交換に包摂される可能性を示唆することになる。労働報酬システムの認識度も、職務行動への直接効果はないものの、組織支援との強い共分散を通じて組織支援の意識を強めることによって期待される職務行動に影響を与えていると考えられる。

しかし、このことをもって経済的贈与交換モデルが無効であると主張するつもりはない。むしろ、社会的贈与交換という包括的な概念をもって経済的贈与交換モデルがより適切に把握できると考えている。このことは、工場組織のどの範囲までを労働者が工場という意味世界として捉えているかという第3章で触れた問題とかかわってくる。強い共分散の存在は、ここで提示した変数が労働者の工場組織という意味世界を構成していることを窺わせている[14]。

幾つかの共通性にもかかわらず、明瞭な対照も観察される。低技能産業では、組織コミットメント（-0.32、$p<0.1\%$）と労働報酬システム（-0.36、$p<0.1\%$）がほぼ同じウエイトで怠業を阻止している。これに対して高技能産業では、労働報酬システム（-0.15、$p<5.0\%$）は強い効力をもたず、組織コミットメント（-0.65、$p<0.1\%$）が怠業を阻止している。

この事実から、低技能産業では組織コミットメントよりも労働報酬システムを利用して怠業を阻止しようとしており、これに対して高技能産業では組織コミットメントの高揚を通じてモラールを高め、かつ怠業を阻止しようとする労務管理戦略の対照を読み取ることができよう。このことは、説明変数となる職務態度の水準の産業間比較からも確認できる。すなわち、組織支援・賃金適切

度・労働報酬システムの
すべてが高技能産業で有
意に高くなっている（表
10-10)。その結果、これ
らを先決因子とする組織
コミットメントも高技能
産業で有意に高くなって

表10-10　職務態度にかかわる平均値の差の検定

	低技能産業	高技能産業	t-値
組織支援	−0.24 (1.10)	0.48 (0.49)	7.54 ***
組織コミットメント	−0.22 (1.09)	0.44 (0.57)	6.74 ***
賃金適切度	3.44 (1.48)	4.43 (0.76)	7.54 ***
労働報酬システム	0.07 (1.05)	0.15 (0.88)	2.15 *

注）かっこ内は標準偏差。賃金適切度以外はアンダーソン・ルービン法に基づく因子得点。*** p<0.1%、* p<5.0%。

いるのである。以上の検討から、低技能から高技能産業への推移の過程で、誘因が報酬から組織コミットメントへと変化するという本章の仮説が支持されることになる。

結　び

産業構造の高度化には労働観や職務意識の変容がともなうというヴェーバーの主張を手がかりとして、工業化過程における労務管理戦略の変容を、労働者の職務意識という観点から検討してきた。

本章で明らかとなった主要な知見は、次のふたつである。(1)職務行動の最も有力な説明変数は、組織への一体感をあらわす組織コミットメントである。そして、組織コミットメントを醸成する因子として組織支援が検出されたことから、職務行動が社会的贈与交換の枠組みで捉えられることになる。先進産業社会の調査でも広く確認されているこの論理が、工業化の初期段階にある社会でも確認されたことには留意すべきであろう。また、製造技術ないしは作業特性という観点から、(2)低技能産業では短期的報酬や監督を軸とした労務管理が採用されているのに対して、高技能産業では組織支援を通じて組織コミットメントを高めるという労務管理戦略が採用される。

これは、工業化の進展過程で、怠業の阻止ではなくモラールの高揚が労務管理戦略の要諦となること、すなわち本書のはじめに述べた、合理的不正行為者モデルから良心モデルへの転換を示唆している。組織コミットメントは裁量的

作業について求められる労働努力、すなわちモラールを高揚する効果をもつ。裁量的作業という性質からも理解できるように、このときの企業と労働者の契約は暗黙的となる。このために組織コミットメントを醸成する戦略もまた、社会的贈与交換という性質を強く帯びることになる。

　このことから、次の経営戦略上の含意が導き出される。第1に、経済発展の過程で産業構造が変化するときには労務管理、したがって労働者の職務意識もまた変容が求められる。製造技術との対応関係を考慮しない労務管理手法（たとえば日本的経営）の画一的な確立・移転には慎重になるべきであろう。

　第2に、対象とした産業は、ともに川下の労働集約的産業である。しかし、低技能産業の労務管理が比較的単純であるのに対して、組織コミットメントの醸成が求められる高技能産業のそれはやや高度となる。さらに、高技能産業では、第1章で触れたように生活態度一般に及ぶ規律が必要にもなる。このことから縫製・製靴産業といった低技能産業は、単なる要素価格からみた比較優位だけではなく、労務管理という観点からみても工業化を始動する産業として適切といえよう。

　統計的には比較的頑丈な結果がえられたが、本章の分析には不充分なところが残されている。というのも、本章は、小集団や職務ローテーションなどのflexible work systemsと呼ばれる人的資源を活用する労務管理プログラムを考慮していない。これらのシステムは生産性を高めることが知られている（Ichniowski, Shaw and Prennushi 1997）。そしてOsterman（1994b）は、こうしたシステムは複雑な技術を用いる産業で重要となり、またそれは労働者からのコミットメント・労働努力そして裁量を必要とすることを指摘している。Ostermanの分析は、視点こそ違うが、結論は本章と大きく重なっている。flexible work systemsを分析に取り入れることによって、工業化の進展過程での労働者の職務意識の変容をより深く取り入れることができるであろう。

注
1）　ユニフォームの胸のネームプレートの色で双方は区別できる。

2) 小池（1994）は、成果主義的報酬が裁量的作業での技能形成を阻害することを指摘している。
3) 縫製工場では出来高給を観察することができるが、先進国向けの縫製品製造工場では品質が重視されることから時間給が採用されることが一般的である。たとえば、第8章で扱ったフィリピンの縫製工場の事例を参照されたい。
4) これに対して行動科学では、労働者のもつ価値観の多様性と労働誘因の多様性を認めていることから、誘因よりも動機づけが主要な対象となっている。
5) 欧米と比較して、贈与交換がアジアでより意味をもつであろうことについてはWestwood et al.（2004）を参照されたい。なお、贈与交換における贈与は見返りを求めない純粋贈与とは全く異質である。本章で議論する組織における贈与交換とは、経営者が利潤極大化を目的として、労働者の効用に変更を求めるという冷徹な計算に基づくものである。
6) 組織支援と組織コミットメントとの関係は広く確認されている。そのレヴュについては、Eisenberger et al.（2001）を参照されたい。
7) 本章で対象としたバングラデシュやインドの公企業、そしてフィリピンの縫製工場の正規労働者は、労働法や労働組合によって市場均衡賃金率を上回る賃金プレミアムを享受している。しかし、雇用も保障されていることから賃金プレミアムを効率賃金としては認識しておらず、効率賃金の主張する望ましい効果は得られていない。
8) Huang et al.（1998）も同様の検証をおこなっている。
9) 経済学への心理学的手法の導入についてはRabin（1998, 2002）を参照されたい。
10) ブラウン管組立企業は韓国とヴェトナムとの合弁であったが、合弁相手であった韓国の財閥企業が通貨危機の煽りを受け倒産した後、現在はスピンアウトして設立された韓国企業が合弁相手となっている。こうした経緯から、基本的な意思決定権はヴェトナム側が握ることになった（社長談）。
11) 聞き取り調査には、ヴェトナム国会・社会委員会事務局の助けを得た。
12) こうした概念を構成するために考案された質問項目は、先進国を対象とするために、開発途上国という環境では適合しない質問がある。したがって、そうした質問は含まれていない。
13) 同様の結果は、大野（2003）からも得られている。
14) ただし、企業のもつ価値観への同一性までは、認識の範囲は及んでいないと考える。したがって、先進産業社会で組織コミットメントを捉える質問項目のうち組織目標への同一性を問う質問は、本書では除外してある。

本書を終えるに当たって

　本書では、工場労働者の第一世代にまつわる諸問題と工業化の進展過程で課業内容が変化することによって労務管理のあり方が変容することを議論した。ここでは、後者について議論をまとめておきたい。

　工業化の進展過程で、補図1にあらわされるように、3つの労働誘因の役割が変化していくことに注目した。工業化の初期段階では、単純作業を中心とする労働集約的産業が勃興することから、出来高給に代表される労働報酬と調整説に従う監督＝強制が労働誘因の中核となる。工業化が深化して製造工程において裁量的作業が登場してくると、クラウディング・アウト現象などで表現されるような報酬システムのネガティヴな側面が表出し始める。そこで、組織コミットメントを軸とする労務管理戦略が採られるようになる。まさに、合理的不正行為者モデルから良心モデルへの転換である。これに対応して就労規則も、フーコーの「規律・訓練の機能面での逆転」として表現される、調整説から強制説への役割の転換が起こる。

　この枠組みに従って、工業化の歴史の異なる複数国の、それも必要とされる技能が異なる製造業の工程従事者を対象として、労働努力を引き出す労務管理戦略を検討してきた。われわれは、ふたつの軸で技能（ないしは、作業）を捉えようとした。ひとつは、課業が工業化の過程で単純技能（単純作業）から裁量的技能（裁量的作業）に推移するという発想をあらわしている。また第7章で議論したように、技能は個人的技能と組織的技能にも分けられる。このふたつの技能概念を利用して、本書の対象を位置づけておこう（補図2）。図の横軸の右方向は個人的技能の程度が高く組織的技能の程度が低くなること、そして左方向は逆になっていると読んでいただきたい。縦軸についても、同様である。

　工業化の初期段階に現われる大量消費用の縫製品などを製造する産業では、

補図 1　労働誘因と課業の歴史的変化

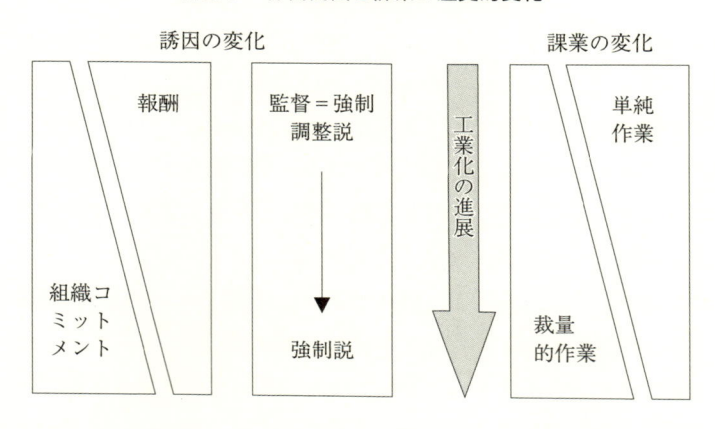

誘因の変化：報酬／組織コミットメント、監督＝強制調整説 → 強制説

工業化の進展

課業の変化：単純作業 → 裁量的作業

補図 2　対象とした産業の技能軸における位置づけ

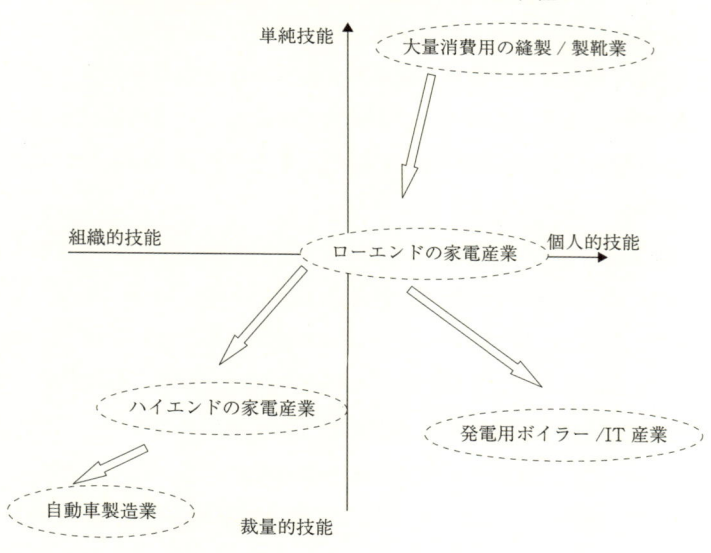

縦軸：単純技能／裁量的技能
横軸：組織的技能／個人的技能

- 大量消費用の縫製／製靴業
- ローエンドの家電産業
- ハイエンドの家電産業
- 発電用ボイラー／IT 産業
- 自動車製造業

労働者に単純技能が求められるだけである。縫製工場などでも分業は存在するが、個々人の課業は独立していることから組織的技能は求められない（第 1 象限）。裁量的作業がないことから監督は容易であり、また労働努力も労働者個

人の生産量によって計測が可能となる。したがって、業績主義的な報酬（典型的には出来高給）と監督＝強制によって労働努力を引き出すという労務管理戦略が採用される。まさに、従来の経済学の想定する世界がそこにあった。こうした労働環境は農村を出自とする人々にとっては馴染みのない世界でもあることから、工場労働者の第一世代が組織不適応に苦悩することにもなる（第Ⅰ部）。

　工業化が進展すると、複雑で品質管理が求められる製品（ローエンドの家電など）の製造が始まる。しかし、過剰労働が存在するアジアのほとんどの社会では、労働は希少財とはなっておらず組織的技能が必要とされる程度は低い。それでも裁量的作業が求められるようになることから、報酬や監督だけでは充分な労働努力を引き出しにくくなる。この段階に至ると、品質管理の観点から、出来高給は時間給にとって代わられる[1]。といって、報酬が誘因としての効力を失うわけではない。金銭的報酬は依然として強い誘因であるが、それが機能しにくい領域（裁量的作業）が工業化の進展とともに広がるということである。そこで、第3の誘因としてのコミットメントを利用する労務管理戦略が必要となってくる。内部労働市場における報酬システムに傾注した経済学は、この第3の誘因を捉える枠組みを準備してこなかった。

　ここで、工業化の進展は二手に分かれる。ひとつは、品質が問題となるハイエンドの家電（第10章）や自動車組立産業（第6章）といった組織的技能が重要となる（ないしは、将来なりうる）産業群である（第3象限）。こうした産業が現われるころには、今日のマレーシアやタイがそうであるように実質賃金の上昇がみられるようにもなる。この段階に至ると、希少財化した労働を効率的に使うための多能工化や労働者間での技能の移転が求められるようになってくる。その結果として、組織コミットメントの醸成が労務管理戦略のなかで中核となってくる。まさに、日本的経営が本格的に意味をもつような段階である。本書の対象のなかでは、小集団における技能形成が必要となるインドとフィリピンの自動車組立産業がこれに当てはまる。

　工業化の進展のもうひとつの経路は、高度な技能が個人に帰属して組織的技

能が多くは求められない産業群の登場である（第4象限）。本書の対象では、発電用ボイラー製造における溶接工やインドのIT技術者がこれに相当する。ここでの労働者は技能が個人に帰属する職人であることから、組織コミットメントの有効性は薄れる。労務管理が最も困難な労働者の登場であろう。

　ここまでみてきたとき、今日の開発途上国における労務管理様式に主として影響を与えるのは単純作業から裁量的作業への移行であり、組織的技能の必要性から組織コミットメントを醸成するような労務管理戦略が本格的に採用される段階にはいまだ至っていないといえる。このことは、日本企業のプレゼンスの高い東南アジアにおいても、日本的労務管理の構築は途上にある（第7章）という指摘と対応している。しかし、タイやマレーシアといった実質賃金が上昇している幾つかの経済では、日本的労務管理の存在意義が今後は高まると考えられる。そのベースとなる労務管理は、やはり、組織コミットメントの醸成であろう（第8・9章）。

　本書では、合理的不正行為者モデルから良心モデルの想定する労働者像への転換が工業化の過程でみられること、そしてそれに対応して労務管理戦略、特に労働誘因の構成が変容していくことを検討してきた。大きな歴史の流れのなかで生まれる労働者の心情のシフトを限られた対象を擬似的に歴史軸のうえに置いて語ろうとすることには、多くの制約があることは充分に承知している。この意味で、定式化は暫定的なものにとどまらざるを得ない。対象を増やして歴史の空白部分を埋め合わせる作業を続けることによって、その批判に応えるしかない。

　なお、本書では誘因に焦点を当てたこともあり、人的資本については明示的には触れていない。本書は、第7章で指摘した技能の多様な側面だけでなく、第Ⅰ部で議論した村との紐帯や工場組織に対する適応もまた人的資本を形成する要素であるという立場に立っている。こうした多面的な資質として人的資本を捉えることは、それに対応する誘因の組み合わせもまた多様であるという本書の指摘と表裏一体である。すなわち、人的資本という視点から本書を書き換えたとしても、ほぼ同様の帰結にいきつくものと考えている。

最後に、本書が文化を扱っていないことに触れておきたい。女性の労働参加が文化に強く影響されることをあげるまでもなく、人々の行動は文化によって彩られている。宗教が職務意識に与える影響を扱った「強い宗教は労務管理の妨げとなるか」（清川 2003に所収）などは、とても魅力的な研究である。40カ国の労働者を調査したHofstede（1984）は、職務態度と職務行動の相異のほぼ半分が文化の差によって説明されるとしている。もしそうならば、文化を排除したことは、排除された変数によるバイアス（omitted variable bias）をひき起こしているかもしれない。しかし文化を取り入れたとき、とりとめもなく拡散するであろう議論を処理できる能力がないことから、その扱いを自制せざるをえなかった。現在おこなっている日系企業の調査データを利用して、この問題に迫りたいと考えている。

注
1）　工業化の初期段階では出来高給が普遍に採用されるが、工業化の過程で時間給に取って代わられることにってはLittler（1982：pp. 82-83）の指摘がある。

あとがき

　アジアの企業調査を始めたのは、インドの製糖工場の調査（本書第2章）からである。それまでインドの農村経済に興味を抱いていた私にとって、工場労働者の意識に広がる世界は全くの未知の領域ではあったが、それは私を魅了するのに充分な興奮を与えてくれた。

　その後、他の研究の合間を縫って細々と調査を継続してきた。企業経営者にとっては、労働問題は最も触れられたくないところであろう。そのために、思うようには調査を積み重ねることはできなかった。労働者の意識調査などとんでもないことだと門前払いを幾度も食らったことも、いまやよい思い出である。そうこうしている内に、最初の調査から20年が経過してしまった。恩師たちから、いい加減にまとめる作業にはいるようにとの言葉を受けてからも、数年が経ってしまった。今回は清川先生に全体的な構想について親身な助言をいただき、何とか形を整えることができた。先生からの後押しがなければ、書物としてまとめるには至らなかったであろう。

　この本を上梓するに当たり、多くの方のお世話になった。一橋大学大学院時代、石川滋・尾高煌之助・清川雪彦という碩学の共同ゼミながら、当時は院生が少なく、学生が私一人ということもあった。胃の痛む思いを何度もしたが、今から思えば、なんとも贅沢な環境だったことであろうか。石川先生からは「事実は神である」という先生の言葉に表現されるように、ストイックな研究態度を学ばせていただいた。学生時代インド・デリー大学に籍を置いて農村調査を始めたのも、石川先生の鋭い研究に憧れを抱いたからにほかならない。その後も、公私にわたり先生にお世話になっており、感謝の念を禁じえない。尾高先生からは、歴史という視点から労働問題を捉える発想を学ばせていただいた。本書にも、充分ではないとはいえ、歴史という発想が生かされていると認めていただければと願うばかりである。清川先生には先に述べたとおり、この

研究のきっかけをつくっていただいた。先生の『アジアにおける近代的工場労働力の形成』は、開発経済学の領域で意識調査という手法を用いた最初の野心的な研究成果である。しかし、この本の存在は、わたしにとってはヤヌス的であった。それは、あのような論文を書いてみたいという目標であると同時に、ブラック・ホールでもあった。正直に告白すると、本書をまとめ始めた段階で、先生の本を封印せざるをえなった。というのも、読み続けていると引き込まれて論調が似てきてしまうことになるからである。本書が完成したところで、恐る恐る封印をといて読んでみようと思う。

アジア人口開発協会の楠本修氏との雑談からは、社会学者の立場から多くのヒントをいただいた。松島茂先生（法政大学）には、出版社の紹介という労をとっていただいた。記して感謝したい。また、一人ひとり名をあげることはできないが、調査地の友人からは調査の実施のために多くの助けを得た。見ず知らずの異邦人に調査を許可してくださった多くの工場経営者の方々、そして何よりも不躾な質問にも辛抱強く回答していただいた3000名近くの工場労働者の方々には深く感謝したい。また、青山学院大学国際政治経済学会からの出版助成なくしては、本書の出版は覚束なかったことであろう。記して、謝意を表したい。

わたしは、星を見るのが好きである。子供の頃、まだそれほど街灯のなかった私の田舎では星が良く見えた。光のドームに収まっている東京に住むようになると、夜空を眺める気力が萎えてくる。その代わりに、天体物理学者 Sten Odenwald のウエブ・サイト（www.astronomycafe.net）を時折、覗きみしている。そこでは宇宙についての素人の質問に、Odenwald が簡潔に回答している。多くの迷信が渦巻く宇宙についての素人の発想が、科学者によってあしらわれる様には小気味よさすら感じるサイトである。銀河の回転にコリオリの力が働いているのではないかという、わたしがほのかに抱いていた仮説も、いとも簡単に棄却されている。

数千ある質問のなかに「天文学者が宇宙に知的生命体が存在すると考えてい

るのに、なぜUFOが地球にやってくることを信じないのか」というのがある。Odenwaldの回答は、こうである。「科学は、感覚（feelings）や信念（beliefs）ではない。科学者も、ひとりの人間として、銀河系の何百万とある惑星のいずれかに、何らかの形で有機生命体が存在するであろうことを信じることはできる。……UFOが宇宙船ということは確かに意味深いことであるかもしれないが、そうだと断言するには善意の人の1000の報告ではなく、確固とした物理的証拠が必要である。科学者が求めるのは、一般の人々はさほどは評価しないのだが、データの集積である。それは、けっして科学者がたんに頑固で了見が狭いからではなく、曖昧な情報の断片から合理的根拠のない信念なるものが容易に形成されてしまうことを充分に知っているからこそ、われわれは頑固なのである。われわれは自分たちを満足させる法則や事実を発見しようとしているのではなく、どのように自然が機能しているかを理解しようとしているのである」。

　労働者の意識に入り込んで議論を展開しようとするとき、自分がみているのは感覚としての幻想ではないかという危惧から自由になれたことはない。経済学者が利用するのは「確固とした物理的証拠」に裏づけられた（と信じている）データである。勿論、かつてJ. Robinsonが資本概念の曖昧さを指摘して、結局はleets（steelの逆スペル）だと嘆いたような問題はあるが。それにしても、意識調査から得られたデータは「確固とした物理的根拠」からは程遠い胡乱な代物ではないのか。心理学の論文には当然のように用いられるデータではあるが、経済学者からは反発のある性質のデータでもある。このために、意識調査というアプローチを放棄しようと思ったことも一度や二度ではない。

　本書の議論の延長線上にあるであろう日本的労務管理について、今後もデータの集積を続けていくつもりではあるが、それは議論を発展的に展開するという意図だけではなく、自分がみてきた労働者の世界が幻想ではなかったことを確認するための作業でもある。

　さて、この本の原稿が出来上がったとき、妻の早代子に校正を頼んだ。何度

か読み直した後だったことから、問題はほとんどないだろうと考えていた。しかし、1章ごとに戻ってくる原稿には無数の付箋紙が貼り付けられていた。お粗末で冗長な文章、漢字の間違いなど赤面せざるをえなかった。しかし、とてもよい共同作業でもあった。この本の文章が少しでも読みやすくなっているとすれば、それは彼女の貢献にほかならない。

　その早代子は、2006年春、クモ膜下出血に倒れて私のもとから去っていった。我儘な夫を支えてくれた早代子の霊前に、感謝の念をもって、本書をささげたい。

参考文献

Akerlof, G. A. (1982) "Labor Contracts as Partial Gift Exchange," *Quarterly Journal of Economics,* 97, pp. 543-569.
Akerlof, G. A. (1984) "Gift Exchange and Efficiency-Wage Theory: Four Views," *American Economic Review,* 74, pp. 79-83.
Alderfer, C. P. (1972) *Existence, Relatedness and Growth,* New York: Free Press.
Allen, N. J. and Meyer, J. P. (1990) "The Measurement and Antecedents of Affective, Continuance and Normative Commitment to the Organization," *Journal of Occupational Psychology,* 63, pp. 1-18.
Azucena, C. A. (1993) *The Labor Code with Comments and Cases,* Manila: National Book Store.
Baker, P. G., Jensen, M. C. and Murphy, K. J. (1988) "Compensation and Incentives: Practice vs. Theory," *Journal of Finance,* 43, pp. 593-616.
Baker, P. G. (1992) "Incentive Contracts and Performance Measurement," *Journal of Political Economy,* 100, pp. 598-614.
Becker, G. (1975) *Human Capital, A Theoretical and Empirical Analysis, with Special Reference to Education,* 2nd ed., N.Y. and London: Columbia University Press（佐野陽子訳『人的資本──教育を中心とした理論的経験的分析』東洋経済新報社、1976年）。
Becker, H. S. (1960) "Notes on the Concept of Commitment," *American Journal of Sociology,* 66, pp. 32-42.
Blau, P. M. (1964) *Exchange and Power in Social Life,* New York: Wiley.
Bluedorn, A. C. (1982) "A Unified Model of Turnover from Organizations," *Human Relations,* 35, pp. 135-143.
Boserup, E. (1970) *Women's Role in Economic Development,* New York: St Martin's Press.
Brandts, J. and Charness, G. (2004) "Do Labor Market Conditions Affect Gift Exchanges? Some Experimental Evidence," *Economic Journal,* 114, pp. 684-708.
Buttrick, J. (1952) "The Inside Contract System," *Journal of Economic History,* 12, pp. 205-221.
Cappelli, P. and Chauvin, K. (1991) "An Interplant Test of the Efficiency Wage Hypothesis," *Quarterly Journal of Economics,* 106, pp. 769-787.

Charness, G. (2004) "Attribution and Reciprocity in an Experimental Labor Market," *Journal of Labor Economics*, 22, pp. 665-688

Clark, G. (1994) "Factory Discipline," *Journal of Economic History*, 54, pp. 128-163.

Clawson, D. (1980) *Bureaucracy and the Labor Process: The Transformation of U.S. Industry 1860-1920*, New York: Monthly Review Press.

Coleman, J. S. (1990) *Foundations of Social Theory*, Cambridge, Mass.: Harvard University Press.

Coleman, J. S. (1994) "A Rational Choice Perspective on Economic Sociology," in Smelser, N. J. and Swedberg, R. (ed.) *The Handbook of Economic Sociology*, Princeton, NJ: Princeton University Press.

Corcoran, M., Datcher, L. and Duncan, G. J. (1980) "Most Workers Find Jobs through Word of Mouth," *Monthly Labor Review*, 103 (August), pp. 33-35.

Coyle-Shapiro, J. A-M. and Conway, N. (2004) "The Employment Relationship through the Lens of Social Exchange," in Coyle-Shapiro, J. A-M., Shore, L. M. and Taylor, M. S. (eds.), *The Employment Relationship: Examining Psychological and Contextual Perspectives*, Oxford: Oxford University Press, pp. 5-28.

Deci, E. L. (1975) *Intrinsic Motivation*, New York: Plenum.

Deci, E. L. and Ryan, R. M. (1985) *Intrinsic Motivation and Self Determination in Human Behavior*, New York: Plenum Press.

Doray, B. (1988) *From Taylorism to Fordism: A Rational Madness*, (translated by David Macey), London: Free Association Books. (原題は、Le taylorisme, une folie rationnelle?, 1981).

Eisenberger, R., Huntington, R., Hutchison, S. and Sowa, D. (1986) "Perceived Organizational Support," *Journal of Applied Psychology*, 71, pp. 500-507.

Eisenberger, R., Armeli, S., Rexwinkel, B., Lynch, P. D. and Rhodes, L. (2001) "Reciprocation of Perceived Organizational Support," *Journal of Applied Psychology*, 86, pp. 42-51.

Ewing, B. T. and Payne, J. E. (1999) "The Trade-off between Supervision and Wages: Evidence of Efficiency Wages from the NLSY," *Southern Economic Journal*, 66, pp. 424-432.

Fairris, D. and Alston, L. J. (1994) "Wages and the Intensity of Labor Effect: Efficiency Wages and Compensating Payments," *Southern Economic Journal*, 61, pp. 149-160.

Fehr, E. and Gächet, S. (2000) "Fairness and Retaliation: the Economics of Reciprocity," *Journal of Economic Perspectives*, 14, pp. 106-134.

Fehr, E., Kirchler, E., Weichbold, A. and Gächter, S. (1998) "When Social Norms Overpower Competition: Gift Exchange in Experimental Labor Markets," *Journal of Labor Economics*, 16, pp. 324-351.

Fishbein, M. and Icek, A. (1975) *Belief, Attitude, Intention and Behavior: An Introduction to Theory and Research Reading*, MA: Addison-Wesley.

Fleisher, B. M. and Wang, X. (2001) "Efficiency Wages and Work Incentives in Urban and Rural China," *Journal of Comparative Economics*, 29, pp. 645-662.

Folger, R. (2004) "Justice and Employment: Moral Retribution as a Contra-subjugation Tendency," in Coyle-Shapiro, J. A-M., Shore, L. M. and Taylor, M. S. (eds.), *The Employment Relationship: Examining Psychological and Contextual Perspectives*, Oxford: Oxford University Press, pp. 29-47.

Frey, S. B. (1993) "Does Monitoring Increase Work Effort? The Rivalry with Trust and Loyalty," *Economic Inquiry*, 34, pp. 663-670.

Frey, S. B. and Jegen, R. (2001) "Motivation Crowding Theory," *Journal of Economic Surveys*, 15, pp. 589-611.

Frey, S. B. and Oberholzer-Gee, F. (1997) "The Cost of Price Incentives: An Empirical Analysis of Motivation Crowding Out," *American Economic Review*, 87, pp. 746-755.

Frydman, R., Gray, C., Hessel, M. and Rapaczynski, A. (1999) "When Does Privatization Work? The Impact of Private Ownership on Corporate Performance in the Transition Economies," *Quarterly Journal of Economics*, 114, pp. 1153-1191.

Fucini, J. J. and Fucini, S. (1990) *Working for the Japanese: Inside Mazuda's American Auto Plant*, New York: The Free Press/Macmillan.

Gaertner, K. N. and Nollen, S. D. (1989) "Career Experiences, Perceptions of Employment Practices, and Psychological Commitment to the Organization," *Human Relations*, 42, pp. 975-991.

Gerschenkron, A. (1962) *Economic Backwardness in Historical Perspective: A Book of Essays*, Cambridge: The Belknap Press of Harvard University Press.

Gibbons, R. (1998) "Incentives in Organizations," *Journal of Economic Perspectives*, 12, pp. 115-132.

Gordon, D. M. (1994) "Bosses of Different Stripes: A Cross-National Perspective on Monitoring and Supervision," *American Economic Review*, 84, pp. 375-379.

Gouldner, A. W. (1960) "The Norm of Reciprocity: A Preliminary Statement," *American Sociological Review*, 25, pp. 161-178.

Government of Haryana (1982) *Statistical Abstract of Haryana 1982*, Chandigarh: Economic and Statistical Organization.

Government of India (1930) *Royal Commission on Labour in India, Evidence. Vol. 1 Bombay Presidency including Sind. Written Evidence*, London: His Majesty's Stationery Office.

Government of India (1978) *Rural Labour Enquiry 1974/75, Final Report on Employment and Unemployment of Rural Labour Households*, New Delhi: Labour Bureau, Ministry of Labour.

Government of India (1981) *All Indian Report on Agricultural Census 1976/77*, Delhi: Ministry of Agriculture, Department of Agriculture and Co-operation.

Government of India (1983) *Sarvekshana*, 38th round, Delhi: Department of Statistics, Ministry of Planning.

Government of India (1991) *Sarvekshana*, 15th round, Delhi: Department of Statistics, Ministry of Planning.

Government of the Philippines (1983) *Current Labor Statistics*, Manila: Department of Labor and Employment, Bureau of Labor and Employment Statistics.

Government of Punjab (No date), *Statistical Abstract of Punjab 1981/82*, Chandigarh: Economic and Statistical Organization.

Gupta, Om Prakash (1982) *Commitment to Work of Industrial Workers: A Sociological Study of a Public Sector Undertaking*, New Delhi: Concept Publishing.

Hannan, L., Kagek, J. and Moser, D. (2002) "Partial Gift Exchange in Experimental Labor Markets: Impact of Subject Population Differences, Productivity Differences and Effort Request on Behavior," *Journal of Labor Economics*, 20, pp. 923–951.

Herzberg, F. (1966) *Work and the Nature of Man*, Cleveland: World Publishing Co.

Hirschman, A. O. (1970) *Exit, Voice, and Loyalty: Responses to Decline in Firms, Organizations, and States*, Cambridge, Mass.: Harvard University Press.

Hofstede, G. (1984) "The Cultural Relativity of the Quality of Life Concept," *Academy of Management Review*, 9, pp. 389–398.

Holmstrom, B. and Milgrom, P. (1991) "Multitask Principal-Agent Analysis: Incentive Contracts, Asset Ownership, and Job Design," *Journal of Law, Economics, and Organization*, 7, special issue, pp. 24–52.

Hossain, H., Jahan, R. and Sobhan, S. (1990) *No Better Option? Industrial Women Workers in Bangladesh*, Dhaka: University Press.

Hoselitz, B. F. (1955) "The City, the Factory, and Economic Growth," *American*

Economic Review, 40, pp. 161-184.
Hozler, H. J. (1988) "Search Method Use by Unemployed Youth," *Journal of Labor Economics*, 6, pp. 1-20.
Huang, T., Hallam A., Orazem, P. F. and Paterno, E. M. (1998) "Empirical Tests of Efficiency Wage Models," *Economica*, 65, pp. 125-143.
Ichniowski, C., Shaw, K. and Prennushi, G. (1997) "The Effect of Human Resource Management Practices on Productivity: A Study of Steel Finishing Lines," *American Economic Review*, 87, pp. 291-313.
Indian Sugar Mills Association (No date), *Indian Sugar Year Book 1975/76*, New Delhi.
Indian Tariff Board (1938) *Written Evidence recorded during Enquiry on the Sugar Industry*, Vol. 2. Delhi.
Kahneman, D., Knetsch, J. L. and Thaler, R. (1986) "Fairness as a Constraint on Profit Seeking: Entitlements in the Market," *American Economic Review*, 76, pp. 728-741.
Kahneman, D., Solvic, P. and Tversky, A. (1982) *Judgment under Uncertainty: Heuristic and Biases*, Cambridge: Cambridge University Press.
Kamada, T. (1994) "Japanese Management and the Loaning of Labour: Restructuring in the Japanese Iron and Steel Industry," in Elger, T. and Smith, C. (eds.), *Global Japanization?*, London: Routledge.
Kerr, C., Dunlop, J. T., Harbison, F. H. and Myers, C. H. (1960) *Industrialism and Industrial Man: The Problems of Labour and Management in Economic Growth*, Cambridge, Mass.: Harvard University Press. (中山伊知郎『インダストリアリズム:工業化における経営者と労働』東洋経済新報社、1962年)。
Kirchler, E., Fehr, E. and Evans, R. (1996) "Social Exchange in the Labor Market: Reciprocity and Trust versus Egoistic Money Maximization," *Journal of Economic Psychology*, 17, pp. 313-341.
Kramer, R. M. and Tyler, T. R. (1996) *Trust in Organizations*, London: Sage Publications.
Krueger, A. B. and Summers, L. H. (1998) "Efficiency Wages and the Inter-Industry Wage Structure," *Econometrica*, 56, pp. 259-293.
Krugman, P. R. (1994) "The Myth of Asia s Miracle," *Foreign Affairs*, 73, pp. 62-78.
Lambert, R. D. (1963) *Workers, Factories and Social Change in India*, Princeton, NJ: Princeton University Press.
Landes, D. (1966) *The Rise of Capitalism*, New York: Macmillan.
Landes, D. (1969) *The Unbound Prometheus: Technological Change and Industrial*

Development in Western Europe from 1970 to the Present, Cambridge, U.K.: Cambride University Press.（石田昭雄・富岡庄一訳『西ヨーロッパ工業史』みすず書房、1980年）。

La Porta, R. and Lopez-de-Silanes, F. (1997) "The Benefits of Privatization: Evidence from Mexico," NBER Working Paper No. 6215, Cambridge, MA.

La Porta, R., Lopez-de-Silanes, F., Shileofer, A. and Vishny, R. W. (1997) "Trust in Large Organizations," American Economic Review, 87, pp. 333-338.

Levinson, H. (1965) "Reciprocation: The Relationship between Man and Organization," Administrative Science Quarterly, 9, pp. 370-390.

Lewis, W. A. (1954) "Economic Development with Unlimited Supplies of Labour," Manchester School of Economic and Social Studies, 22, pp. 139-192.

Lindbeck, A. and Snower, D. J. (1988) The Insider-Outsider Theory of Employmen and Unemployment, Cambridge, Mass.: MIT Press.

Littler, C. (1982) The Development of the Labour Process in Capitalist Societies, A Comparative Study of the Transformation of Work Organization in Britain, Japan and the USA, London: Heinemann Educational Books.

Lopez-de-Silanes, F., Shleifer, A. and Vishny, R. (1997) "Privatization in the United States," RAND Journal of Economics, 27, pp. 447-471.

Lucas, H. G., Parasuraman, A., Davis, R. A. and Enis, B. B. (1987) "An Empirical Study of Salesforce Turnover," Journal of Marketing, 51, pp. 34-59.

Mangnale, V. S. (1992) Study of Labour Absenteeism in Textile Industry, Bombay: Anmol Publications.

Manski, C. (2004) "Measuring Expectations," Econometrica, 72, pp. 1329-1376.

Marglin, S. (1974) "What Do Bosses Do?" Review of Radical Political Economics, 6, pp. 60-113.

Maslow, A. H. (1954) Motivation and Personality, New York: Harper and Brothers.（小口忠彦監訳『人間性の心理学』産業能率短期大学出版部、1971年）。

Mathieu, J. E. and Zajac, D. M. (1990) "A Review and Meta-analysis of the Antecedents, Correlates, and Consequences of Organizational Commitment," Psychological Bulletin, 108, pp. 171-194.

Mauss, M. (1990) The Gift: Form and Reason of Exchange in Archaic Societies, (translated by Halls W. D.) New York: Norton.

McClelland, D. C. (1961) The Achieving Society, Princeton: D. Van Nostrand Co.（林保監訳『達成動機――企業と経済発展におよぼす影響――』産業能率短期大学出版部、

1971年)。
McCormik, E. J. and Iligen, D. (1987) *Industrial and Organizational Psychology* (8th edition), London: Unwin Hyman.
McEvoy, C. M. and Cascio, W. F. (1987) "Do Good or Poor Performers Leave? A Meta-Analysis of the Relationship between Performance and Turnover," *Academy of Management Journal*, 30, pp. 744-762.
McFarlin, D. B. and Sweeney, P. D. (1992) "Distributive and Procedural Justice as Predictors of Satisfaction with Personal and Organizational Outcomes," *Academy of Management Journal*, 35, pp. 626-637.
McGregor, D. (1960) *The Human Side of Enterprise*, New York: McGraw-Hill. (高橋達男訳『企業の人間的側面——統合と自己規制による経営——』産業能率短期大学出版部、1966年)。
Megginson, W. L., Nash, R. C. and Matthias van Randenborgh (1994) "The Financial and Operating Performance of Newly Privatized Firms: An International Empirical Analysis," *Journal of Finance*, 49, pp. 403-452.
Milgrom, P. and Roberts, J. (1992) *Economics, Organization and Management*, Englewood Cliffs, NJ: Prentice Hall. (奥野正寛他訳『組織の経済学』NTT 出版、1997年)。
Mitchell, T. R. and Larson, J. R. (1987) *People in Organizations: An Introduction to Organizational Behavior*, Singapore: McGraw-Hill.
Morris, M. D. (1965) *The Emergence of an Industrial Labour Force in India*, Berkley and Los Angeles: University of California Press.
Morrow, P. (1983) "Concept Redundancy in Organizational Research: The Case of Work Commitment," *Academy of Management Review*, 8, pp. 486-500.
Mowday, R. T., Porter, L. W. and Steer, R. M. (1982) *Employee-Organization Linkage: The Psychology of Commitment, Absenteeism, and Turnover*, New York: Academic Press.
Mukherjee, I. (1985) *Industrial Workers in a Developing Society: A Sociological Study*, Delhi: Mittal Publications.
Mulder, N. (1979) *Inside Thai Society – An Interpretation of Everyday Life*, Bangkok: Duang Kamoi.
Myers, C. A. (1958) *Labor Problems in the Industrialization of India*, Cambridge, MA: Harvard University Press. (隅谷三喜男訳『インド産業化の労働題』アジア経済研究所、1961年)。

Nagin, D. S., Rebitzer, J. B., Sander, S. and Taylor, L. J. (2002) "Monitoring, Motivation, and Management: The Determinants of Opportunistic Behavior in a Field Experiment," *American Economic Review*, 92, pp. 850-873.

National Statistical Coordination Board (1992) *Philippine Statistical Yearbook*, Manila: 1992.

Ohno, A. (1995) "Modernizing Agents and Organizational Adaptation of Factory Workers in Thailand: A Case Study of a Japanese Joint Venture in Chiang Mai," *Developing Economics*, 33, pp. 310-329.

Ohno, A. and Jirapatrpimol, B. (1998) "Rural Garment and Weaving Industries in Northern Thailand," in Hayami (ed.), *Toward the Rural Based Development of Commerce and Industry: Selected Experience from East Asia*, Washington DC: World Bank.

O'Malley, M. (1990) *Keeping Watch: A History of American Time*, New York: Viking Penguin. (高島平吾訳『時計と人間：アメリカの時間の歴史』晶文社、1994年)。

Ong, A. (1987) *Spirits of Resistance and Capitalist Discipline*, Albany: State University of New York Press.

Osterman, P. (1994a) "Supervision, Discretion, and Work Organization," *American Economic Review*, 84, pp. 380-384.

Osterman, P. (1994b) "How Common is Workplace Transformation and Who Adopts It?," *Industrial and Labor Relations Review*, 47, pp. 173-188.

Patel, K. (1963) *Rural Labour in Industrial Bombay*, Bombay: Popular Prasashan.

Pohl, G., Anderson, R. E., Claessens, S. and Djankov, S. (1997) "Privatization and Restructuring in Central and Eastern Europe," Technical Paper No. 368, Washington DC: World Bank.

Pollard, S. (1963) "Factory Discipline in the Industrial Revolution," *Economic History Review*, 54, pp. 254-271.

Pollard, S. (1965) *The Genesis of Modern Management: A Study of the Industrial Revolution in Great Britain*, Cambridge, Mass.: Harvard University Press.

Porter, L. W., Steer, R. M., Mowday, R. T. and Boulian, P. V. (1974) "Organizational Commitment, Job Satisfaction, and Turnover among Psychiatric Technicians," *Journal of Applied Psychology*, 59, pp. 603-609.

Prasad, J. (1989) *Marketable Surplus and Market Performance*, Delhi, Mittal Publications.

Rabin, M. (1998) "Psychology and Economics," *Journal of Economic Literature*, 46, pp. 11-46.

Rabin, M. (2002) "A Perspective on Psychology and Economics," *European Economic Review*, 46, pp. 657-685.

Reichers, A. E. (1985) "A Review and Reconceptualization of Organizational Commitment," *Academy of Management Review*, 10, pp. 465-476.

Rodgers, G. (1994) *Workers, Institutions and Economic Growth in Asia*, Geneva: International Institute for Labour Studies.

Rusbult, C. E., Zembrodt, I. M. and Gunn, L. K. (1982) "Exit, Voice, Loyalty, and Neglect: Responses to Dissatisfaction in Romantic Involvements," *Journal of Personality and Social Psychology*, 43, pp. 1230-1242.

Rusbult, C. E., Farrell, D., Rogers, G. and Mainous, III A. G. (1988) "Impact of Exchange Variables on Exit, Voice, Loyalty, and Neglect: An Integrative Model of Responses to Declining Job Satisfaction," *Academy of Management Journal*, 31, pp. 599-627.

Russell, D. W., Kahn, J. H., Spoth, R. and Almaier, E. M. (1998) "Analyzing Data from Experimental Studies: A Latent Variable Structural Equation Modeling Approach," *Journal of Counseling Psychology*, 45, pp. 18-29.

Sahlines, M. (1972) *Stone Age Economics*, Chicago: Aldine-Atherton. (山内昶訳『石器時代の経済学』法政大学出版局、1984年)。

Salz, B. R. (1984) "The Use of Time," in *Work in Non-market and Transitional Societies*, Applebaum, H. (ed.), Albany: State University of New York Press.

Schneider, B., Gunnarson, S. K. and Wheeler, J. K. (1989) "The Role of Opportunity in the Conceptualization and Measurement of Job Satisfaction," in Cranny, C. J., Smith, P. C. and Stone, E. F. (eds.), *Job Satisfaction: How people feel about their jobs and how it affects their performance*, New York: Lexington.

Schminke, M., Cropanzano, R. S. and Ambrose, M. L. (2000) "The Effect of Organizational Structure on Perceptions of Procedural Fairness," *Journal of Applied Psychology*, 85, pp. 294-304.

Shapiro, C. and Stiglitz, J. E. (1984) "Equilibrium Unemployment as a Worker Discipline Device," *Quarterly Journal of Economics*, 74, pp. 659-680.

Shleifer, A. and Vishny, R. W. (1994) "Politicians and Firms," *Quarterly Journal of Economics*, 109, pp. 995-1025.

Sinha, D. and Agarwala, U. N. (1971) "Job Satisfaction and General Adjustment of Indian White-collar Workers," *Indian Journal of Industrial Relations*, 6, pp. 357-367.

Smith, T. C. (1988) *Native Sources of Japanese Industrialization, 1750-1920*. Berkeley and Los Angeles: University of California Press.（大島真理夫『日本社会における伝統と創造』ミネルヴァ書房、1995年）。

Steers, R. M., Porter, L. W. and Bigley, G. A. (1996) *Motivation and Leadership at Work*, New York: McGraw-Hill.

Steers, R. M. and Porter, L. W. (1991) *Motivation and Work Behavior*, Singapore: McGraw-Hill International Edition.

Thaler, R. (1992) *The Winner's Curse: Paradoxes and Anomalies of Economic Life*, Princeton, NJ: Princeton University Press.（篠原勝訳『市場と感情の経済学』ダイヤモンド社、1998年）。

Thompson, E. P. (1967) "Time, Work-Discipline, and Industrial Capitalism," *Past and Present*, 38, pp. 56-97.

Thompson, P. and Mchugh, D. (2002) *Work Organizations* (3rd Edition), New York: Palgrave.

Tilly, C. and Tilly, C. (1998) *Work under Capitalism*, Colorado: Westview Press.

Tversky, A. and Kahneman, D. (1981) "The Framing of Decisions and the Psychology of Choice," *Science*, 211, pp. 453-458.

Tversky, A. and Kahneman, D. (1986) "Rational Choice and the Framing of Decisions," *Journal of Business*, 59, 251-278.

Vickers, J. and Yarrow, G. (1988) *Privatization: An Economic Analysis*, Cambridge, Mass.: MIT Press.

Wadhani, S. B. and Wall, M. (1991) "A Direct Test of the Efficiency Wage Model using U.K. Micro-data," *Oxford Economic Papers*, 43, pp. 529-548.

Westwood, R., Chan, A. and Linstead, S. (2004) "Theorizing Chinese Employment Relations Comparatively: Exchange, Reciprocity and the Moral Economy," *Asia Pacific Journal of Management*, 21, pp. 365-389.

Williamson, O. (1985) *The Economic Institutions of Capitalism: Firms, Markets, Relational Contracting*, New York: The Free Press.

World Bank (1994) *Bangladesh: Privatization and Adjustment*, Washington DC.

World Bank (1995) *Bangladesh: From Stabilization to Growth*, Washington DC.

Yamashita, S. (1991) "Economic Development of the ASEAN Countries and the Role of Japanese Direct Investment," in Yamashita, S. (ed.), *Transfer of Japanese Technology and Management in the ASEAN Countries*, Tokyo: University of Tokyo Press.

Yellen, J. L. (1984) "Efficiency Wage Models of Unemployment," *American Economic Review*, 74, pp. 200-205.

日本語文献

☆印は国会図書館（http://kindai.ndl.go.jp/index.html）の近代デジタルライブラリーから入手可能

蘆川忠雄（1911）『時間の経済学』至誠堂。☆
青木昌彦、ロナルド・ドーア編（1995）『システムとしての日本企業』NTT出版。
今井賢一・宇沢弘文・小宮隆太郎・根岸隆・村上泰亮（1971）『価格理論』岩波書店。
今村仁司（1988）『仕事』弘文堂。
石川滋（1999）「国営企業改革」石川滋・原洋之介編『ヴィエトナムの市場経済化』東洋経済新報社。
井上俊・上野千鶴子・大沢真幸・見田宗介・吉田俊哉（1995）『贈与と市場の社会学』岩波書店。
ヴェイユ、シモーヌ（1972）『工場日記』（田辺保訳）講談社文庫。
ヴェーバー、マックス（1989）『プロテスタンティズムの倫理と資本主義の精神』（大塚久雄訳）岩波文庫。
ヴェブレン、ソースティン（1998）『有閑階級理論——制度の進化に関する経済学的研究』（高哲男訳）ちくま学芸文庫。
宇野利右衛門（1913）『職工問題資料 第二輯』工業教育会。☆
宇野利右衛門（1915）『職工優遇論』工業教育会。
エンデ、ミヒャエル（1976）『モモ』（大島かおり訳）岩波書店。
大野昭彦・清川雪彦（1988）『インドにおける季節労働者の定着をめぐって——ある製糖工場の分析——』一橋大学経済研究所 Discussion Paper Series A, No.182。
大野昭彦・清川雪彦（1990）「インドにおける季節労働者の定着をめぐって——サラスワティ製糖工場の季節労働者の場合（Ⅰ）（Ⅱ）——」『アジア経済』31巻3号、4号。
大野昭彦（1992, 1993）「在タイ日系企業における労務管理組織と従業員の組織適応（Ⅰ）（Ⅱ）」『アジア経済』33巻12号・34巻1号。
大野昭彦（2001）「インド 巨象は立ち上がるのか」原洋之介編『アジア経済』NTT出版。
大野昭彦（1984）「インド・ハリヤーナー州における米・小麦二毛作の普及と所得分配——ニザムプル村の調査報告を中心に——」『アジア経済』25巻1号。
大野昭彦（1988）「インド・ハリヤーナー州における農業発展と土地賃貸市場」速水祐次郎編『農業発展における市場メカニズムの再検討』アジア経済研究所。
大野昭彦（1998）「農村工業製品をめぐる市場形成——ラオスの手織物業」『アジア経済』

39巻4号。
大野昭彦・原洋之介・福井清一（2001）「ラオス――苦悩する内陸国」原洋之介『アジア経済論』NTT出版。
大野昭彦（2003）「贈与交換論からみた職務への動機づけ：ラオス・カンボジアの工場制度を対象として」『経済研究』54巻4号、pp. 289-299。
岡本幸雄・今津健治（1983）『明治前期　官営工場沿革』東洋文化社。
岡本康雄（1998）「東アジアにおける日系企業の全体像」岡本康雄編『日系企業 in 東アジア』有斐閣。
岡谷市（1984）『岡谷市史』。
尾高煌之助（1984）『労働市場分析――二重構造の日本的展開――』岩波書店。
尾高煌之助（1989）「助走から離陸へ――アジア低開発国自動車工業の熟練形成」尾高煌之助編著『アジアの熟練』アジア経済研究所。
尾高煌之助（1993）『企業内教育の時代』岩波書店。
尾高煌之助（1995）「工場制度の定着と労務管理」宮本又郎・阿部武司編著『経営革新と工業化』岩波書店。
尾高煌之助（2000）『新版　職人の世界　工場の世界』NTT出版。
加治佐敬（2006）「農外就業とパーソナル・ネットワーク：フィリピン農村の事例」澤田康幸・園部哲史『市場と経済発展』東洋経済新報社。
加藤知正（1910）『工女訓』加藤知正。☆
門田安弘（1993）「トヨタ生産方式」伊丹他編『日本の企業システム（3）人的資源』有斐閣。
菊池眞夫（1996）「フィリピン首都圏近郊における農村工業の生成」『アジア経済』37巻5号。
木曽順子（2003）『インド　開発のなかの労働者』日本評論社。
清川雪彦・大野昭彦（1986）「インド在来製糖業の技術と雇用吸収力」山田三郎編『アジアの農村工業』アジア経済研究所。
清川雪彦（1993）「インド工業女子労働力の質をめぐって――職務意識調査に基づく事例分析――」『経済研究』44巻1号。
清川雪彦（2003）『アジアにおける近代的工場労働力の形成』岩波書店。
小池和男・猪木武徳編著（1987）『人材形成の国際比較――東南アジアと日本――』東洋経済新報社。
小池和男（1991）『仕事の経済学』東洋経済新報社。
小池和男（1994）『日本の雇用システム――その普遍性と強み』東洋経済新報社。
国島博（1997）『サワディ・サハパープ・レンガーン』文芸社。

桜井哲夫（1996）『フーコー：知と権力』講談社。
佐野善作・小林和介（1894）『山梨県一円、長野県諏訪・伊那視察報告書』。
シヴェルブシュ、ヴォルフガング（1980）『楽園・味覚・理性』（福本義憲訳）法政大学出版局。
製糸織物新報社編（1912）『工女の鑑』製糸織物新報社。☆
大日本綿糸紡績同業連合会（1898）『紡績職工事情調査概要報告書』。
角山栄（1984）『時計の社会史』中公新書。
豊田秀樹（1998）『共分散構造分析：入門編』朝倉書店。
内閣記録局編（1891）『法規分類大全第一編　兵制門　六』。☆
中村正直（1870／71）『西国立志編』須原屋茂兵衛。☆
西野郁子（2001）「子供に時間厳守を教える」橋本毅彦・栗山茂久編著『遅刻の誕生』三元社。
農商務省（1971）『職工事情』（復刻版　生活古典叢書　第4巻）光生館。☆
畔上賢造（1906）『自助論』内外出版協会。☆
平井京之介（2002）「自己イメージの再構築　北タイ農村女性にとっての工場労働と消費」田辺繁治・松田素二編『日常的実践のエスノグラフィ』世界思想社。
フーコー、ミッシェル（1977）『監獄の誕生——監視と処罰』（田村俶訳）新潮社（Foucault M., *Surveiller Et Punir-Naissance de la Prison*, 1975）。
細井和喜蔵（1994）『女工哀史』岩波文庫。
橋本毅彦（2001）「蒲鉾から羊羹へ　科学的管理法導入と日本人の時間規律」橋本毅彦・栗山茂久編著『遅刻の誕生』三元社。
原洋之介（1985）『クリフォード・ギアツの経済学』リブロ。
松本慎一・西川正身（1957）『フランクリン自伝』岩波書店。
村上春樹・安西水丸（1987）『日出る国の工場』新潮社。
柳井晴男・高木廣文編著（1986）『多変量解析ハンドブック』現代数学社。
山本茂美（1995）『あゝ野麦峠』角川文庫（第49版）。
横須賀海軍工廠（1935）『横須賀海軍工廠史　第1巻』。
横山源之助（1949）『日本の下層社会』岩波文庫。

初出一覧

第2章　大野昭彦・清川雪彦（1990）「インドにおける工場労働者の定着をめぐって——サラスワティ製糖工場の季節労働者の場合（Ⅰ）（Ⅱ）」『アジア経済』31巻3号・4号、を大幅に改定。

第3章　大野昭彦・鈴木義一（2000）「工場労働者の第1世代をめぐる職務意識 ——ラオスを対象として」『東南アジア研究』38巻1号、に加筆修正。

第4章　大野昭彦（1997）「工業化の初期段階における労働者の組織不適応——北タイの経験から」『アジア研究』44巻1号、に加筆修正。

第5章　大野昭彦（2001）「バングラデシュの公企業における生産労働者の職務意識」『アジア経済』42巻12号、に加筆修正。

第6章　大野昭彦（2002）「インドの労務管理：労働者の職務意識の観点から」絵所秀紀編著『現代南アジア（2）経済自由化のゆくえ』東京大学出版会、に加筆修正。

第7章　大野昭彦（2005）「東南アジアの日系企業における技能形成と労務管理：日本人スタッフの視点」『経済志林』73巻4号、に加筆修正。

第8章　大野昭彦（1997）「技術・技能そして労務管理——フィリピンの製造業を対象として」『経済学雑誌』98巻1号、に加筆修正。

第10章　大野昭彦（2004）「産業の高度化と工場労働者の職務意識——ヴェトナムのローテクとハイテク産業の対比」『アジア経済』45巻3号、にサンプル数を追加して大幅に加筆修正。

事項索引

太字は定義、そして*は多数あるうち主要な場所を示す。

【あ行】

暗黙の契約 …………………………… 9, 7
インサイダー仮説 ………… **208-210**, 215, 228
X理論 -Y理論 …………………………… 4, 7
請負人 …………………………………… 69, 70

【か行】

監視 ……… 24, **33-35**, 43, 55, 62, 87, 165, 186, 260
強制説 ………… **36-38**, 43, 46, 54, 55, 58, 60, 63, 94
規律* …………………………… 33-57, 275, 276
金銭の報酬 ………… 4, 6, 15, 16, 85, 99, 166
クラウド・アウト ……………… 6, 251, 275
欠勤* ……………………… 21, 23, **27-31**, 37
行動科学 ……………… 2, 4-7, 10, 11, 13, 17, 120
効率賃金 ………… 162, 252, 255-261, 263, 264
合理的不正行為者 ………… 6, 7, 9, 187, 255
コミットメント（組織コミットメントも参照）
…………………………… 3, 5, 11, 17, 34, 63, 100

【さ行】

裁量的作業（裁量的技能）* …… 8-9, 37, 55, 186-190, 219, 234, 253, 254, 275-277
就業資産仮説* ………………… 8, 85, 86, 89
組織支援* …………………………… 257-258, 266
組織コミットメント* ………………… **10-11**
素質の向上 …………………………… 24, 31, 32
セーフティネット ………… 24, 28, 31, 32, 88-90
贈与交換 …………………………… 256-258
馴化* ………… 21, 32, 33, 58, 94, 104-108, 123
職務行動* …………………………… 12, 13
職務満足 ……… 85-87, 107, 111, 120, 121, 176, 223
　外発的職務満足 … 117, 120, 121, 125, 127, 129, 224
　内発的職務満足 … 117, 129, 124, 125, 128, 131,
132, 176, 224
組織不適応仮説 ………………………… 55, 56
組織的技能 ……… **189, 190**, 192-194, **206-208**, 211,
275-278
ストレス … 58, 98, 109-113, 123, 124, 129, 130, 133

【た行】

調整説 …………………… 36-38, 43, 46, 63
仲介人 ………………… 25, 26, 29, 35, 36, 79
紐帯 ……… 14, 22, 23, 25-32, 67, 68, 70, 81, 82, 84, 87-89, 170
紐帯桎梏仮説 ………… 28, 31, 32, 67, 82, 84
怠業* ……… 6, 38, 95, 109, 141, 155, 160-162, 252, 256,
259, 260, 269
怠業阻止モデル ……… 89, 141, 162, 252, 256, 259,
260, 269
単純作業（単純技能）→裁量的作業（技能）を参照
天職 …………………………… 2, 7, 55, 103, 252

【な・は行】

内部請負 …………………………… 29, 36
非金銭の報酬 ………………… 6, 161, 258
フレキシビリティ …………………… 203, 207
方法論的子ネ種着せ ………………… 3-5, 11
募集人 …………………………… 25-28, 57
保全 ………………… 23, 24, 31, 32, 62, 88, 90
労働法 …… 143, 147, 170, 195, 205, 208-210, 214, 215

【や・ら行】

欲求階層説 ………………… 4, 8, 122, 154, 162
良心モデル ………… 6, 7, 10, 11, 187, 255, 271, 275
離職意思（転職意思）
埋没費用 …………………………… 222, 244-248

人名索引

ヴェーバー ……1, 7, 20, 23, 38, 55, 59, 60, 62, 103, 187, 252, 254, 271
フーコー ……22, 33-35, 37, 38, 43, 44, 55, 57, 64
フランクリン ……38, 59, 64
Akerlof ……6, 252, 258, 260
Baker ……3, 254
Clark ……36-38, 114
Coleman ……3, 34
Eisenberger ……257, 265, 273
Gerschenkron ……20, 23, 62
Hirschman ……94, 114
Kerr ……21, 23, 24, 33, 62
Kahneman ……12, 162, 184, 265
Landes ……33, 39, 46, 65
Marglin ……32, 36, 44
Maslow ……4, 8, 16, 154
Milgrom and Roberts ……3, 9, 17, 254, 257
Nagin ……6, 252, 254, 255
O'Malley ……39 43
Pollard ……23, 29, 45, 46, 60, 64-66, 99, 114
Thompson ……38, 39, 54, 56, 61, 64
Tilly ……3, 5, 100, 107, 137, 261, 262

【著者紹介】

大野昭彦（おおの・あきひこ）
　　1953年　山口市生まれ
　　青山学院大学　国際政治経済学部教授
　　acharya7ohno@yahoo.co.jp

アジアにおける工場労働力の形成
──労務管理と職務意識の変容──

2007年5月10日　　第1刷発行	定価（本体4800円＋税）

　　　　　　　　　　著　者　　大　野　昭　彦
　　　　　　　　　　発行者　　栗　原　哲　也
　　　　　　　　　発行所　株式会社　日本経済評論社
　　　　〒101-0051　東京都千代田区神田神保町3-2
　　　　　　電話 03-3230-1661　FAX 03-3265-2993
　　　　　　　　　　nikkeihy@js7.so-net.ne.jp
　　　　　　　　URL : http://www.nikkeihyo.co.jp
　　　　　　　　印刷＊文昇堂・製本＊山本製本所
　　　　　　　　　　　装幀＊渡辺美知子

乱丁落丁はお取替えいたします。　　　　　Printed in Japan
　　Ⓒ OHNO Akihiko 2007　　　　　ISBN978-4-8188-1928-3
・本書の複製権・譲渡権・公衆送信権（送信可能化権を含む）は㈱日本経済評論社
　が保有します。
・JCLS〈㈱日本著作出版権管理システム委託出版物〉
本書の無断複写は著作権法上での例外を除き禁じられています。複写される場合は、
そのつど事前に、㈱日本著作出版権管理システム（電話03-3817-5670、FAX03-3815-
8199、e-mail: info@jcls.co.jp）の許諾を得てください。

鄭章淵著
韓国財閥史の研究
──分断体制資本主義と韓国財閥──
A5判　五二〇〇円

第二次大戦後からアジア通貨危機直後までの韓国経済の発展過程を、朝鮮半島の歴史的状況を考慮した分断体制資本主義と捉え、財閥形成史の視点から新たな問題提起を試みる。

菊地浩之著
企業集団の形成と解体
──社長会の研究──
A5判　五八〇〇円

財閥を超えての銀行再編が進む今日、「社長会」の検証を通して三菱・三井・住友・安田（芙蓉）の四大財閥から一勧・三和を含めた六大企業グループを中心に、企業集団の全貌を明らかにする意欲作。

矢部洋三・小暮雅夫編
日本カメラ産業の変貌とダイナミズム
〈オンデマンド版〉
A5判　三五〇〇円

技術革新、生産・流通過程の構造調整と経営多角化を推進し、貿易摩擦を招くことなく世界市場を制覇した産業の実態を解明する。

荒巻健二著
アジア通貨危機とIMF
A5判　三五〇〇円

アジア危機の原因は各国の構造問題にあったのか、それともグローバル化した金融市場の不安定性の現われだったのか。IMF、米国と日本の対応の違いを検証する。

加野　忠著
ドル円相場の政治経済学
──為替変動にみる日米関係──
A5判　五五〇〇円

米国金融制覇の基盤は何か。日本はそれに対抗して国益を守れたか。アジアでの指導力維持・拡大に何が必要か。政治経済学的視点から為替政策の変遷を吟味し、提言を試みる。

（価格は税抜）　　日本経済評論社